증산기의 전략

**정희모**

연세대학교 학부대학의 교수로, 글쓰기와 독서와 토론 등을 강의하고 있다. 1995년 연세대학교 국어국문학과에서 현대문학을 전공하여 박사학위를 받았으며, 여러 잡지에서 문학평론, 영화평론 등을 발표했다. 연세대학교에서 글쓰기 강좌를 15년 동안 맡으면서 글쓰기 이론, 글쓰기 교수 방법에 눈을 돌렸다. 지금은 대학 글쓰기 교육 방법과 교육 과정에 많은 관심을 갖고 이에 대한 연구에 몰두하고 있다. 연세대학교 글쓰기 교재인 『글쓰기』(공저)를 집필하였고, 최근에는 이공계 학생을 위한 글쓰기 교재(공저)를 개발하여 출간을 기다리고 있다. 저서로는 『1950년대 한국문학과 서사성』, 『한국 근대 비평의 담론』, 『1930년대 모더니즘 작가연구』(공저)가 있다.

**이재성**

언어에서 시간이 어떻게 나타나는가에 대해 많은 관심을 가지고 있으며 이에 대한 연구로 연세대학교에서 박사학위를 받았다. 지금은 서울여자대학교 국어국문학과 교수로 '글쓰기', '독서와 토론' 등을 강의하고 있다. 글쓰기 과정에서 문장과 어법, 단락이 중요하다는 인식을 가지고 있으며 이에 대한 연구를 계속하고 있다. 7년여에 걸쳐 『연세 한국어 사전』 편찬에 참여하였고, 연세대학교 글쓰기 교재인 『글쓰기』(공저)를 집필하였다. 지금은 이공계 학생을 위한 글쓰기 교재(공저)를 개발하여 출간을 기다리고 있다. 그 밖의 저서로는 『한국어의 시제와 상』, 『대조분석론』(공저), 『스페인어 문형 대역사전』(공저) 등이 있다.

# 글쓰기의 전략

정희모 | 이재성 지음

*Reading & Writing*

**글쓰기의 전략**
ⓒ 정희모·이재성 2005

| | | |
|---|---|---|
| 초판 1쇄 | 2005년 11월 15일 | |
| 초판 63쇄 | 2022년 5월 1일 | |

| | |
|---|---|
| 지은이 | 정희모·이재성 |

| | | | |
|---|---|---|---|
| 출판책임 | 박성규 | 펴낸이 | 이정원 |
| 편집주간 | 선우미정 | 펴낸곳 | 도서출판 들녘 |
| 편집 | 이동하·이수연·김혜민 | 등록일자 | 1987년 12월 12일 |
| 마케팅 | 전병우 | 등록번호 | 10-156 |
| 경영지원 | 김은주·장경선 | 주소 | 경기도 파주시 회동길 198 |
| 제작관리 | 구법모 | 전화 | 031-955-7374 (대표) |
| 물류관리 | 엄철용 | | 031-955-7376 (편집) |
| | | 팩스 | 031-955-7393 |
| | | 이메일 | dulnyouk@dulnyouk.co.kr |

| | |
|---|---|
| ISBN | 978-89-7527-506-7(03800) |

값은 뒤표지에 있습니다. 잘못된 책은 구입하신 곳에서 바꿔드립니다.

 **들어가는 글**

## 실용적인 글쓰기 책 한 권

    2004년 초 나는 글쓰기 교육 시스템을 알아보기 위해 매사추세츠 공과대학(MIT)을 방문한 적이 있다.

    그곳의 글쓰기 프로그램 책임자인 제임스 패러디스(James Paradise) 교수에게 이공계 대학인 MIT에서 왜 그렇게 학생들에게 글쓰기 교육을 많이 시키는지를 물어보았다. 패러디스 교수는 뜻밖의 질문이라는 듯 놀라면서 MIT 학생들은 대부분 사회의 리더로 성장할 학생이며, 리더가 하는 일 중 가장 중요한 것이 글을 쓰는 것 아니냐고 반문했다.

    그러고 보니 언젠가 한 잡지에서 MIT의 교내 서점에서 가장 많이 팔린 책이 윌리엄 스트렁크 교수의 『스타일의 요소(The Elements of Style)』란 글쓰기 책이었다고 소개한 기사가 생각난다.

    미국의 대학들은 글쓰기 능력을 매우 강조하고, 또 글쓰기 교육을 중시한다. 많은 미국 대학들은 글쓰기 과목을 필수과목으로 지정해서 학생을 교육시키고 있다. 우리나라의 경우도 점차 글쓰기 교육의 중요성을 강조하고 있는 추세에 있다. 최근 국내 주요 국립대학과 사립대학들이 앞을 다투어 글쓰기 과목을 필수 교양과목으로 지정했다.

뿐만 아니라 기업이나 대학에서 조사한 자료에 의하면 기업체가 요구하는 능력 중 커뮤니케이션 능력은 항상 상위에 위치한다. 기업에서도 대학에서 글쓰기 능력을 키워줄 것을 요구하고 있다.

왜 이렇게 글쓰기 교육을 중시하게 되었을까?

나는 그것이 글쓰기가 지닌 뛰어난 사고 형성 기능과 관련이 있다고 믿고 있다. 글쓰기는 단순히 생각이나 지식을 전달하기 위한 것이 아니다. 오히려 글쓰기는 생각을 만들어내고, 지식을 구성하는 데 중요한 역할을 담당한다. 그래서 1996년도에 노벨의학상을 받은 피터 도허티 교수나 MIT의 바바라 골도프타스 교수도 글을 잘 쓰는 사람이 사고가 명확하여 연구 성과가 뛰어나다고 단언하고 있다.

글은 엉켜진 생각을 명료하게 정리해주는 신비한 마력이 있다. 또 이 생각을 저 생각으로 옮기는 능청스러운 힘을 가지고 있다. 우리는 글을 쓰면서 생각을 정리하고, 글을 쓰면서 새로운 생각을 만든다. 글쓰기가 논리적 사고, 창조적 사고를 키운다는 말은 그래서 가능하다.

누군가가 글쓰기 학습에 관한 진실은 두 가지밖에 없다고 했다.

하나는 "글쓰기 학습에는 오랜 시간이 걸린다"는 것이고, 다른 하나는 "글쓰기에는 왕도가 없다"는 것이다. 그래서 많이 읽고, 많이 써보는 것이 제일 좋은 방법이라고 말했다.

정말 맞는 말이다. 그러나 이 말을 학습 지침이라면 모를까 학습의 방법이라고 말하기는 어렵다.

나는 대학에서 15년간 글쓰기를 강의하면서 학생들로 하여금 어떻게 하면 글을 잘 쓸 수 있게 할 수 있을까를 항상 생각해왔다. 물론 좋은 교재와 좋은 학습 방법이 있으면 좋으련만 아직 눈에 띌 만한 뾰족한 글쓰기 교재나 효과적인 학습 프로그램은 없는 것 같다. 많은 학교에서 글쓰기 교육 방법을 개선하려고 애를 쓰지만 아직까지도 외국만큼 다양하고 깊이 있는 글쓰기 학습이 실현되고 있지 않다. 글쓰기 교육의 역사가 짧아 그에 대한 연구가 부족한 탓이다.

이러한 현실 앞에서 나는 학생들에게 도움이 될 수 있는 실용적인 글쓰기 책 한 권을 집필하기로 했다. 내 생각에 현실적으로 가장 좋은 학습 방법은 글을 쓰는 과정을 단계별로 지도하면서, 한 과정 한 과정을 전략적인 방법으로 학습하는 것이다. 미국의 인지구성주의에서 나온 이 방법은 흔히 '글쓰기 과정 학습'이라고 하는데, 이 책은 이런 방법을 기초로 구성했다.

글을 직접 써보지 않고서 글 솜씨가 늘 수는 없다. 그래서 글쓰기 책을 읽는 것만으로 글쓰기를 학습하기란 거의 불가능하다. 글쓰기에 관한 여러 책들이 실제 쓰는 방법보다 글을 쓸 때 필요한 지침만 나열하는 것도 이 때문이다.

나는 이 책을 쓰면서 그런 단점을 보완하기 위해 여러 가지 방법을 도입했다. 학생들에게 글의 작성 과정을 세밀하게 보여주는 데 주력했고, 또 이 책을 보면서 학생들이 직접 글을 작성해볼 수 있도록 유도했다.

이 책에는 많은 예문들이 제시되어 있다. 특히 중심 예문은 토막글이 아니라 전편을 다 수록하여 그 예문을 읽고 분석하는 것만으로도 글이 구성되는 과정이나 구성 방법을 학생들이 깨우칠 수 있도록 했다. 또 이 예문들은 각 분야에서 뽑았기 때문에 예문 자체가 배경지식을 얻는 데 커다란 도움을 줄 것이다. 학생들은 예문을 통해 필자들이 어떠한 생각의 흐름으로 어떤 과정을 거쳐 한 편의 글을 썼는지 배울 수 있다. 읽기(Reading)를 통해서 쓰기(Writing)를 학습하는 것이다.

이 책의 1장부터 9장까지는 순서대로 학습하는 것이 좋다. 발상 과정에서부터 마무리하는 과정까지, 글 한 편이 이루어지는 과정을 단계별로 배치해 놓았기 때문이다. 이 순서를 따라 학습하면 자연히 글을 쓰는 과정 전체를 배우게 된다. 물론 자신 있는 사람은 필요한 부분을 찾아 선별적으로 읽어보는 것도 무방하다.

10장은 앞서 나온 단계별 과정을 모아 시작부터 끝까지 한편의 글을 만드는 과정을 응축해서 보여주었다. 이 장을 펼칠 때쯤에는 여러분도 한 편의 글을 직접 작성해보는 기쁨을 맛보았으면 한다.

11장부터 13장까지는 글을 쓰는 데 필요한 문장과 단락을 학습하도록 하였다. 좀 더 심화된 학습을 원한다면 빼놓지 말고 읽어보기를 권한다.

참고로, 글쓰기 과정 부분(1~8장, 10장)은 내가 집필했으며, 문장과 단락 부분(9장, 11~13장, '알고 보면 쉬운 우리글')은 국어학 전공인 이재성 교수가 집필했음을 밝힌다.

미국의 작가 스티븐 킹은 글쓰기 책은 대개 헛소리로 가득 차 있다고 말했다. 글을 쓰는데 정작 글쓰기 책이 별 도움이 되지 않는다고 한 말이다. 이 책도 그런 소리를 듣게 되지 않을까 두려움이 앞선다.

이 책을 읽고서 글쓰기가 쉬워지고, 글이 좋아졌다는 소리를 듣게 된다면 필자들에게는 더 말할 나위 없는 기쁨이 되겠다.

2005년 가을
정 희 모

### 차례

## 1. 글쓰기는 노동이다
글의 힘 18
글쓰기는 노동이다 19
*Reading* 콜럼버스여, 달걀 값 물어내라 22
상식에 도전하라 24
지식 · 구성력 · 문장력 26
분석하며 읽는 방법 29
독서의 내면화 과정 34
원리를 적용하는 연습 35
뛰어난 문장가도 벽에 머리를 찧는다 37
**점검1·2**

■알고 보면 쉬운 우리글 / 우리글은 소리글자입니다

## 2. |발상| 관습적 해석에 저항하라
글쓰기 과정의 탐색 44
테마를 잡는 방법 46
*Reading* 간디의 물레 48

서술 전략 51
테마와 주제 53
구성적 아이디어 54
아이디어를 얻는 비결 59
발상 단계의 주의사항들 63
논제 속에 테마가 들어 있는 논술 문제 65
**점검 1·2**

■ 알고 보면 쉬운 우리글 / '반듯이'와 '반드시'

## 3. |계획| 설계도는 구체적으로 그린다

*Reading* **아날로그(analog)와 디지털(digital)** 72
설계도 짜기 75
자료가 중요하다 76
간략한 구성을 작성하는 단계 77
다양한 글감 만들기 80
브레인스토밍 86
분류 항목을 이용해 구성하라 93
글의 진행 방향 95
**점검 1**

■ 알고 보면 쉬운 우리글 / '안'과 '않'이 헷갈려요

## 4. |구성1| 세밀한 연쇄고리를 만들자

*Reading* **정녕 '문명충돌'인가** 102
세밀한 연쇄고리들 104
비판과 해결책 107

논리적 배열 과정 109
제2 유형 110
**점검1·2**

■ 알고 보면 쉬운 우리글 / '되'가 맞아, '돼'가 맞아?

## 5. |구성2| 구성은 흐름이다

구성은 구조가 아니라 구심력 118
구성은 논리적 흐름이다 120
문제 해결식 유형 121
현상→원인→해결책 122
*Reading* **소득격차는 갈수록 벌어지는데** 124
해결책의 제시 126
유형의 다양한 적용 129
**점검1·2**

■ 알고 보면 쉬운 우리글 / 숟가락은 'ㄷ'받침인데 젓가락은 왜 'ㅅ'받침일까요?

## 6. |구성3| 화제식 유형의 다양한 응용법

화제에 의미를 부여하라 144
*Reading* **오늘이 나의 마지막 날이라면** 146
의미 부분은 직설적으로 써라 148
참신한 화제를 찾아라 150
독서를 통해 화제를 찾는 방법 151
〈화제→의미〉 유형의 응용 155
**점검1**

■ 알고 보면 쉬운 우리글 / '등굣길'은 맞는 표기일까요?

## 7. |구성4| 나열식 유형의 다양한 응용법

**Reading** 게놈 지도의 得과 失 164
나열식 구성도 매력있게 만들 수 있다 166
나열식 유형의 변형 1 168
나열식 유형의 변형 2 173
전체 구성과 부분 구성 178
점검1·2

■ 알고 보면 쉬운 우리글 / 띄어쓰기가 너무 어려워요


## 8. |서두| 인상적으로 써라

**Reading** 미래는 인식의 대상이 될 수 있는가? 188
마이너리티 리포트 190
서두의 기능 191
본문을 염두에 두고 서두를 작성하라 194
보편적인 화제를 이용한다 195
인용구의 활용 200
과제 제시형 서두쓰기 203
주제에 관한 개념을 서술하라 206
서두를 아주 쉽게 작성하는 요령 207
점검1·2

■ 알고 보면 쉬운 우리글 / 띄어쓰기에서 나머지 두세 가지가 뭐죠?


## 9. |결말| 영화의 엔딩신처럼 연출하라

**Reading** '고시 열풍'에 대한 처방 218
요약과 전망으로 끝맺는다 220

결말에 주장을 담는 네 가지 방식 221
결말을 쓰는 몇 가지 방법 224
**점검1**

■ 알고 보면 쉬운 우리글 / 깨끗히? 깨끗이!

## 10. 글 한 편을 멋지게 써보자

**Reading** **사라진 꿈의 세계** 236
아이디어는 무궁무진하다 239
테마와 주제가 결합한다 242
구체적인 계획을 세우자 244
글쓰기의 몇 가지 기본 전략 249
문장과 내용을 고쳐 멋진 글을 만든다 253
**점검1**

■ 알고 보면 쉬운 우리글 / 띄어쓰기에서 주의해야 할 사소한 것

## 11. |단락| 내 마음대로 만들 수 있다

**Reading** **군화와 고무신의 차이** 260
중심 문장을 찾아라 262
주제문장과 뒷받침문장 265
단락의 기본 유형 267
단락의 응용 유형 274
뒷받침문장을 뒷받침하는 문장들 283
**점검1**

■ 알고 보면 쉬운 우리글 / 말에서처럼 줄여 쓰면 안 되나요?

## 12. |문장1| 일곱 가지만 알면 된다

*Reading* **젓가락의 미학** 290
우리말 문장은 일곱 가지 293
일곱 가지 문장의 특성 293
문장 만드는 과정 298
**점검1**

■ 알고 보면 쉬운 우리글 / 웬? 왠!


## 13. |문장2| 바른 문장 쓰는 법

문법에 맞아야 좋은 문장이다 308
문장은 생각의 틀이다 308
좋은 문장의 비결 309
하나의 문장은 하나의 생각을 담는다 311
주어와 서술어는 반드시 일치해야 312
피동문을 조심하라 320
'-의'의 용법 324
'주어-서술어'의 연결 326
**점검1**

■ 알고 보면 쉬운 우리글 / 외래어를 한글로 쓰기


**전문이 인용된 예문의 출처** 334

# 1. 글쓰기는 노동이다

글쓰기는 글쓰기를 통해서만 배울 수 있다.
바깥에서는 어떤 배움의 길도 없다.

_ 나탈리 골드버그

## 글의 힘

최근 어떤 책을 보니 글쓰기를 통해 유명해진 인사들을 나열해 놓았다. 그중에는 책을 내고 갑자기 전국적인 유명인사가 된 사람이 있는가 하면, 직업적 전문 문필가가 된 사람이 있고, TV의 오락 프로에 등장하게 된 사람도 있었다. 또 어떤 사람은 수백만 권이 팔린 베스트셀러를 내어 전국적인 유명인사가 되었고, 이제는 정부의 고위 관료가 되었다.

사실 글을 잘 쓴다는 것은 엄청난 프리미엄임에 틀림없다. 자신의 분야에서 글을 좀 잘 쓴다는 소문만 나면 대부분 전문가로 대접받는다. 또 대중적인 서적이라도 출간만 하면 자기 분야를 벗어나 사회적 발언권을 얻게 된다. 서양의 명언 중에 "펜은 칼보다 강하다(The Pen is mightier than the Sword)"라는 말이 있는데, 이 말이야말로 이런 사람들을 두고 한 말이 아닐까.

> 글을 잘 쓰면 사회적 발언권을 얻는다.

책을 써서 유명하게 된 사람을 들라면 단연 마키아벨리를 들 수 있다. 생전에 그는 유명인사이기는커녕 단지 조그만 도시국가 피렌체의 평범한 관리에 불과했다. 자기 일에 대한 직무 능력은 뛰어났지만 귀족이 아니라서 애초부터 높은 자리에 올라갈 가능성도 없었다. 그가 한 일은 그저 각국 사절로 파견되는 대사를 따라다니면서 회계를 담당하고 문서를 수발하여 기록하는 것이었다.

그렇다고 그가 남들에게 존경받을 만한 인품을 지닌 것도 아니었다. 마키아벨리는 정적에 의해 자리를 빼앗겼고 감옥까지

가는 신세가 되었지만, 관직에 복직하기 위해 그 정적에게 『군주론』을 바친 사람이다. 현실적이고 이기적인 인물인 그를 시오노 나나미는 '나의 친구'라고 불렀다. 세속적 욕망과 번민에서 벗어나지 못하는 그가 우리를 그대로 닮았기 때문이다.

마키아벨리가 오늘날까지도 우리들의 '친구'로 남아 있게 된 까닭은 오로지 그의 뛰어난 글쓰기 능력 때문이다. 박복한 그에게 신이 내려준 유일한 선물은 글을 쓰는 재주였다. 그가 관직에서 물러난 후 프란체스코 베트리에게 보낸 편지는 오늘날까지도 뛰어난 미문으로 인정받고 있다.

『정략론』과 『군주론』을 저술한 마키아벨리는 당대에는 널리 인정받지 못했지만, 지금은 피렌체의 정치가 로렌초 데 메디치보다 더 알려진 유명인이 되었다. 정치가로서 그의 삶은 고단했다. 그러나 뛰어난 문장가로서 그의 삶은 영원하다.

## 글쓰기는 노동이다

아무나 좋은 문장가가 될 수 있는 것은 아니다. 누구나 다 좋은 글을 쓸 수는 없는 법이다. 그러나 작은 문장, 작은 단락 하나라도 잘 꾸며 좋은 글을 만드는 일은 가능하다.

좋은 글을 쓰는 방법에 대해서는 여러 책에서 많은 이야기를 했다. 이런 책에서 이야기하는 것은 거의 대동소이하다. 많이 읽고 많이 써야 한다, 문장을 짧게 쓰되 어법에 맞게 써야 한다, 글의 구성은 논리적으로 해야 한다, 솔직하고 진솔하게 써야 한다. 글쓰기 책들은 늘 이런 내용들로 가득 차 있다. 그러나 과연 이러한 책을 읽고 글쓰기 능력이 향상된 사람이 있을까? 글쓰기 책을 읽고 글쓰기 능력이 향상되었다고 고개를 끄덕이는 사람은 거의 없을 것이다.

그러나 글쓰기 책에도 미덕은 있다. 노력 없이 좋은 글을 쓸 수 없다는 사실을 분명히 밝히고 있기 때문이다. 스티븐 킹은 예술적 영감의 신 뮤즈가 여러분의 책상에 너울너울 날아들어 타자기나 컴퓨터에 마법의 가루를 뿌려주는 일은 결코 없다고 단언했다. 뮤즈가 찾아오면 오히려 뮤즈가 살 집을 지어주어야 하는 게 우리의 일이며, 거기에 들어가는 노동은 순전히 우리의 몫이라고 했다.

> 영감의 신 뮤즈가 찾아오면 오히려 뮤즈가 살 집을 지어주어야 하는 게 우리의 일이다.

그의 말을 듣다 보면, 글쓰기에서 천재적 영감으로 하는 일은 거의 없는 것 같다. 그렇다! 글쓰기는 순전히 노동으로 이루어진다. 직접 글을 쓰는 것도 그렇지만 이를 준비하는 것도 노동이다. 그뿐만 아니라 좋은 글을 쓰기 위한 학습도 당연히 고된 노동이다.

나는 가끔 학생들에게 글쓰기는 숙련된 기술을 배우는 것과 흡사하다고 말하곤 한다. 목수도 제자를 받으면 한꺼번에 기술을 가르쳐주지 않는다. 아마 한동안은 제자가 스승을 따라다니면서 그저 구경하는 것에 만족해야 할 것이다. 제자가 나무를 깎아 맞추기를 시작했을 때 스승은 무엇을 가르쳐줄까? 사실 스승이 가르쳐줄 것은 그리 많지 않다. 나무를 어떤 각도로 잘라야 한다든지, 못을 치는데 순간 가속도가 얼마가 되어야 한다든지 하는 물리 지식을 가르쳐주는 것은 어렵다.

  스승은 오로지 정신을 집중하라든지, 나무를 꼭 잡으라든지, 중심을 겨냥하라든지 하는 요령을 이야기해줄 수는 있다. 제자가 그러한 기술을 습득하는 것은 반복된 연습을 통한 숙련이지, 이론적 학습을 통해서가 아니다.

  글쓰기 학습 역시 이론의 영역이 아니다. 수없이 반복되는 연습만이 글을 잘 쓸 수 있게 한다. 그리고 거기에 요령을 조금 덧붙이면 숙련 시간이 단축된다. 글쓰기는 '헤파이스토스'(노동의 신)의 영역이며, '뮤즈'(예술의 신)의 영역이 아니다.

  글쓰기 책이 가르쳐줄 수 있는 것은 단지 여러분의 숙련시간을 단축시키는 요령이라는 것을 이해하라! 이 책은 여러분에게 글쓰기의 비법을 가르쳐주지 않는다. 그러나 여러분의 노고에 도움은 줄 수 있다.

> 글쓰기는 헤파이스토스의 영역이다.

*Reading*

## 콜럼버스여, 달걀 값 물어내라

어떤 기업 광고에서 '콜럼버스의 달걀'을 소재로 삼아 상식을 뛰어넘는 발상의 전환을 강조하는 것을 보았다. 콜럼버스의 아메리카 대륙 상륙이 뭐 별거냐고 시비가 붙자 즉석에서 달걀 세우기 논쟁이 벌어졌다. 콜럼버스가 달걀을 집어 들고 퍽 하니 그 밑동을 깨고 세웠다는, 소문으로 전해지는 유명한 이야기다. 이 이야기에는 일이라는 것이 해놓고 보면 별것 아닌 듯싶지만 언제나 '최초의 발상 전환'이 어렵다는, 매우 자존심 강한 메시지가 담겨 있다.

그런데 우리는 이 콜럼버스의 달걀에 대하여 문제성을 느껴본 적은 없는가. 그 기업과 광고 작성자에 대해 비판하려는 것이 아니라 우리의 문명사적 의식 전반에 깔린 무의식의 성격에 문제를 제기해보려 하는 것이다. 여기서 주목하고자 하는 점은, 콜럼버스의 달걀이 이제는 상식을 넘는 발상이라기보다는 도리어 그것이 상식이 되어버린 역사적 과정과 현실이다.

달걀의 겉모양은 어떻게 생겼는가? 그것은 타원형이다. 애초에 세울 이유가 없도록 설계되어 있는 것이다. 둥지에서 구르더라도 그 둥지의 반경을 벗어나지 않도록 고안된 생명의 섭리가 담겨 있다. 만일 원형이었다면 굴렀을 경우 자칫 둥지에서 멀리 이탈되어 버리기 십상이다. 각이 졌다면 어미 새가 품기 곤란했을 것이다. 타원형은 그래서 생명을 지키는 원초적 방어선이다.

따라서 달걀을 세워보겠다는 것은 그런 생명의 원칙과 맞서는 길밖에 없다. 먹기 위해서가 아니라면. 둥지에서 벗어나지 않도록 만들어진 생명체를 자신이 원하는 자리에 고정시켜 장악해야겠다는 생각이 콜럼버스의 달걀을 가능하게 만드는 뿌리이다. 그래서 그것은 상식을 깬 발상 전환의 모델이 아니라, 생명을 깨서라도 자신의 구상을 달성하겠다는 탐욕적·반생명적 발상으로 확대된다.

실로 콜럼버스와 그의 일행은 카리브 해안과 아메리카 대륙에 상륙해서 자신들이 원하는 금과 은을 얻기 위해 무수한 생명을 거리낌없이 살육했다. 결국 콜럼버스의 달걀은 서구의 제국주의적 팽창 정책을 뒷받침하는 사고의 원형이 된다. 그것이 전개되는 과정에서 아시아·아프리카·중동 등지에서 얼마나 많은 생명이 이런 식으로 무지막지하게 달걀 세우기를 당했는지 모른다. 우리도 그 가운데 하나다.

콜럼버스의 손에서 달걀이 지표면에 내리쳐지기까지의 거리는 짧고 그 힘은 개인에게 한정되어 있지만, 그 거리와 힘 속에는 제국주의라는 문명사적 탐욕이 압축되어 있었던 것이다.

오늘날 이 달걀 세우기는 콜럼버스 시대 이후 여러 가지 변형된 모습으로 우리의 삶을 지배하고 있다. 그래서 가령 인간의 탐욕을 채우기 위해서는 지구의 생명이 파괴되는 것이 문제가 아니며, 지식수준만 높이면 된다는 교육관이 아이들의 정신 생명을 시들게 해도 무감각하며, 기득권을 독점하려는 생각은 국민의 정치 생명을 상처 내는 현실을 끊임없이 만들어내고 있다. 또한 팔아먹기만 하면 된다는 발상들은 음란물을 양산하여 인류의 문화 생명 그 밑동을 으스러뜨려 놓고 있다. 폐수로 범벅이 되었다는 한탄강의 비극은 이런 달걀 세우기의 상식이 도달하는 운명적 종착역이다.

정작 오늘날 필요한 발상의 전환은, 달걀을 어떻게 하면 세울 수 있을 것인가라는 질문에 갇혀 그 답을 모색하는 일에서 가능한 것이 아니라, 달걀의 모양새가 왜 타원형인가를 진지하게 묻는 일에서 시작된다. 원래의 타원형을 지키는 새로운 노력이 '오늘의 상식'을 깨지 못할 때 생명의 신음 소리는 도처에서 계속 들리게 될 것이다. 그리고 그것은 다름아닌 우리 자신의 죽음으로 다가오게 된다. 바로 이러한 문명사적 위기를 극복하려는 마음이야말로 진정한 발상 전환의 출발점이 아닌가.

_김민웅 '성공회대 교수

### 상식에 도전하라

앞의 예문은 '콜럼버스의 달걀'을 통해 제국주의적 침탈의 세계관을 비판한 글이다. 이 글의 필자는 흔히 상식처럼 여겨지는 '콜럼버스의 달걀 세우기'를 뒤집어 새로운 사고 방법을 보여준다. 필자는 타원형인 달걀을 억지로 세우는 것은 반생명적 논리이며, 결국 이는 제국주의적 사고와 연관되었다고 보았다.

필자의 이런 생각은 아주 참신하고 새롭다. 우리가 당연하다고 생각하는 상식에 도전했기 때문이다. 흔히 우리가 창의적 발상의 예로 드는 '콜럼버스의 달걀'을 멋지게 다시 한 번 뒤집어 또 다른 새로운 의미를 부여한 것이다. 이것은 우리에게 한 편의 글을 새로운 테마로 구성해내는 아이디어의 힘을 보여준다.

그런데 상식에 대한 도전이 과연 도전하려는 마음 하나만으로 가능할까? 이 글이 참신하고 좋은 글이라면 어떤 요소 때문일까? 우선 우리가 알아야 할 사실은 이런 아이디어를 생각해 내는 데는 생물학적 지식과 제국주의에 대한 지식이 있어야 한다는 것이다.

> 지식이 없으면 아이디어를 떠올릴 수 없다.

필자는 콜럼버스가 창의적 인물로 높이 평가받아야 할 인물이 아니라는 사실을 이미 알고 있었다. 실제로 콜럼버스는 서인도제도를 발견한 뒤 거기서 나온 금이 신통치 않자 인디언을 학살하고 부역을 시켰으며, 노예로 삼기도 했다. 콜럼버스와 그 추종자들은 신대륙에서 수많은 범죄 행위를 저질렀다. 이미 신화가 된 상식을 뒤엎기 위해서는 콜럼버스에 관한 이런 사실들을 미리 알아야 한다.

다음으로 이 글에 동원된 지식은 타원형이 갖는 생물학적 상식이다. 달걀이 둥지에서 멀리 떨어질 수 없도록 타원형으로 고안된 것이라는 생물학적 원리는 '콜럼버스의 달걀'을 비판하는 데 결정적인 아이디어를 제공했다. 그래서 필자는 타원형의 생물학적 원리를 바탕으로 '콜럼버스의 달걀'에서 제국주의적 자취를 읽어낼 수 있었다.

그런데 이 글의 필자는 이런 사실을 처음부터 밝히지 않았다. 필자는 먼저 우리의 상식에 도전장을 던지면서 문제를 제시한다. 그런 다음 그는 차근차근 논리적으로 이 문제에 대한 해답을 찾아나간다.

> 상식에 도전장을 던지면서 문제를 제시하는 글쓰기 방식은 논리적인 흐름으로 전개되어야 한다.

달걀이 둥글다는 것은 애초에 세울 필요가 없기 때문이다. 거기에는 생물학적 원리가 담겨 있다. 이를 억지로 세우려는 것은 제국주의적 폭력의 논리로 해석할 수밖에 없다. 마지막으로 이런 제국주의적 논리는 오늘날 우리 현실을 여전히 지배하고 있다.

이렇듯 하나의 현상에서 자연스럽게 다음 현상을 유추하는 방법은 독자가 이 글을 자연스럽게 따라가면서 동의하도록 만드는 힘이 된다. 어떤 구성 방법을 사용하느냐는 글의 주제와 성격에 따라 다양하게 선택할 수 있다. 이 글의 참신함이 '뜻밖의 견해'로만 보이지 않는 이유도 하나의 문제의식으로부터 다음 문제의식으로 논리를 합리적으로 이어갔기 때문이다.

## 지식 · 구성력 · 문장력

이 예문이 독창적이고 흥미롭다면 작가로 하여금 이런 글을 쓰게 한 어떤 요소들이 분명히 존재한다. 펜을 든다고 모든 작가가 항상 좋은 글을 쓰는 것은 아니며 대부분의 작가들은 좋은 글과 그저 그런 글, 좋지 못한 글을 반복해서 쓰곤 한다. 좋은 글은 그 글을 쓰게 한 당시의 어떤 요소들이 있다. 예문에서 우리가 분석해봐야 할 것은 필자에게 작용했을 이러한 요소들이다.

우선 이 글의 작가는 테마에 대한 창의적 아이디어를 가지고 있었다. '콜럼버스의 달걀'을 잘 알고 있지만 이를 뒤집어 제국주의적 가치관으로 해석해내기는 쉽지 않다. 이 글의 시작은 필자가 이런 뒤집기를 깨닫는 순간 이루어졌다. 글은 테마에 대해 무엇을 어떻게 쓰겠다는 최초의 생각에서부터 출발한다. 이런 최초의 생각이 글의 성격을 좌우한다.

> 최초의 아이디어가 글의 성격을 좌우한다.

다음으로 필자는 이런 발상을 전개해나갈 여러 지식들을 가지고 있었다. 특히 타원형에 대한 생물학적 지식은 이 글의 논리성을 뒷받침하는 핵심 항목이다. 이 부분은 '콜럼버스의 달걀'을 창의적 발상 단계로부터 제국주의 사상으로 이어주는 징검다리의 구실을 한다.

나는 이 글의 발상이 타원형에 대한 생물학적 원리를 알게 된 순간부터 시작됐다고 믿는다. 필자는 아마 어떤 책이나 잡지, 신문에서 타원형의 생물학적 원리에 관한 글을 읽었을 것이다.

  책을 읽다 얻게 된 우연한 지식이 때때로 글을 작성하는 결정적인 단서가 된다. 미처 생각하지 못했던 것을 생각하게 되었을 때 그것을 글로 쓰고 싶어하는 마음이 드는 것이다. 또 그런 새로운 깨달음이 바로 글의 테마가 되고 주제가 되기도 한다.

  타원형이라 멀리 구르기가 쉽지 않아 잘 깨어지지 않는 달걀 속에는 종의 번식을 위한 신의 섭리가 담겨 있다. 타원형이라는 형태에는 생명 유지의 비밀이 담겨 있다.

  필자는 이와 같은 타원형의 원리와 자연의 섭리를 알게 된 순간 '콜럼버스의 달걀'을 유추해내었다. 글의 발상은 짧은 순간 이런 우연한 계기로 만들어진다.

  한 편의 글을 작성하는 데 지식이 중요한 역할을 한다는 사실은 굉장히 중요하다. 지식은 무엇을 어떻게 써야 할까를 결정하는 발상 과정에 관여할 뿐만 아니라 글의 내용과 수준, 그 깊이를 결정한다. "좋은 내용이 좋은 글을 만든다"는 말이 있다. 다양하고 풍부한 지식은 좋은 내용을 위한 필수 항목이다.

> 지식은 발상뿐만 아니라 글의 내용과 수준, 그 깊이까지 결정한다.

  예문의 구성 과정은 앞에서도 이야기했듯이, 하나의 의미로부터 다른 의미를 만들어가는 논리적 구성이다. '콜럼버스의 달걀'에서 타원형의 생물학적 원리로 진행된 글의 내용은 제국주의 사상으로 전개된다. 의미는 점차 확장되고 발전된다. 이런 구성이 독자를 흥미롭게 하여 글을 끝까지 읽도록 만든다.

이렇듯 효과적인 구성이 좋은 글을 만드는 것이다.

좋은 글을 쓰는 데 빠질 수 없는 또 다른 요소는 바로 문장력이다. 풍부한 지식을 전달하기 위해서는 문장의 힘이 필요하다. 아무리 좋은 지식을 가지고 있다고 하더라도 이것을 표현할 적절한 수단을 가지지 못한다면 아무 소용이 없다.

> 풍부한 지식을 가지고 있어도 문장력이 없으면 표현해낼 수가 없다.

문장력이 없으면 아무리 똑똑해도, 책을 많이 읽었어도 소용이 없다. 책을 통해 얻은 지식을 효과적으로 전달할 수단을 가지지 못하기 때문이다. 나는 언제나 학생들에게 우선 문장 연습부터 하라고 이야기한다. 문장을 제대로 배우지 않으면 학교에서든, 회사에서든 좋은 평가를 받을 수 없다.

결국 한 편의 좋은 글은 세계를 분석해내는 지적인 힘, 현상과 지식을 조직해내는 구성력, 생각과 사고를 문자로 표현할 수 있는 문장력으로 이루어진다.

우리의 옛말에 글을 잘 쓰기 위해서는 '삼다(三多)'가 필요하다고 했다. 다독(多讀), 다작(多作), 다상량(多商量)이 바로 그것인데, 많이 읽고, 많이 쓰고, 많이 생각하는 것이 글을 쓰는 데에 반드시 필요하다는 말이다.

많이 읽는 것은 지식을 얻는 데 도움이 된다. 많이 쓰는 것은 문장력을 기르는 훈련이 된다. 또 많이 생각하는 것은 구성력을 연마하는 데 보탬이 된다. 누구나 흔히 아는 이야기이지만 실행하기는 쉽지 않다.

### 좋은 글을 쓰기 위한 기본 요소

- 세계를 깊이 있게 분석해낼 수 있는 지식
- 현상과 세계를 적절히 조직해낼 수 있는 구성력
- 생각과 사고를 문자로 표현할 수 있는 문장력

## 분석하며 읽는 방법

우선 이 세 요소를 눈에 익히는 연습을 해보자. 어떤 것이 지식에 해당하고, 어떤 것이 구성력에 해당하며, 또 어떤 것이 문장력인가?

문장력은 내용과 관련이 있다. 어법에 맞는 문장을 쓰지 못한다면 표현하고자 하는 내용을 전달할 수가 없다. 시험 답안지가 아니라면 문법에 맞지도 않는 글을 억지로 읽어줄 사람조차 없다. 또한 내용은 구성력과 관련이 있으며, 이해하기 쉽게 구성되어 있는 글은 내용이 선명하게 보인다. 이렇게 보면 하나의 글에 나타난 세 요소는 서로 긴밀한 관련을 맺고 있음을 알 수 있다.

그러나 서로 연관되어 있다고 해서 이들을 구별해내지 못할 정도는 아니다. 다음의 글을 읽어보자.

> 문법에 맞지 않는 글을 억지로 읽어줄 사람은 없다.

#### 선물에 관한 명상

이른바 '인디언'들이나 남태평양의 '미개인'들이 선물의 문화 속에서 산다는 것은 인류학자들의 연구를 통해 잘 알려져 있다. 가령 트로브리얀드 제도의 원주민들은 A에게서 선물을 받으면 A에게 답례하는 게 아니라 다른 이웃인 C에게 선물을 하는 방식으로 답례한다. 그걸 받은 C는 다시 D에게 주어야 한다. 선물이 선물을 낳는 선물의 증식이 발생한다. 수많은 섬들을 통과하던 선물의 흐름은 돌고 돌아 다시 A에게 돌아갈 것이다. 선물의 커다란 원환이 그려진 셈이다. 모두가 선물을 했고, 또 모두가 선물을 받은 것이다.

또 하나 유명한 선물게임은 '포틀래취'라고 알려진 것이다. 그 게임에선 선물을 받으면 그보다 더 많은 선물로 답례해야 한다. 그렇게 답례하지 못하면 지는 것이다. 최종적인 승자는 남들이 더 이상 갚을 수 없을 정도의 선물을 주는 사람이다. 이 승자가 대개는 부족의 추장이 된다. 뒤집어 말하면, 추장이 되려면 자신이 가진 것을 모두 다른 이들에게 선물해야 한다.

이들만큼이나 우리도 수많은 선물의 시간을 갖고 있다. 지금도 많은 사람이 선물을 사고 그것을 실어 나르고 있다. 그런데 쿨라와 달리 우리의 선물은 대개 대칭적이다. 주는 사람에게만 답례한다. 심지어 주고받는 선물의 '가치'를 어느새 비교하기도 한다. "아니, 난 10만 원짜리를 줬는데, 겨우 1만 원짜리를 줘?" 선물마저 대등하게 교환해야 하는 세계에 살고 있는 것이다. 하지만 정말 짜증나는 건 달마다 하나씩 들어서고 있는 선물의 날들이다. 선물의 종류도 정해져 있다. 초콜릿, 사탕에 이어 과자가 등장했다. 상업적 목적에서 기획된 이 선물게임은 자본과 상업이 선물제도에 선물한 최악의 모욕처럼 보인다. "선물이란 어차피 교환의 일종이야!" 이런 코드에 따라 이젠 모든 선물들이 상업과 교환의 그물에 완전히 사로잡힌 듯하다.

선물을 교환의 일종이라고 보는 것보다 선물을 이해하는 나쁜 방법은 없다. 선물에 관한 모스의 유명한 책으로 인해 널리 유포된 이 오해에 따르면, 선물은 받으면 답례해야 하기에 결국 교환의 일종이란 것이다. 그러나 선물을 받고 존경을 주는 것을 교환이라고 말하는 것처럼 어이없는 게 또 있을까? 이 점에선 차라리 소설가가 더 나은 것 같다. 아들 몰래 10만 원을 책상에 놓고 나온 어머니와 그 어머니 몰래 지갑에 10만 원을 넣어둔 아들. 이것을 교환으로 본다면 교환의 이득은 0이고, 이들은 하나마나 한 짓을 한 셈이 된다. 그러나 우리는 잘 알고 있다. 아들이나 그 어머니나 10만 원을 주고 10만 원을 받았기에 두 사람 모두 20만 원의 선물의 이득을 얻은 것이다.

선물과 교환 간의 거리의 최대값을 보여주는 경우는, 준다는 생각 없이 주는 선물, 혹은 선물이란 생각 없이 주어지는 것을 선물로 받는 것이다. 인디언들은 말한다. 수면을 스치는 부드러운 바람은 대기의 선물이고, 시원한 그늘은 나무의 선물이며, 해마다 열리는 옥수수는 대지의 선물이라고. 함께 말을 타고 들판을 달리는 친구, 밥을 해주는 할머니, 노래를 불러주는 아이들, 이 모두가 '위대한 정령'의 선물이라고. 선물이 의무라면, 그들은 아마도 이렇게 스스로 물을 것이다. "나는 과연 나에게 선물인 다른 이들에게, 숲의 나무들과 그 나무 사이로 오가는 동물들에게 과연 무엇을 주고 있는가?"

모든 존재자가 선물이 되는 세계, 그게 어디 인디언들만 꿈꾸던 세계였을까? 나의 삶이 나를 둘러싼 타자들의 선물 속에서 이루어지고 나의 삶이 타자들에 대한 선물이 되는 세계. 그러나 우린 이미 그걸 꿈꾸는 것조차 포기한 지 오래다. 그런데

> 정말 그건 이질적인 사람들이 모여 사는 도시의 두터운 벽 속에선 불가능한 세계인 것일까? 자동차를 타고 달리는 도시의 도로 위에선 정말 불가능한 세계인 것일까? 정작 문제는 불가능한 생각이란 생각, 꿈을 잃어버린 꿈, 그리고 스스로 감아버린 눈은 아닐까? '삶'을 뜻하는 제목의 영화 「이키루」에서 구로사와는 그 불가능해 보이는 세계가 실은 얼마나 우리 가까이 있는 것인지 보여주려는 것 같다.
>
> _이진경 · 서울산업대 교수

윗글에서 지식과 구성력, 문장력을 구분해보자.

이 글은 선물에 대한 새로운 인식을 담고 있는 글이다. 필자가 꿈꾸고 있는 것은 나의 삶이 타자에게 선물이 되는, 생각 없이 주어지는 선물이 가득 찬 그런 세상이다.

필자는 이런 세계를 보여주기 위해 인디언의 경우를 예로 들고 있다(수면을 스치는 부드러운 바람은 대기의 선물이고, 시원한 그늘은 나무의 선물이며, 해마다 열리는 옥수수는 대지의 선물이다). 인디언의 예는 선물마저 대등하게 교환해야 하는 세계에, 존재가 선물이라는 깨달음을 우리에게 일러준다.

필자는 '포틀래취'로부터 선물에 관한 모스의 견해, 인디언의 선물, 영화 「이키루」까지 다양한 소재를 이어 선물에 관한 부정적인 양상을 비판하고 선물의 참된 의미를 새롭게 정의하고 있다. 이런 주제는 인문학에 관한 여러 지식이 없으면 불가능했다. 이처럼 문제 의식이 뚜렷한 주제와 다양한 예시와 인용, 주제 전개 방식 등은 이 글의 장점이다. 이를 살펴볼 때 필자는 이 글을 쓰기 위한 여러 지식을 가지고 있음을 알 수 있다.

구성은 어떠한가?

단락과 단락의 연결 관계, 결론을 유추해내는 능력, 인용과 예시를 주제에 연결시키는 능력으로 보아 조직과 구성에서 잘 짜여진 글이라고 판단할 수 있다.

문장은 어떠한가?

전체적으로 문장에는 문제가 없다. 그래서 의미 전달이 빠르게 이루어지는 편이다. 그러나 너무 어려운 용어를 사용한 것이 몇 군데 눈에 띈다. '선물의 증식' '커다란 원환' '거리의 최대값' 같은 것이 그러하다. 하지만 이런 용어만 제외한다면 의미 전달이 쉬운 무난한 문장을 구사한다고 볼 수 있다.

우리는 어떠한 글도 이처럼 세 가지 요소로 분석해볼 수 있다. 글을 읽을 때 매번 이렇게 따져보는 습관을 익히는 것은 매우 중요하다. 그래야 글의 구성 요소를 학습하는 데 도움이 된다. 무턱대고 많이 읽기만 한다고 좋은 글을 쓸 수 있는 것은 아니다. 분석하면서 읽는 연습은 좋은 글을 쓰기 위한 기본 학습이다. 처음에는 남의 글을 보면서 좋은 점을 분석하고 모방하는 것이 필요하다.

## 독서의 내면화 과정

지식과 구성력, 문장력을 학습하는 방법에는 무엇이 있을까? 먼저 지식을 얻기 위해서는 독서가 필요하다. 간혹 글을 쓰는 데 독서가 왜 필요한가라고 말하는 사람이 있는데, 그 사람은 언어를 이해하는 과정을 모르는 사람이다.

언어는 듣는 것과 말하는 것이 결합되어 있다. 듣지 못하면 말을 하지 못한다. 선천성 청각 장애자가 발음구조에 이상이 없는데도 말을 하지 못하는 것은 이 때문이다. 보는 것(읽는 것)과 쓰는 것도 이와 같다. 이 둘은 서로 결합되어 있다. 보지 않고서는 문장이 결합되는 것이나 문장이 전개되는 것을 도저히 알 수 없다. 학자들도 읽는 것과 쓰는 것이 결코 분리될 수 없는 행위라고 말한다.

> 읽는 것과 쓰는 것은 결코 분리될 수 없는 행위이다.

사실 글을 쓰는 행위는 끊임없이 글을 읽는 행위를 수반한다. 저자들은 다른 사람의 책을 읽고 참조하면서 글을 쓴다. 글을 쓰는 사람의 책상 위에는 반드시 다른 사람의 책이 서너 권 이상 놓여 있기 마련이다. 심한 경우 수십 권의 책을 옆에 두고 쓰는 사람도 있다. 다른 사람의 생각이 있어야 나의 생각을 이끌어낼 수 있기 때문이다.

글을 쓸 때 다른 사람의 책을 전혀 보지 않는다고 말하는 사람이 있을지도 모르겠다. 하지만 그 사람도 최소한 자신이 쓴 글은 거듭 읽어 나가면서 글을 쓴다. 읽기를 수반하지 않는 쓰기란 있을 수 없다. 그리고 많이 읽은 사람이 글을 잘 쓴다는

> 많이 읽은 사람이 글을 잘 쓴다.

사실은 이미 누구나 다 알고 있다.

독서는 단지 지식을 얻기 위한 것만이 아니라 남의 문체, 구성, 표현력을 배울 수 있는 과정이다. 글의 구성 요소를 의식하고 읽든, 그렇지 않든 우리는 다른 사람의 책을 읽으면서 우리가 몰랐던 것을 배운다. 어떤 내용을 표현하는 방식, 어투, 예시와 인용을 끌어오는 방법, 서두와 결말을 맺는 방법 등을 눈에 익히고 따라하게 된다. 이러한 독서의 내면화 과정을 이해하지 못한다면 결코 좋은 글을 쓸 수 없다.

> 책을 읽을 때 우리는 독서의 내면화 과정을 경험한다.

독서를 하지 않는 사람에 대한 무서운 경고가 있다. '유지무지교삼천리(有智無智校三千里)'란 옛글을 상기해보라. 지혜 있는 사람과 없는 사람의 차이를 거리로 따지면 삼천리나 된다는 의미이다. 어떤 대상에 대해 지식을 가지고 있는 사람과 그렇지 않는 사람과의 차이는 우리가 생각하는 것보다 훨씬 크다. 지식이 없을수록 주장이 강하고, 지식이 있는 경우 오히려 너그러워진다. '우물 안 개구리'는 역시 우물 안 개구리일 뿐이다.


### 원리를 적용하는 연습

좋은 글을 쓰기 위해서는 꼭 글의 내부 요소를 학습해야만 하는가?

글의 내부 요소는 적절한 주장 세우기, 뒷받침 논거 찾기, 구성 짜기, 문장 연습, 서론과 결론 쓰기 연습 등과 같이 글쓰기 학습 책에서 흔히 다루는 항목들이다. 이런 항목들을 학습하는 것이 필요할까?

지금까지 우리나라의 문장가들은 글쓰기를 체계적으로 학습할 기회조차 없었다. 그래서 대부분의 문장가들은 글을 쓰면서 자신만의 방법을 스스로 터득했다. 우리나라에서 글쓰기 교육이 체계적으로 자리잡기 시작한 것은 얼마 되지 않는다. 작문 과목은 배웠지만 지금처럼 이론을 바탕으로 한 체계적인 학습이 이루어진 것은 겨우 5, 6년 남짓하다. 작문 과목은 교사가 주제를 주고, 학생이 글을 작성하면 이를 평가하는 결과 중심의 학습이었다. 글쓰기 과정에 대한 체계적인 이론과 학습은 전혀 포함되지 않았다.

> 과거 작문 과목은 결과 중심의 학습이었다.

미국에서도 글쓰기 과정을 학습에 반영한 것은 30~40년 정도밖에 되지 않는다. 미국의 작문 교육은 형식주의적 관점을 탈피한 인지구성주의(과정 중심) 교육 방법을 사용하다가 최근에 사회구성주의 방법을 도입하고 있다. 그중에서 과정 중심의 학습 방법이 최근 우리나라에 도입되어 초등학교를 중심으로 적용하고 있는 중이다.

글쓰기 과정 학습이란 글을 쓰는 과정을 단계별로 나누고 하나하나의 단계를 전체와의 맥락 속에서 학습하는 것을 말한다. 과정 중심의 학습 방법은 쓰기 과정을 쓰기 전(prewriting), 쓰기(writing), 쓰기 후(postwriting)로 나누는데, 이중 아무래도 중심이 되는 것은 쓰기 전 활동, 즉 계획하기 단계이다. 주제 정하기, 글감 생성, 구성 짜기, 개요 작성 등이 모두 이 과정에 포함된다. 과정 중심의 학습 방법이란 이런 방법을 훨씬 더

> 과정 중심 학습에서 가장 중요한 것은 '계획하기' 단계이다.

전문적이고 전략적으로 학습하는 것을 말한다.

 그러나 이런 학습 방법은 공교육 기관에서 사용하는 방법으로 대부분 오랜 숙련 시간이 필요하다. 단기간 학습이 필요한 사람이나 개별적 학습을 하는 일반인에게는 그림의 떡이다. 따라서 개인의 입장에서는 글쓰기 과정을 전략적으로 분석한 책을 찾아 실습 위주로 학습하는 것이 유용하다. 예를 들어 주제를 정하는 방법, 글감을 생성하는 방법, 글의 다양한 구성 방식, 서두 및 결말 쓰기, 좋은 문장 쓰기 같은 것을 익히면서 자신에게 부족한 부분을 찾아 이를 집중적으로 학습하는 것이다. 글쓰기는 전략적으로 공부해야 한다.

> 단기간 학습이 필요한 사람은 글쓰기 과정을 전략적으로 분석한 책을 택해서 실습하라.

 글의 내부 요소를 학습하는 것은 반드시 필요하다. 그러나 자신에게 필요한 것을 선별하여 집중적으로 학습하라. 학습의 방법은 이론 설명보다 실전과 실습 위주로 하라. 글쓰기는 원리를 배우는 것보다 원리를 적용하는 것이 중요하므로 이론을 공부하되 이를 적용하는 연습에 중점을 두어야 한다.


### 뛰어난 문장가도 벽에 머리를 찧는다

 다시 한 번 강조하고 싶은 것은 문장에 관한 학습이다. 보통 문장력은 글쓰기의 기본에 해당하기 때문에 그냥 학습하지 않고 넘어가는 경우가 많다. 또 어떤 사람은 자기 문장에 어떤 문제가 있는지조차 모르는 경우도 많다. 가장 심각한 경우는 자신이 문장을 아주 잘 쓰는 사람으로 착각하는 사람이다(이런

> 자신이 아주 문장을 잘 쓴다고 착각하는 사람들이 많다.

사람이 의외로 많다!). 자랑스럽게 보여주는 이런 사람의 글은 문장을 끝까지 읽지 못할 정도로 심각한 경우도 있다.

문장을 잘못 썼다는 것은 부끄러운 일이 아니다. 어떤 문장가라도 모든 문장을 완벽하게 쓰는 사람은 드물다. 한 편의 글을 쓰면서 틀린 문장을 발견하는 것은 흔한 일이다. 다만 점검과 교정을 통해 완벽을 기할 뿐이다.

밤새 쓴 원고를 아침에 읽다가 절망에 빠지는 경우도 있다. 누구나 그런 경험을 한다.(이런 경험이 없다면 그는 전혀 글을 써 보지 못한 사람이다. 아니면 문맹이거나…….) 긴 시간 동안 쓴 글을 버리는 경우도 있다. 나는 한 달 동안 썼던 글도 버린 적이 있다. 언젠가 장영희 교수의 글을 보니 '글을 못 써 벽에 머리를 찧고 싶은 심정'이라고 했다. 뛰어난 문장가도 글이 써지지 않아, 또 좋은 글이 나오지 않아 벽에 머리를 찧고 싶어 할 때가 많다. 하물며 글쓰기를 배우는 사람의 입장에서야 오죽하겠는가?

> 글을 못 써 벽에 머리를 찧고 싶은 심정을 아는가?

좋은 문장은 얼마나 성실한 교정 작업을 거쳤는가에 비례한다. 어법 부분에 자신이 없으면 문장에 관한 책을 한 권 사서 학습하라. 그리고 매번 글을 쓰고 난 후 어법에 어긋나는 문장은 없는지, 의미가 통하지 않는 부분은 없는지 꼼꼼히 검토해보라. 그래도 의심스러우면 반드시 주위 사람에게 보여주고 자문을 받으라. 좋은 문장을 쓰는 것은 글쓰기에서 가장 중요한 요소이다.

✓ 점검1

나의 독서 경험을 검토해보자.

책은 위대한 천재가 인류에 남겨준 유산이며 선물이라고 에디슨이 말했다. 책을 읽지 않으면 사물에 대한 깊이 있는 분석도, 성찰도 불가능하다. 지금까지 내가 읽은 책의 목록을 만들어보자. 문학으로는 어떤 작품이 있는가? 사회 사상서로는 무엇이 있는가? 실용서로는 어떤 것이 있는가? 혹시 자신의 독서 목록에 만화책이나 판타지 소설만 가득 들어 있는 것은 아닌가? 교과서 외에는 읽은 책이 없다는 사람도 있을 것이다. A4용지 한 장 분량으로 자신의 독서 생활에 대한 글을 간단히 작성해보자. 이런 방법은 자신의 독서 습관을 개선하는 데 도움이 된다.

✓ 점검2

좋은 글을 쓰기 위해서는 자신의 약점을 알아야 한다. 그리고 그 약점을 고쳐야 더 좋은 글을 쓸 수 있다. 다음의 문항을 보면서 자신의 문제를 진단해보자. 자신의 문제점은 무엇인가? 자신의 문제점이 무엇인지 알 수 있다면 그것을 고치기 위한 계획을 세울 수 있다.

다음 항목에서 자신에게 해당하는 것에 ○표를 해보자.
(1) 글을 시작하기가 어렵다. (  )
(2) 글을 쓰기 전에 사전 준비를 하지 않고 바로 시작한다. (  )
(3) 무엇에 대해 글을 써야 할지 막막할 때가 많다. (  )

(4) 몇 줄 쓰고 나면 할 말이 없어진다. (　)

(5) 생각이 문장으로 표현이 되지 않는다. (　)

(6) 서론을 쓰는 것이 어렵다. (　)

(7) 구성을 짜기가 힘들다. (　)

(8) 글을 너무 빠르게, 또 쉽게 쓴다. (　)

(9) 한 편의 글을 쓰는데 너무 많은 시간이 걸린다. (　)

(10) 글을 쓰고 난 뒤에 보면 틀린 문장과 오자와 탈자가 너무 많다. (　)

만약 6개 이상 ○표를 했다면 글쓰기에 어려움이 있는 경우이다. 글쓰기에 어려움을 겪고 있다면 자신의 문제가 무엇인지 찾아서 이를 고쳐야 한다.

자신의 문제가 발상 과정에 있는가? 아니면 문장 쓰기에 있는가? 자신의 문제를 진단하기 위해 다음 항목에서 자신에게 해당하는 것에 ○표를 해보자.

(1) 글쓰기에 대한 두려움을 극복하는 것이 필요하다. (　)

(2) 문장 연습이 필요하다. (　)

(3) 독서를 통해 지식을 쌓을 필요가 있다. (　)

(4) 글의 다양한 요소에 대한 학습이 필요하다. (　)

(5) 글을 차분하게, 정성을 쏟아 작성하는 것이 필요하다. (　)

(6) 퇴고 과정을 꼼꼼하게 할 필요가 있다. (　)

■ 알고 보면 쉬운 우리글

## 우리글은 소리글자입니다

    지구상에 존재하는 글자는 크게 뜻글자와 소리글자로 나눌 수 있어요. 뜻글자는 하나하나의 글자가 낱말의 뜻을 나타내는 글자예요. 그래서 우리가 천자문을 외울 때, 天을 "하늘 천", 地를 "따 지" 이렇게 뜻과 함께 외우는 거랍니다.

    소리글자는 뜻과는 상관없이 소리만 적는 글자예요. 사람들이 '해와 달이 뜨고 지고, 구름이 떠다니는 곳'을 보고 〔하늘〕이라고 소리 내니까 '하늘'이라고 그 소리를 적는 것이에요.

    그래서 외국말이나 자연의 소리를 적을 때, 뜻글자는 매우 불편하지만 소리글자는 거의 제약이 없습니다. 예를 들어, 접시가 깨지는 소리를 소리글자로는 '와장창'이라고 쓸 수 있지만, 뜻글자로는 쓰기가 어려워요. 우리가 탄산음료의 대명사로 알고 있는 'Coca Cola'를 소리글자인 우리글로는 '코카콜라'라고 원음에 가깝게 쓸 수 있지만 뜻글자인 한자로는 쓰기가 곤란하답니다. 그래서 한자로는 '可口可樂(가구가락)'이라고 씁니다. '입을 즐겁게 한다'는 뜻을 담아서요.

    우리글은 소리글자이기 때문에 귀에 들리는 소리를 그대로 쓰면 돼요. 〔ㄱ〕 소리가 들리면 'ㄱ'으로, 〔ㅏ〕 소리가 들리면 'ㅏ'로 쓰면 됩니다. 무척 쉽지요? 소리 나는 대로 쓰기만 하면 되니까요.

그런데 글을 쓸 때 맞춤법이나 띄어쓰기가 그리 쉽지만은 않지요? 그 이유는 소리를 말과 글이라는 두 가지 방법으로 표현하기 때문이에요. 말할 때는 맞춤법이나 띄어쓰기를 생각하지 않아도 문제없이 서로 이야기할 수 있지만 글에서는 그렇지 않아요. 글에서는 소리에서와는 달리 모양을 정해주어야 사람들이 헷갈리지 않고 글을 읽을 수 있기 때문이지요.

예를 들어볼까요?

|말|글|
|---|---|
|〔이거 **갑시** 얼마예요?〕|이거 **값이** 얼마예요?|
|〔이거 **갑만** 비싸네요.〕|이거 **값만** 비싸네요.|
|〔이건 **갑또** 비싸군요.〕|이건 **값도** 비싸군요.|

어때요, 말하고 글이 다르지요? 말로는 '값'을 구별해낼 수 있다고 말을 소리 나는 대로 그대로 썼다고 생각해보세요. '값'을 구별해낼 수 없겠지요? 그래서 글에서는 소리 나는 대로 적되, 앞뒤의 소리 때문에 모양이 바뀌면 그 모양을 고정해서 적어야 한답니다. 그래서 우리말을 쓰기가 어려워 보이는 겁니다. 그런데 어때요? '값'을 '값'이라고 쓰는 게 당연하게 생각되지요? 맞아요. 그러니까 우리말을 쓸 때에는 소리 나는 대로 적되, 당연하게 생각되는 것은 그 모양을 고정시켜서 적으면 됩니다.

## 2. |발상| 관습적 해석에 저항하라

가장 바람직한 글쓰기는 영감이 가득 찬 놀이이다.

_스티븐 킹

## 글쓰기 과정의 탐색

누구나 글을 쓰게 될 상황에 놓이면 무엇을 해야 할지 몰라 눈앞이 캄캄해지는 경험을 한다. 글을 많이 쓴 사람이든 적게 쓴 사람이든 이런 경험은 모두 한 번쯤 겪었을 것이다. 뉴질랜드의 소설가 실비아 애슈턴 워너는 원고를 받아놓고 글을 쓰지 못해 고민한 경험을 다음과 같이 말했다.

> 나는 최근 3주 동안 전혀 글을 쓰지 못했다. 내가 쓸 수 있는 것은 그저 따분한 결론이나 흐릿한 인상뿐이었다. 하염없이 작심을 하고 또 했지만, 내 마음은 갈대보다 더 갈대답게 흔들렸다. 나는 줄곧 글을 쓰려고 했지만 시간만 낭비했고 황홀한 망상의 세계에 빠져 시간을 죽이며 무슨 일이든 일어나길 바라는 꿈만 꾸었다.

많은 사람들은 글을 쓰기 위해 책상 곁을 맴돈다. 멍하니 컴퓨터의 화면만 바라보거나, 인터넷 신문을 뒤적이거나, 친구에게 공연히 전화를 해서 시간을 끈다. 무엇을 어떻게 해야 할지를 모르는 것이다.

글쓰기에 과정이 있고 방법이 있다는 것을 안다면 이런 과정과 방법을 따라가면 되지 않을까? 물론 글쓰기 과정과 방법은 개인마다 다르다. 그래서 글쓰기 과정과 방법이 이렇다고 말하는 것은 일반화의 오류에 빠질 염려가 있다. 글 잘 쓰는 사람의 방법이 나의 방법이 될 수 없고, 글 못 쓰는 사람에게 나의

*글을 써야 하는데 무엇부터 해야 할지 몰라 쓸데없이 시간만 끌고 있다.*

방법을 강요할 수도 없다.

  그렇지만 일반적으로 통용되는 과정과 방법은 있다. 그것은 많은 사람이 그런 절차를 따르기 때문이 아니라 글을 쓰려면 그러한 절차와 방법이 필요하기 때문에 생긴 것이다. 어떻게 쓸 것인지 계획도 세우지 않고 바로 글을 쓸 수는 없다. 그뿐만 아니라 글을 쓰기도 전에 교정을 볼 수도 없다.

  글쓰기도 인간사와 마찬가지로 시작부터 결말까지 일정한 흐름이 있고 방법이 있다. 작은 건물을 하나 짓더라도 설계도를 꾸민다. 설계도를 작성하고 재료를 구입해 건축기사를 모은 후에 기초 공사를 시작한다. 계획도 세우지 않고 무작정 공사에 들어가는 무지한 건축회사는 없다.

  전통적으로 글쓰기 과정은 계획 단계를 거쳐 집필 단계, 교정 단계로 이어진다. 그리고 이런 과정은 순차적인 과정이다. 그러나 최근에 이르러 이들 단계를 순차적이 아니라 순환적인 것으로 보기 시작했다.

  아무리 개요를 잘 짜더라도 종종 처음 생각과 달라진 글을 발견하게 된다. 무엇이 문제일까? 처음부터 다시 시작해야 하나? 무엇을 바꾸면 글이 좀 나아 보일까? 글을 쓰는 과정은 이런 번민과 숙고의 연속이다. 글을 쓰다 보면 계획 단계에서 세운 주제와 구성, 개요들을 수정해야 하는 경우도 생긴다. 그런 경우 계획을 다시 점검해야 한다. 글을 쓰는 과정을 순환 과정으로 보는 것은 이처럼 고쳐 쓰기 과정이 필요하기 때문이다.

  그러나 글쓰기가 순환 과정이라 하더라도 글을 집필하기 전

> 글쓰기 계획도 설계도가 필요하다.

> 글을 쓰는 과정은 순환적이다. 쓰는 도중에도 여러 번 고쳐 쓰는 작업이 필요하다.

계획을 세우는 일은 무척 중요하다. 시작 단계에서 주제를 세우고 내용을 구상하며, 개요를 작성하는 것이 글쓰기의 진행 과정을 좌우하기 때문이다. 물론 계획한 것은 작성 단계에서 얼마든지 바뀔 수 있다. 그럴 경우 교정을 보고 새롭게 계획하기 단계로 되돌아가야 한다.

> 계획을 세우는 과정은 시행착오를 줄이기 위해서 꼭 필요하다.

계획하기, 작성하기, 교정하기의 단계는 조금씩 섞일 수 있다. 그렇다고 하더라도 글을 시작하는 단계에서 글의 주제와 글을 서술하는 방법, 글에 담아야 할 내용들을 생각해보는 것은 생략할 수 없는 중요한 절차이다. 글을 작성하면서 아무 준비 없이 허공에서 시작할 수는 없는 노릇 아닌가?

준비한 자만이 시행착오를 줄일 수 있다. 또한 실패하여 수많은 시간을 허비하는 것도 막을 수 있다. 그렇다면 글을 작성하기에 앞서 어떻게 준비해야 할까?

### 테마를 잡는 방법

글을 작성할 때 가장 먼저 생각하는 것은 무엇일까? 주제? 내용? 결말? 모든 것이 가능하지만 먼저 글 속에 담아야 할 테마를 생각해야 한다. 글의 테마가 떠올라야 그로부터 글을 담을 주제와 내용을 고려하게 된다(글의 대상이란 표현은 글을 읽게 될 독자의 의미가 담겨 있어 중의적이다. 소재는 다양하게 사용하는 개념이라 정확하지가 않다. 부득이 이 책에서는 테마란 말을 사용한다. 테마란 글을 쓸 대상을 의미한다).

> 글의 테마가 떠올라야 글을 쓸 준비를 시작할 수 있다.

글의 테마를 결정하는 데는 여러 가지 경우가 있다. 앞서 말한 대로 청탁일 때에는 테마를 정해주는 경우가 많다. "이번 특집 주제가 기업 내의 바람직한 인간관계이니 좋은 글을 한 편 작성해 주세요"라는 청탁을 받을 수 있다. 이때는 테마가 정해져 있으니 고민을 할 필요가 없다. 반면에 "수필을 한 편 써 달라"는 청탁이나, 내가 글을 써서 투고할 때에는 테마가 정해져 있지 않으니 무엇을 테마로 삼을지 고민해야 한다.

테마가 정해져 있지 않다면 어떤 것을 잡아야 할까? 여러분에게 글을 써달라는 청탁이 오면 어떤 테마로 글을 쓰고 싶은가? 대답은 간단하다. 가능한 한 자신이 가장 잘 아는 분야에서, 또 자신 있게 쓸 수 있는 분야에서 테마를 선택해야 한다.

> 내가 가장 잘 아는 분야를 중심으로 테마를 선택한다.

신문사나 잡지사에서 필자를 선정할 때 대체로 특정 분야의 전문가를 택하게 된다. 스포츠 분야의 전문가에게 한국 경제를 진단하는 글을 부탁하는 기자는 없다. 축구 전문가에게 야구에 대한 글을 부탁할 수도 없다. 축구 전문가가 야구에 대한 글을 쓰게 되면 아마 모르긴 몰라도 새롭게 그 분야를 공부하기 위해 많은 시간을 투자해야 할 것이다.

> 축구 전문가에게 야구에 대한 글을 쓰라고 할 수는 없다.

일단 테마는 자신이 잘 알고 있는 것으로 삽노록 하라. 이것이 글을 잘 쓰는 첫 번째 비결이다.

*Reading*

# 간디의 물레

무슨 까닭인지 그동안 수입이 금지되었다가 최근 국내에서도 볼 수 있게 된 영화 중에 「간디」가 있다. 이 영화 자체는 보는 각도에 따라 미흡한 작품인 것도 사실이다. 이 영화에서 우리는 간디의 반식민주의 투쟁의 비교적 충실한 연대기가 작성되어 있음을 보지만, 간디라는 한 위대한 영혼과 그 영혼의 모태인 인도 민중의 근원적인 심성과의 살아 있는 관계를 깊이 있게 들여다보는 시선을 느끼지는 못한다. 이것은 할리우드 영화의 피할 수 없는 한계인지 모른다. (1)

그러나 그런 한계에도 불구하고 이 영화의 사회교육적 가치는 무시할 수 없는 것으로 보인다. 파괴와 억압의 시대라고 할 수밖에 없는 오늘의 상황에서 비폭력의 이념을 고수했던 한 고귀한 인간에 마주친다는 것은 그것만으로도 뜻 깊은 경험이다. 더구나 이 영화는 매우 인상적으로, 일상생활 속의 간디를 늘 물레를 돌리고 있는 모습으로 묘사하고 있는데 이것은 간디의 사상의 진의를 이해하는 중요한 단서를 제공하는 것이라 할 수 있다. (2)

비폭력주의와 물레—얼핏 보아서 별 상관이 없을 것 같은 이 양자 간의 유기적 관계를 해명하는 것은 간디사상의 근본에 이르는 첩경일 수도 있다. (3)

말할 것도 없이 비폭력·비협력주의는 영국 식민당국을 불구화시키기 위한 투쟁적인 방책으로 기능하였다. 그러한 투쟁의 한 수단으로서 영국에서 수입되는 직물을 거부하고 인도의 민중이 그동안 잊혀졌던 전통적인 가내수공업을 부활시켜 스스로의 생활필수품을 자급자족하는 길이 있었다. 그렇게 함으로써 식민지적 착취구조로부터의 이탈의 가능성도 실험할 수 있는 것이었다. 그러나 이와 같이 현실정치 및 경제적 이해관계의 차원에서만 간디의 비폭력·비협력주의를 본다는 것은 너무나 피상적인 관점이다. (4)

간디사상의 요체인 비폭력주의는 하나의 유효한 정치적 투쟁수단이기 이전에 근원적으로 만유의 법칙을 사랑으로 파악하는 위대한 종교적·철학적 전통에 뿌리를 두고 있는 것이다.

따라서 비폭력주의 운동은 결코 수동적인 저항인 것은 아니었다. 그것은 악에 대한 보답을 악으로 하지 않고 사랑으로 해야 한다는 거의 불가사의하게 깊고 부드러운 영혼 속에서 우러나오는 실천적 행동이었다. (5)

간디는 절대로 몽상가는 아니다. 그가 말한 것은 폭력을 통해서는 인도의 해방도, 보편적인 인간해방도 없다는 것이었다. 민족해방은 단지 외국 지배자의 퇴각을 의미하는 것일 수는 없다. 참다운 해방은 지배와 착취와 억압의 구조를 타파하고 그 구조에 길들여져 온 심리적 습관과 욕망을 뿌리로부터 변혁시키는 일 — 다시 말하여 일체의 '칼의 교의로부터의 초월을 실현'하는 것이다. (6)

간디의 관점에서 볼 때, 무엇보다 큰 폭력은 인간의 근원적인 영혼의 요구에 대해서는 조금도 고려하지 않고, 물질적 이득의 끊임없는 확대를 위해 착취와 억압의 구조를 제도화한 서양의 산업문명이었다. (7)

근대 산업문명은 사람들의 정신을 병들게 하고, 끊임없이 이기심을 자극하며, 금전과 물건의 노예로 타락시킬 뿐만 아니라 내면적인 평화와 명상의 생활을 불가능하게 만든다. 그로 인하여 유럽의 노동계급과 빈민에게 사회는 지옥이 되고, 비서구지역의 수많은 민중은 제국주의의 침탈 밑에서 허덕이게 되었다. (8)

여기에서 간디사상에 물레의 상징이 갖는 의미가 드러난다. 간디는 모든 인도사람들이 매일 한두 시간만이라도 물레질을 할 것을 권유하였다. 물레질의 가치는 경제적 필요 이상의 것이라고 생각한 것이다. (9)

물레는 무엇보다 인간의 노역에 도움을 주면서 결코 인간을 소외시키지 않는 인간적 규모의 기계의 전형이다. 간디는 기계 자체에 대해 반대한 적은 없지만, 거대기계에는 필연적으로 복잡하고 위계적인 사회조직, 지배와 피지배의 구조, 도시화, 낭비적 소비가 수반된다는 것을 주목했다. 생산수단이 민중 자신의 손에 있을 때 비로소 착취구조가 종식된다고 할 때, 복잡하고 거대한 기계는 그 자체 비인간화와 억압의 구조를 강화하기 쉬운 것이다. (10)

간디는 산업화의 확대, 혹은 경제성장이 참다운 인간의 행복에 기여한다고는 결코 생각할 수 없었다. 간디가 구상했던 이상적인 사회는 자기충족적인 소농촌공동체를 기본 단위로 하면서 궁극적으로는 중앙집권적인 국가기구의 소멸과 더불어 마을 민주주의에 의한 자치가 실현되는 공간이다. (11)

거기에서는 인간을 도외시한 이윤을 위한 이윤추구도, 물건과 권력에 대한 맹목적인 탐욕도 있을 수가 없다. 이것은 비폭력과 사랑과 유대 속에 어울려 살 때 사람은 가장 행복하고, 자기완성이 가능하다고 믿는 사상에 매우 적합한 정치공동체라 할 수 있다. (12)

간디에게 있어서, 물레는 그러한 공동체의 건설에 필요한 인간심성의 교육에 알맞은 수단이기도 했다. 물레질과 같은 단순하지만 생산적인 작업의 경험은 정신노동과 육체노동의 분리 위에 기초하는 모든 불평등사상의 문화적·심리적 토대의 소멸에 기여할 것이다. 뿐만 아니라 '자기 먹을 빵을 손수 마련해 먹는 창조적 노동'에의 참여와 거기서 얻는 기쁨은 소박한 삶의 가치를 진정으로 긍정할 수 있게 하는 토대를 제공해줄 것이라고 간디는 생각하였다. (13)

결국 간디의 사상은 욕망을 억지로 참아야 하는 금욕주의를 말하는 것이 아니라, 우리가 진정한 행복에 이르기 위해서 지금까지와는 근본적으로 다른 것을 욕망할 줄 알아야 된다는 것이었다. (14)

간디의 메시지는 경제성장의 논리에 대한 무비판적인 순종과 편의주의적 생활의 안이성에 깊숙이 젖어 있는 우리들에게 헛소리처럼 들릴지도 모른다. 그러나 온갖 생명에 위해를 가해온 산업문명이 인간 생존의 자연적·생물학적 기초 자체를 파괴하는 데까지 도달한 지금 그것이 정말 헛소리로 남는다면 우리의 장래는 어떻게 될 것인가? (15)

_김종철·영남대 교수

## 서술 전략

앞의 예문은 간디의 사상, 특히 그중에서도 비폭력주의를 글의 테마로 삼았다. 본문을 읽어보면 이를 테마로 삼은 이유를 확실히 알 수 있다.

필자는 간디의 비폭력주의에 대한 해박한 지식을 가지고 있음을 짐작할 수 있다. 간디의 비폭력주의를 반근대의 정신적 개념으로 본 것이 바로 그 증거이다. 이처럼 어떤 분야에 대한 해박한 지식은 테마를 선택하기 위한 필수조건이다. 이밖에 필자가 본 영화 「간디」도 테마를 결정하는 데 도움을 주었다. 영화의 내용은 글을 작성하는 데 좋은 화제 거리가 될 수 있기 때문이다.

이 글의 서두가 영화 「간디」를 화제로 삼고 있음을 눈여겨보기 바란다(1, 2단락). 그런데 더욱 중요한 것은 영화의 한 장면이 이 글을 서술하는 데 중요한 기능을 하고 있다는 점이다. 바로 영화 속에 나오는 간디가 물레를 돌리는 장면이다.

이 글의 필자는 영화 「간디」를 보면서 간디의 비폭력·비협력주의에 주목했다. 사실 이런 주목은 그리 새삼스러운 것이 아니다. 누구라도 간디에 대한 글을 쓸 때 간디의 비폭력주의를 언급할 테니까. 그런데 필자는 간디의 비폭력주의와 물레를 서로 대응시키면서 글의 주제를 만들어냈다.

간디의 비폭력·비협력주의는 인도를 영국으로부터 해방시키기 위한 독립 운동의 방법이다. 그러나 필자가 말하고 싶은

> 때로는 영화의 한 장면이 글을 쓰는 계기가 된다.

것은 그보다 더 큰 의미이다. 필자는 간디의 비폭력주의가 독립운동의 기능만이 아니라 착취와 억압의 근대 산업 문명에 저항하는 기능을 한다고 본다. 필자는 간디의 비폭력주의야말로 자연적·생물학적 기초를 위협하는 산업문명에 저항하는 정신이라고 생각했다.

글의 흐름에 주목하라!

이 글에서 '간디의 물레'는 바로 그런 생각을 뒷받침하는 하나의 화제이다. 글에서 '간디의 물레'는 필자의 생각을 자연스럽게 이어주는 기능을 한다. 그래서 글을 읽는 독자들은 자연스럽게 간디의 비폭력주의와 물레의 관계에 주목한다. 이 글의 흐름도 이들 관계를 해명하는 것으로 삼고 있다. 글의 셋째 단락을 보면 이 글 전체가 이 둘 사이의 관계를 해명하기 위해 쓰였음을 알 수 있다.

> 비폭력주의와 물레—얼핏 보아서 별 상관이 없을 것 같은 이 양자 간의 유기적 관계를 해명하는 것은 간디사상의 근본에 이르는 첩경일 수도 있다.

그 다음은 어떻게 진행될까? 자연스럽게 이 관계를 해명하는 단락이 이어지지 않을까? 이렇듯 복잡하게 보이는 글의 구조도 '물레'를 중심으로 놓고 보면 생각보다 간단하다. 먼저 간디의 비폭력주의와 물레의 관계를 해명하기 위해 비폭력주의의 정신주의적이고 반근대적 의미를 설명한다. 그런 다음, 물레가 바로 그런 정신의 상징으로 사용되었음을 밝히고 있다.

- 도입단락 ―영화 「간디」의 의미(1, 2단락)
- 문제제기 단락 ―비폭력주의와 물레의 의미(3단락)
- 해명을 위한 전제 ―비폭력주의의 정신주의적 의미(4~6단락)
  ―비폭력주의의 반근대적 의미(7, 8단락)
- 해명 단락 ―간디사상에 물레의 상징이 갖는 의미(9~13단락)
- 마무리 ―간디사상의 의미(14, 15단락)

이 예문에서 '간디의 물레'가 가지는 기능을 살펴보자. '간디의 물레'는 두 가지 기능을 한다. 하나는 내용적 측면으로, '간디의 물레'는 비폭력주의를 정치적 저항운동으로 해석하지 않고 반근대적인 정신주의 운동으로 해석하게 하는 기능을 한다. 또 다른 하나는 형식적 측면으로, 비폭력주의와 물레의 관계를 해명하는 것으로 글을 끌어가는 기능을 한다. 비폭력주의와 물레는 서로 연결될 수 없는 것처럼 보인다. 서로 연결될 수 없는 하나의 개념과 하나의 사물을 결합시켜 글을 쉽게 전개한 것은 곧 발상 단계에서 생각해낸 필자의 아이디어이다.

> 서로 연결될 수 없는 개념을 긴밀하게 결합시키는 것은 지식과 아이디어의 힘이다.

## 테마와 주제

글을 쓰기 전에 먼저 해야 할 것은 테마를 정하는 일이다. 그런데 테마를 정하는 것은 주제와 무관하지 않다. 테마를 결정하기 위해서는 뭔가 주제에 가깝게 그 소재에 대해 할 말이 있어야 한다. 할 말도 없으면서 무턱대고 테마를 정할 수는 없다.

간디의 사상에 대해 글을 쓰려고 한다면 분명 그 문제에 대해 무언가 할 말이 있다는 뜻이다. 만약 간디의 사상에 대해 아무 생각도 없다면 일단 그 문제는 피하는 것이 좋다. 주제를 정하는 일과 테마를 정하는 일은 결코 따로 생각할 문제가 아니다.

일반적으로 글의 발상 단계에서 테마와 주제는 동시에 뒤섞여 작용하게 된다. 테마를 결정하는 데 주제가 관여하고, 주제를 결정하는 데 테마가 관여한다. 다음 주장을 보자. "간디의 비폭력주의는 정치적 저항운동을 넘어 물질문명에 대한 정신적인 저항운동이다. 이는 우리에게도 필요한 사상이다." 이 주제 속에 '간디의 사상'이라는 테마가 들어가 있다.

간혹 잘 알지 못하는 테마에 대해 글을 써야 할 경우도 있다. 그럴 때는 여러 자료를 찾아 내용을 이해하고, 그 속에서 주장할 내용을 정해야 한다. 물론 이런 경우 많은 시간이 소요된다. 좋은 글을 쓰기 위해 피할 수 없는 과정이다. 할 말이 없는데 어떻게 글을 시작할 수 있겠는가.

## 구성적 아이디어

글을 시작하는 단계에는 테마와 주제 이외에도 고려해야 할 또 다른 중요한 요소가 있다. 그것은 글의 구성적 아이디어이다. 구성적 아이디어는 글을 서술할 때 사용할 핵심적인 서술 전략을 의미한다. 앞의 예문을 보자. 이 글은 간디의 사상과 물레를 관련시키면서 비폭력주의를 설명하는 전략을 가지고 있다. 이것이 바로 이 글을 진행해 나가는 핵심 아이디어이다. 필자가 영화 「간디」에서 물레 돌리는 간디의 모습을 떠올리지 않았다면 이런 생각을 할 수가 없었을 것이다.

칼럼과 같은 짧은 글에서는 처음 단계에서부터 이렇게 구성적 아이디어를 생각하는 것이 일반적이다. 서술 전략이 분명하면 글은 생각보다 쉽게 작성할 수가 있다. 발상 단계에서 구성적 아이디어가 무엇인지를 알기 위해 다음 예문을 읽어보자.

> 발상 단계에서부터 구성적 아이디어를 떠올려야 한다.

### 하필이면

몇 년 전인가 십대들이 즐겨 부르던 유행가 중에 '머피의 법칙'이라는 노래가 있었다. 확실히 기억은 안 나지만 가사가 대충 이랬다. "화장실이 있으면 휴지가 없고, 휴지가 있으면 화장실이 없고, 미팅에 가도 하필이면 제일 맘에 안 드는 애랑 파트너가 되고, 한 달에 한 번 목욕탕에 가도 하필이면 그날이 정기휴일이고" 등등 "무슨 일이든 어차피 잘못되게 마련이다"라는 '머피의 법칙'을 코믹하게 묘사하고 있다.

이 노래에 나오는 '하필이면'이란 말은 분명히 '왜 나만?'이라는 의문을 전제로 한다. 그러니까 남의 인생은 별로 큰 노력 없어도 모든 일이 잘되어 나갈뿐더러 가끔은 호박이 넝쿨째 굴러 오는 것 같은데, 왜 '하필이면' 내 인생만은 아무리 기를 쓰고 노력해도 걸핏하면 일이 꼬이고, 그래서 공짜 호박은커녕 내 몫도 제대로 못 챙겨 먹기 일쑤냐는 것이다.

그런데 억울하기 짝이 없는 것은 그게 내 탓이 아니라는 거다. 순전히 운명적인 불공평으로 인해 다른 이들은 벤츠 타고 탄탄대로를 가는데, 나는 펑크난 딸딸이 고물차를 타고 비포장도로를 가고 있는 것이다.

아닌게 아니라 하루하루 살아가면서 나도 '머피의 법칙'을 생각할 때가 많다. 한 예로 내 열쇠 고리에는 겉으로는 구별이 안 되는 열쇠가 두 개 달려 있는데, 하나는 연구실, 또 하나는 과 사무실 열쇠이다. 열쇠에 유성펜으로 방 번호를 표시해 놓으면 그만이지만, 그러기도 귀찮고 또 그냥 재미도 있고 해서 내 방에 들어갈 때마다 둘 중 아무거나 꽂아 본다. 그런데 참으로 이상한 것이, 수학적으로 따져 볼 때 확률은 분명히 반반인데, '하필이면' 연구실 열쇠가 아니라 거의 과 사무실 열쇠가 먼저 손에 잡혀 두 번씩 열쇠를 돌려야 하는 일이 열이면 아홉이다.

그뿐인가, '하필이면' 큰 맘 먹고 세차한 날은 갑자기 맑은 하늘에서 비가 오고, 무엇을 사기 위해서 줄을 서면 바로 내 앞에서 매진되고, 더욱이 얼마 전에는 길거리를 걸어가다가 내 어깨에 새똥이 떨어지는 일도 있었다. 나는 망연자실, 한동안 서서 나의 '하필이면'의 운명에 경악했다. 1천만 서울 인구 중에 새똥 맞아 본 사람은 아마 손가락으로 꼽을 정도일 텐데 '하필이면' 그게 나라니!

물론 이보다 더 중요하고 근본적인 '하필이면'도 있다. 남들은 멀쩡히 잘도 걸어 다니는데 왜 하필이면 나만 목발에 의지해야 하고, 어떤 사람은 펜만 잡으면 멋진 글이 술술 잘도 나오는데 왜 하필이면 나만 이 짤막한 글 하나 쓰면서도 머리를 벽에 박아야 하는가. 그렇다고 다른 재주가 있느냐 하면 노래, 그림, 손재주 그 어느 것 하나 내세울 게 없다. 하느님은 누구에게나 나름대로의 재능을 골고루 나눠주신다지만, 아무리 생각해도 '하필이면' 나만 깜빡하신 듯하다.

언젠가 치과에서 본 여성지에는 모 배우가 화장품 광고 출연료로 3억 원을 받았다는 기사가 실려 있었다. 3억이면 내가 목이 쉬어라 가르치고 밤 새워 페이퍼 읽으며 10년쯤 일해야 버는 액수인데, 여배우는 그 돈을 하루만에 벌었다는 것이다. 그건 재능이나 노력과는 상관없이 오로지 타고난 생김새 때문인데, 그렇게 나의 의지와 상관없이 일어난 일 때문에 불이익을 받는다는 건 아무리 생각해도 불공평한 일이다.

나는 내가 잘빠진 육체는 가지지 못했어도 그런대로 아름다운 영혼을 가졌다고 생각하지만, 아마 내 아름다운 영혼에는 3억 원은커녕 3백 원도 주는 사람이 없을 것이다. 그러니 어차피 둘 다 못 가지고 태어날 바에야 아름다운 몸뚱이를 갖고 태어날 일이지 왜 '하필이면' 3백 원도 못 받는 아름다운 영혼을 갖고 태어났는가 말이다. 그래서 '하필이면'이라는 말은 내게 한심하고 슬픈 말이다.

그런데 어제 저녁 초등학교 2학년짜리 조카 아름이가 내게 던진 '하필이면'은 전혀 그렇지가 않았다. 길거리에서 귀여운 팬더 곰 인형을 하나 사서 아름이에게 갖다 주자 아름이는 눈을 동그랗게 뜨고, 환한 미소를 지으며, "그런데 이모, 이걸 왜 하필이면 내게 주는데?" 하는 것이었다. 다른 형제나 사촌들도 많고, 암만 생각해도 특별히 자기가 받을 자격도 없는 듯한데, 뜻밖의 선물을 받았다는 아름이 나름대로의 고마움의 표시였다.

외국에서 살다 와 우리말이 아직 서투른 아름이가 '하필이면'이라는 말을 부적합하게 쓴 예였지만, 아름이처럼 '하필이면'을 좋은 상황에 갖다 붙이자 나의 '하필이면' 운명도 갑자기 찬란한 빛을 발하기 시작한다는 걸 깨달았다. 내가 누리는 많은 행복이 참으로 가당찮고 놀라운 것으로 변하는 것이었다.

도대체 내가 전생에 무슨 좋은 일을 했기에, 하고많은 사람들 중에 '하필이면' 내가 훌륭한 부모님 밑에 태어나 좋은 형제들과 인연 맺고 이 아름다운 세상을 살고 있는가. 아무리 노력해도 헐벗고 굶주리는 사람들이 그토록 많은데 왜 '하필이면' 내가 무슨 권리로 먹을 것 입을 것 걱정 없이 편하게 살고 있는가.

또 나보다 머리 좋고 공부 열심히 하는 사람들이 얼마나 많은데 왜 '하필이면' 내가 똑똑한 학생들을 가르치고 있는가. 게다가 실수투성이 안하무인인데다가 남을 위해 하는 일이라곤 하나도 없는 나, 장영희를 '하필이면' 왜 많은 사람들이 도와주고 사랑해 주는가(우리 어머니 말씀으로는 양순하고 웃기 좋아하는 나의 성격 때문이라는데, 그렇다면 잘빠진 육체보다 아름다운 영혼을 타고난 것이 얼마나 다행한 일인가).

'하필이면'의 이중적 의미를 생각하니 내가 지고 가는 인생의 짐이 남의 짐보다 무겁다고 아우성쳤던 좁은 소견이 새삼 부끄럽다. 창문을 여니, 우리 학생들이랑 일산 호수공원에 놀러 가기로 한 오늘, '하필이면' 날씨가 유난히 청명하고 따뜻하다.

_장영희 · 서강대 교수

이 글의 발상은 무엇인가? 이 글을 읽어본 사람은 금방 깨닫겠지만 '하필이면'이란 어휘의 의미를 살짝 바꾸어 생각해본 것이 이 글을 쓰게 된 아이디어라는 것을 눈치 챘을 것이다. 우리는 일상생활에서 '하필이면' 나만 손해보고, 나만 억울하고, 나만 기분 나쁜 일이 비일비재로 일어난다. 잘못된 열쇠를 끼우거나, 비 오는 날 세차를 하는 것이 어디 필자만의 일일까? 그보다 더한 일도 수없이 경험하고 사는 것이 우리의 일상이다. 필자는 일상에서 겪는 '하필이면'의 부정적 상황을 살짝 바꾸어 긍정적 상황으로 만들어 놓았다. 사고를 바꾸니까 '하필이면'은 '한탄'이 아니라 '축복'이 되었다.

이 글의 서술 전략은 앞부분에 '하필이면' 우리에게 닥치는 불행을 설명하고, 뒷부분에 이를 전환시켜 '하필이면' 우리에게 다가온 행운을 설명하는 것이다. 이처럼 발상에서 서술 전략을 간략히 구상하는 것을 구성적 아이디어라고 부르기로 하자. 구성적 아이디어가 생각나면 우리는 글을 쉽게 작성할 수 있다. 아이디어가 글의 기본 골격을 만들어주기 때문이다.

> 구성적 아이디어가 있으면 글을 쉽게 쓸 수 있다.

## 아이디어를 얻는 비결

구성적 아이디어가 있어야 글을 작성할 수 있다. 이런 아이디어만 있으면 글의 반은 완성한 것과 다름없다. 구성적 아이디어를 찾으면 글의 골격을 세운 것이다. 짧은 글에서는 이런 아이디어가 중요한 역할을 하는 경우가 많다. 아이디어만 분명하면 글은 의외로 쉽게 풀린다. 따라서 구성적 아이디어를 찾는 과정은 글의 밑그림을 그리는 작업이다.

> 구성적 아이디어를 찾는 과정은 글의 밑그림을 그리는 작업이다.

그렇다면 구성적 아이디어를 얻는 방법을 찾아보자. 앞의 예문 「하필이면」은 어떤 용어나 개념의 해석을 뒤바꾸는 전략을 사용했다. 일상적이고 관습적인 해석에 저항해 이와 상반되는 해석을 제시한 것이다. 기존의 개념과 사고에 반발해 이와 상반되는 해석을 내놓는 것, 이것은 구성적 아이디어를 얻는 첫 번째 비결이다. 이런 전략은 칼럼이나 수필에서 흔히 볼 수 있는 방법이다.

#### 방법 1 : 관습적 생각에 도전하라
- 사물이나 대상을 뒤집어 생각한다.
- 사물이나 대상을 다른 관점으로 해석한다.
- 사물이나 대상의 이면을 따져본다.

1장에 제시된 「콜럼버스여, 달걀 값 물어내라」를 기억해보자. 그 글을 잘 읽어보면 어떤 구성적 아이디어를 사용했는지 알 수 있다. 「콜럼버스여, 달걀 값 물어내라」는 콜럼버스의 달걀 세우기를 기존의 방식대로 해석하는 대신 이에 대한 새로운 해석을 내놓았다. 이 글에서는 '콜럼버스의 달걀'을 창의적 사고의 실례로 보지 않고 제국주의적 사고의 실례로 보았다. 불가능한 것을 나의 의지대로 관철시키겠다는 태도가 제국주의적 가치관과 흡사하다는 생각이다.

이처럼 일상의 관습적 생각을 새로운 생각으로 전환시킬 때 참신한 글이 되고, 새로운 글이 된다(물론 그런 전략이 타당하고 합당할 경우에 한해서이다). 창의적인 글을 쓰기 위해 사물을 뒤

관습적 사고에 저항할 때 참신한 글이 된다.

집어 생각하거나 다른 관점으로 해석하거나 이면을 따져보는 태도는 반드시 필요하다. 1899년 미국 특허청 책임자인 찰스 듀엘은 이제 발명할 수 있는 것은 모두 발명했기 때문에 특허청을 폐쇄할 것을 정부에 제안했다. 그가 지금까지 살아 있다면 이에 대해 무슨 말을 할까? 그는 인간의 상상력에 끝이 없다는 것을 알지 못했다.

### 방법 2 : 문제에 대한 깊이 있는 분석과 비판을 시도하라
- 문제를 다른 방향에서 새롭게 정의해본다.
- 문제를 세분화하여 분류해본다.
- 문제가 제기된 의도나 원인을 분석한다.

구성적 아이디어를 얻는 두 번째 방법은 어떤 개념이나 사물, 혹은 주장이나 문제의 잘못된 점을 날카롭게 비판하거나 논박하는 것이다. 명확하고 타당한 비판거리만 찾아내도 글은 쉽게 작성할 수가 있다. 비판할 내용이 합당하다면 이를 중심으로 글을 구성하면서 자세한 내용을 덧붙이면 되기 때문이다. 예컨대 아동들의 조기 유학에 관한 글을 쓴다면 아이들의 정체성 혼란, 국부 유출, 교육적 효과에 대한 검정 미비 등을 내용으로 한 비판의 글을 쓸 수 있다. 발상 단계에서는 이런 내용들을 떠올리는 것이 필요하다. 이를 위해 평소 다양한 문제에 대해 비판적으로 사고하는 습관을 길러야 한다.

> 명확하고 타당한 비판을 통해 자신의 주장을 내세운다.

### 방법 3 : 두 사물이나 주장의 유사성과 차이성을 찾아라

- 관련 없는 것을 서로 관련지어 본다.
- 각 사물의 속성을 나열하고 인접 요소들을 뽑아낸다.
- 사물의 속성을 새롭게 해석하여 유사성을 만든다.
- 사물의 속성 바깥(심리적·환경적 요인 등)의 유사성에도 관심을 기울인다.

구성적 아이디어를 얻는 세 번째 방법은 자신이 쓰고자 하는 테마와 다른 것을 견주어 비교하거나 대조하는 방법이 있다. 비교와 대조의 방법은 중심 주장과 상반된 주장을 놓고 이를 서로 비교·대조함으로써 주제를 명쾌히 할 수 있다는 이점이 있다(이 책의 7장에서 인용한 「건맨과 폰맨」을 참조하라). 그러나 주의할 것은 비교와 대조의 대상을 잘 선정해야 한다는 점이다. 앞의 조기 유학의 문제를 예로 들면, 조기 유학을 간 아동과 국내에서 학습하는 아동을 서로 비교·대조해볼 수 있다. 학습 과정적인 면과 정서적인 면, 사회적인 면에서 다양한 결과를 뽑아낼 수 있을 것이다.

> 비교하거나 대조하는 방법도 자신의 주장을 명쾌하게 드러내는 방법이다.

레오나르도 다 빈치는 두 개의 사물이나 아이디어가 비록 유사하지 않더라도 인간이 이 둘에 집중하면 반드시 둘 사이에서 연관성을 찾을 수 있다고 주장했다. 그는 교회 종탑에서 울리는 소리와 우물에 돌을 던져 생기는 파동을 관련시켜 소리가 파동으로 이루어진다는 사실을 유추해냈다. 이처럼 사물의 유사한 점과 차이점에 대해 주목하면 새로운 글감들은 얼마든지 만들어낼 수 있다.

### 방법 4 : 예화를 이용하라
- 재미있는 예화의 의미를 분석해본다.
- 예화의 의미와 관련된 사회 현상을 찾아본다.
- 예화의 의미와 사회·역사·철학적 지식을 접목해본다.

구성적 아이디어를 얻는 네 번째 방법은 예화를 사용하여 자기주장을 드러내는 것이다. 적당한 예화가 있다면 그 예화가 갖는 의미를 이용하여 쉽게 한 편의 글을 쓸 수 있다. 글을 시작하기 전에 예화를 먼저 생각하고 거기에 맞는 내용을 머릿속으로 구성하라. 그것이 충분히 이야기할 만한 가치가 있다고 판단되면 글을 쓰는 계획을 세울 수 있다.

이밖에 구성적 아이디어를 얻는 방법으로는 어떤 문제에 대한 해결책을 찾아보는 방법이 있다. 써야 할 과제가 문제 해결형이라면 먼저 해결책을 간단히 생각해보는 것이 중요하다. 문제에 대한 타당한 해결책이 존재한다면, 그리고 그것이 적절하다고 판단되면 그것을 중심으로 글을 구성할 수 있다. 예화를 이용하는 방법과 해결책을 이용하는 방법은 구성 부분에서 다시 자세히 다루기로 한다.

## 발상 단계의 주의사항들

지금까지 살펴본 것은 발상 단계에서 일어날 수 있는 여러 과정들이다.

테마와 주제를 결정하고, 구성적 아이디어를 얻는 것이 처음 단계에서 우리가 해야 할 일이다. 앞서 말한 대로 보통 이런 과정을 묶어 발상이라고 한다. 우리가 글을 쓰면 가장 처음 하는 일이 바로 이 발상 과정이다.

발상 과정을 거치면서 주의해야 할 몇 가지 사항들이 있다.

우선, 테마의 결정과 주제 설정, 구성적 아이디어에 어떤 순서가 있는 것은 아니라는 점을 알아야 한다. 예컨대 써야 할 테마를 먼저 결정하고 주제와 아이디어를 그 다음에 생각할 수도 있다. 반면에 주제를 먼저 생각하고 그 다음에 아이디어를 찾을 수도 있다. 아니면 세 가지 사항을 동시에 결정할 수도 있다. 중요한 것은 이 세 요소가 서로 결합되어 발상 단계에서 작용한다는 점이다.

> 테마와 주제, 구성적 아이디어는 서로 연관되어 있다.

다음으로 테마와 주제, 구성적 아이디어는 서로 떨어져 있는 개념이 아니라는 사실을 알아야 한다. 앞서 살펴본 대로 주제가 결정되면 테마도 결정된다. 구성적 아이디어는 주제와 밀접한 관련이 있다. 구성적 아이디어는 글을 어떤 방법으로 쓸 것인지를 간략하게 구상하는 과정이므로 그 속에 주장할 내용을 포함한다. 어떤 개념을 상반된 개념과 비교해서 글을 쓰겠다고 생각하면 그 속에 테마, 주제, 구성적 아이디어가 포함된다. 발상 단계에서 테마와 주제, 구성적 아이디어는 분리가 가능하지만 또한 긴밀하게 결합되어 있는 개념인 것이다.

마지막으로 테마와 주제, 구성적 아이디어를 따져보는 발상 단계는 개요와 구성 과정을 세밀히 짜는 계획하기 단계와 차이가 있다는 사실이다. 발상 단계는 계획하기에 앞서 행하는 글쓰기의 시작 단계이다. 이 발상 단계를 거치고 나서야 세밀한 개요와 구성 과정이 진행되는 것이 일반적이다. 물론 시간이 급박하거나 아주 능숙한 필자라면 구상 단계를 거쳐 바로 글쓰기 과정으로 진행할 수도 있다. 그러나 능숙한 필자가 아니라면 그렇게 위험한 방법을 사용해서는 안 된다.

## 논제 속에 테마가 들어 있는 논술 문제

논술 시험의 발상 단계는 이와 조금 다르다. 논술 문제는 논제 속에 이미 테마가 포함되어 있다. 따라서 주제와 구성적 아이디어를 얻는 데만 신경 쓰면 된다. 보통 논술 문제는 문제가 분명하게 주어져서 그 문제에 대한 학생의 생각을 묻는다. 따라서 학생들은 논제와 예문을 잘 읽어 내용을 검토한 후에 주제와 구성적 아이디어를 짜면 된다.

입시논술에서 구성적 아이디어는 테마의 개념을 바꾸어보기, 문제에 대한 원인과 해결책 강구하기, 어떤 개념이나 주장 비판하기, 비판한 주장에 대해 대안 제시하기 등을 사용하여 찾는다. 학생들은 이런 발상 단계를 거치면 시험지 뒷면을 이용해 자세한 개요를 작성한다. 이때 내용을 만드는 데 필요한 자료는 오로지 예문뿐이다. 시험장에서 글을 쓰기 전 참고자료로 이용할 수 있는 것은 예문뿐이라는 사실을 명심하라. 따라서 입시논술에서는 무엇보다 예문을 세밀하게 읽어보아야 한다. 거기서 주제와 구성적 아이디어는 물론 내용(글감)을 만들어내야 하기 때문이다.

입시논술 문제에서는 예문을 정확하게 분석하여 읽는 것이 가장 중요하다.

점검1

아래 글에서 테마와 주제, 구성적 아이디어가 무엇인지 구분해보자.

### 연비

자동차 용어에 연비(燃費)라는 말이 있다. 자동차가 1ℓ의 연료로 달릴 수 있는 거리를 나타낸 수치다. 이를 통해 자동차의 에너지 소비효율을 알 수 있다.

각 차종의 공인 연비는 산업자원부가 지정한 시험기관에서 측정한다. 도로 사정을 감안한다고는 하지만 운전 습관이나 교통상황에 따라 실제 연비는 이보다 상당히 낮아지는 게 보통이다. 특히 가다 서기를 자주 반복하면 연비는 더 낮아진다. 반대로 한번 가속도를 붙여 일정한 속도로 운전하면 연비가 높아진다.

일본의 경제평론가 사카이야 다이치는 이런 원리가 경제정책에도 적용된다고 말했다. 경기부양을 위한 가속 페달과 과열을 막기 위한 브레이크를 너무 자주 번갈아 밟을 때가 그렇다고 한다. 물론 정책당국은 경제의 안전운행을 위해 가속 페달과 브레이크를 적절히 밟아줘야 한다. 그러나 초보 운전자가 가다 서기를 반복할 때 연비가 낮아지듯 경제정책도 신경질적으로 미조정을 하면 효율이 떨어진다는 것이다.

이 경우 경기부양에 들어간 연료인 재정자금이 제대로 출력을 내지 못한다. 사카이야는 일본 경제가 장기 불황에서 더 빨리 벗어나지 못한 책임을 일본 정부의 운전 미숙으로 돌리기도 했다. 경기가 조금 살아난다 싶었던 1997년 가속 페달을 더 밟지 않고 소비세 인상과 긴축재정이라는 브레이크를 밟았다는 것이다.

국내에서도 비슷한 시각이 있다. 청와대 경제수석비서관을 지낸 모 교수는 사석에서 "경제는 키울 수 있을 때 과감히 키워놓는 게 좋다"고 말한 적이 있다. 나중에 급정거를 하더라도 달릴 수 있을 기회가 오면 가속 페달을 꾹 밟아야 한다는 뜻이다. 그는 학자 입장에선 할 얘기가 아니지만 관직에 들어가 보니 그런 생각이 들더라고 했다.

지난주 한국은행 금융통화위원회는 콜금리 목표치를 연 3.5%에서 유지하기로 했다. 물가가 가파르게 오르고 있다는 게 동결 이유다. 이를 가리켜 이헌재 경제부총리는 '아쉬운 조치'라고 했다. 가속 페달을 더 밟아야 할 때인데도 너무 조심운전을 한다는 불만의 표시인 듯하다. 그렇다면 경제정책의 연비가 자꾸 떨어지고 있는 것일까. 아니면 안전운전을 하고 있는데도 공연히 조급해하는 것일까.

_남윤호 · 〈중앙일보〉 미디어기획팀 팀장

## ✓ 점검2

다음 테마에 대해 주제와 구성적 아이디어를 짜보자.

1. 대학 입시 자율화에 대하여
2. 영화의 등급제
3. 한류 현상

■알고 보면 쉬운 우리글

## '반듯이' 와 '반드시'

한 번 소리 내볼까요? [ㅂ, ㅏ, ㄴ, ㄷ, ㅡ, ㅅ, ㅣ]
쉽지요?
그럼 이번에는 글로 써볼까요?
반드시? 반듯이?
둘 중에 어느 것으로 써야 할지 모르겠지요? 둘 다 맞는 것 같은데 말이죠. 둘은 소리는 같지만 표기가 다른 단어예요. 그러니까 둘은 단어의 뜻도 다르겠지요? '반드시'는 '꼭'이라는 뜻이고, '반듯이'는 '반듯하게, 똑바르게'의 뜻이에요. 그 정도는 안다고요? 그럼 이것도 알겠네요? '반드시'는 같은 모양이 들어 있는 다른 단어가 없지만, '반듯이'는 같은 모양이 들어 있는 다른 단어가 있다는 거요. 어떤 낱말이냐고요? '반듯하다'요. '반듯하다'의 '반듯'이 '반듯이'의 '반듯'과 같지요?

이렇게 같은 모양이 들어 있는 단어가 있으면 '반듯이'처럼 그 모양을 밝혀서 쓰고, 그렇지 않은 경우에는 '반드시'처럼 소리 나는 대로 쓰면 됩니다.

'설거지'도 마찬가지예요.
설거지를 '설겆이'로 적어야 할까요? '설거지'로 적어야 할까요?

맞아요. '설거지'로 적어야 해요.

왜 그럴까요? '설겆'과 모양이 같은 다른 단어가 없지요? 그러니까 소리 나는 대로 '설거지'로 적는 겁니다.

'지붕'이나 '마개'도 마찬가지이지요.

# 3. |계획| 설계도는 구체적으로 그린다

글쓰기는 세상에서 가장 외로운 노동이다.

_존 스타인벡

# 아날로그(analog)와 디지털(digital)

　디지털에 관해 설명을 하고 있는 어떤 책에서 신데렐라에 관한 이런 이야기가 있었다. 요정의 도움으로 궁중의 파티장에 찾아간 신데렐라는 자정이 되자 한쪽 유리구두만 남겨두고 급히 집으로 돌아갔다. 왕자님은 신데렐라를 못 잊어 유리구두를 가지고 그 발에 맞는 임자를 한 명씩 찾기 시작했다. 그리고 많은 노력 끝에 마침내 신데렐라를 찾게 된다. 그런데 과연 현실이라면 그런 방법으로 신데렐라를 찾을 수 있을까? 찾지 못했을 가능성이 많다. 가령 왕자님은 수많은 관리를 풀어 전국의 소녀들에게 구두를 신겨봐야 할 것인데, 이런 경우 엄청난 시간이 소비된다. 또 구두에 맞는 발을 가진 소녀가 아마 수만 명은 될 것이다. 이들을 확인하는데도 엄청난 시간이 필요하다. 이렇게 1년여의 시간을 보내고 나면 정작 구두의 주인공 신데렐라는 발이 훨쩍 커져 더 이상 그 구두를 신을 수가 없게 될지도 모른다. (1)

　만일 신체상의 특징을 기호화하여 분류해 두었다면 신데렐라를 찾는 데 하루도 걸리지 않을 것이다. 눈동자 색깔, 머리 색깔, 키, 목소리, 발 사이즈, 피부색, 얼굴형, 체형 등이 코드화되어 있다면 신데렐라를 찾는 것은 엄청나게 쉬워진다. 뿐만 아니라 신데렐라를 찾는 데 들어가는 경비와 노력도 엄청나게 절약할 수가 있다. 이처럼 디지털이란 지식에 관련된 여러 정보들을 수량화, 기호화하는 것으로 시간과 경비를 절약한다는 의미에서 경제학적 효율성과 밀접한 관련이 있다. (2)

　사전적으로 디지털(digital)이란 손가락이란 뜻으로, 라틴어 디지트(digit)에서 온 말이다. 손가락으로 1, 2, 3, 등등을 셀 수가 있다. 그래서 손가락은 0과 1을 이용하는 디지털 방식을 상징한다. 반면에 아날로그(analog)는 사전적으로 '있는 그대로 모방한다'라는 개념이다. 예컨대 아날로그 방식의 TV는 소리, 빛, 전기 등의 파장을 갖는 것으로 디지털 TV보다 자연에 가깝다. 반면에 디지털 TV는 화상이나 음성 신호를 컴퓨터 파일이나 CD에서와 같이 디지털 신호로 바꾼 것으로 아날로그 방식에 비해 선명한 화질을 얻을 수 있다. (3)

디지털처럼 분류하고 기호화한다는 것은 빠르고 간편하다는 것과 밀접한 관련을 가진다. 또한 빠르고 간편하다는 것은 높은 경제적 가치와 이어진다. 그래서 디지털은 최근 많은 사람들에게 최고의 가치이자 목적이 되어 버렸다. '아날로그'라고 하면 낙후된, 경쟁력이 없는 것을 대변하는 듯하고, '디지털'이라고 하면 새롭고 경쟁력 있는 것을 대변하는 것처럼 되었다. 그래서 사회는 온통 아날로그에서 디지털로 바꾸자는 목소리로 가득 차 있다. 서가를 가득 채우던 백과사전은 한 장의 CD 속에 쏙 들어가 버리고, 비디오 가게나 동네 슈퍼도 컴퓨터가 없으면 장사를 못한다. 이제 디지털은 세상을 바꾸고 있다. (4)
　그런데 디지털로 바뀌고 있는 지금 세상은 과연 이전보다 좋아지기나 한 것인가? 강의시간에 가끔 학생들이 핸드폰이 없던 시대에 연애를 어떻게 했냐고 물어 온다. 학생들에게는 핸드폰이 없던 시절의 연애가 도무지 상상이 안 되는 모양이다. 그래서 나는 그냥 다방(옛날에는 카페가 아니라 다방이 있었다.)에서 상대편이 올 때까지 무작정 기다린다고 말을 해준다. 그리고 아무리 기다려도 상대방이 안 오면 그냥 바람맞고 집으로 돌아간다고 말해준다. 학생들은 재미있다고 웃지만, 생각해 보면 그렇게 웃을 일도 아니다. 이제 핸드폰이 있음으로 해서 무작정 기다릴 수도, 바람을 맞을 수도 없다. 상대방이 어디 있든 연락이 가능하기에 지금이 옛날보다 편해진 것이 사실이다. 하지만 그렇다고 하여 지금의 연애가 이전의 연애보다 더 행복하다고 말할 수 있을까? 이전에 학교 앞 서점 유리창에 빽빽이 붙은 메모 용지를 보지도 못한 학생이니 핸드폰이 없는 연애나 생활은 상상조차 할 수 없으리라. 사람을 만나기 위해 긴긴 과정을 견뎌야 하는 괴로움을 모르면 만남 자체가 귀하게 여겨지지 않는 법이다. (5)
　마키아벨리의 『군주론』을 읽으면 부록으로 책 뒤에 있는 마키아벨리의 편지를 여러 통 볼 수가 있다. 마키아벨리는 수많은 서신을 남겨놓아 후대 학자들이 마키아벨리를 연구하는 데 좋은 자료가 되고 있다. 우리나라의 대학자 퇴계 이황과 고봉 기대승은 수많은 서신을 남겨 '사단칠정론'과 같은 중세 철학을 우리가 잘 이해할 수 있도록 도와주고 있다. 그런데 이런 개인적 서신이 사라지고 있는 지금은 어떠한가? 이메일로 아주 편리하게 편지를 대신하는 지금은 옛날만큼 상자 속에 그리운 편지들을 보관하지 않는다. 이메일은 어느 정도 보관하고 있다가 간편하게 지우면 그만이고. 또 개인마다 메일 용량에 제한이 있어 용량이 차면 결국 지우게 되어 있다. 먼 훗날 학자들은 우리 시대의 인물을 연구할 때 개인적 자료가 부족하다고 한탄할지 모른다. (6)
　인터넷 서점이나 인터넷 몰에서 책이나 물건을 구입해 본 사람이라면 한 번쯤은 자신이 생각한 상품과 실제 상품이 같지 않아 낭패를 본 경우가 있을 것이다. 우리는 책이든, 생활도구이든, 옷이든 직접 눈으로 보고, 또 입어봐야 만족한다. 아직도 영상 이미지는 우리 눈의 망막만큼 우리의 욕망을 충족시키지 못하고 있다. 인터넷 상거래는 생존을 위해서라도 상품을 실물과 같이 보고, 그에 대한 만족도를 높이는 방법을 강구하지 않으면 안 된다. 최근 순수한 온라인 닷컴 기업보다 온라인과 오프라인을 결합한 클릭 앤 모르타르(clicks and mortars) 기업들이 더 호황인 것만 보아도 그렇다. (7)

  나는 가끔 디지털보다 아날로그가 좋다는 생각을 한다. 때로 더디 가고, 때로 느리고, 때로 멈추는 것도 빨리 가는 것 못지않게 필요하다. 전자메일보다 때 묻은 편지가, 핸드폰보다 직접 골목길을 돌아 친구 집에 찾아가는 것이 훨씬 따뜻하고 정겹다는 것을 아무도 부정하지는 못할 것이다. 디지털도 인간다운 따뜻함을 지니기 위해 아날로그의 도움이 필요하다. 디지털만 외치다가 우리 모두는 차가운 기계의 노예가 될지도 모른다. (8)

_정희모 · 연세대 교수

## 설계도 짜기

앞의 예문은 어떠한 발상의 과정을 거쳤을까?
필자가 되어 한번 상상해보자.

> 자, 며칠 안으로 글을 써야 한다. 과학적 대상에서 소재를 찾아야 한다는군. 아, 디지털과 아날로그에 대한 글을 써보자. 느림에 관한 책들이 많이 팔린다는데, 디지털이라고 해서 무조건 좋다고만 말할 수는 없지 않을까? 사람의 따뜻한 체온이 전달되는 아날로그도 긍정적인 부분이 있어. 그런데 이것을 어떻게 표현하지? 우선 디지털과 아날로그가 무슨 뜻인지 설명하자. 그리고 디지털의 유용한 점을 먼저 설명하고 거기에 빠진 문제점을 지적하자.

머릿속으로 이렇게 생각해보는 것이 바로 발상의 단계이다. 이런 생각들을 반복하면 의외로 좋은 주제와 아이디어가 떠오르거나 이런 행위를 한다는 것 자체가 힘이 되어 글쓰기의 두려움을 이겨낼 수 있다.

발상 단계에서는 주로 간단한 메모를 이용한다. 발상은 주제와 아이디어를 찾는 것이기 때문에 완전한 개요로 보기가 힘들다. 발상은 말 그대로 글을 쓰기 위한 기초적 아이디어를 얻는 작업이다.

> 발상 단계에서는 기초적 아이디어를 얻기 위한 메모를 한다.

발상 이후에는 자료를 찾고 내용을 구성한다. 발상 단계의 아이디어로 글의 대략적인 윤곽은 잡혔기 때문에 다음 단계에서 해야 할 일은 내용을 보충하여 상세한 글의 설계도(개요)를 짜는 일이다. 상세한 개요만 완성되면 글의 계획 단계는 그것으로 끝!

발상 단계에서 나오는 구성적 아이디어는 글이 전개될 형식을 머릿속으로 구상한 것이다. 그렇기 때문에 단락별로 구성된 것도 아니며, 내용적으로 정리된 것도 아니다. 이런 듬성듬성한 구상을 자세히 메우고 채우는 것이 바로 계획 단계에서 해야 할 일이다.

### 자료가 중요하다

발상 이후의 내용을 보충하는 단계를 '계획하기'라고 말한다. 여기서 '계획하기'란 '자료 찾기', '글감 만들기', '글의 구성짜기', '인용문과 예문 찾기' 등을 포괄한 것이다.

이중에서 제일 중요한 것은 무엇일까? 이 질문이 어리석은 것은 알지만 이렇게 질문한 이유가 있다. 그것은 우리가 잘못 알고 있는 통념과 관련이 있기 때문이다. 많은 사람들은 글이 마치 천재적 발상을 통해 금방 뚝딱 만들어지는 줄 아는데, 그것이야말로 매우 잘못된 생각이다. 글을 좀 써본 대부분의 사람들은 글이 머리에서 나오는 것이 아니라 자료에서 나온다고 말한다. 글에서 자료 찾기가 중요하다는 것은 글이 영감이나 천재성으로 되는 것이 아니라 준비나 노력으로 이루어진다는 것을 보여준다.

무거운 수필이나 칼럼이라면 이 단계에서 자료 찾기와 이를

*글은 머리에서 나오는 것이 아니라 자료에서 나온다.*

통한 내용 구성이 중요하다.

자료를 찾아 읽고 내용을 만드는 과정은 글을 작성하는 과정 중에 수시로 이루어진다. 만약 테마나 주제가 정해지지 않았다면 발상 단계에서도 자료를 찾아야 한다. 글을 써야 할 텐데 어떤 것에 대해 써야 할지 도무지 생각이 나지 않을 경우 관련된 주제의 책이나 자료를 꺼내 하나씩 읽어볼 수밖에 없다. 이런 독서 과정을 통해 갑자기 무엇에 대해, 어떻게 써야 하겠다는 발상이 떠오른다.

관련 책이나 자료를 읽다 보면 발상이 떠오른다.

## 간략한 구성을 작성하는 단계

계획하기 단계의 자료 찾기는 발상 단계의 자료 찾기보다 훨씬 더 세밀하고 전문적으로 이루어진다. 발상 단계에서는 글의 주제를 찾고 아이디어를 얻기 위해 자료를 찾았다면 계획 단계에서는 직접 글에 사용할 자료를 찾는 것이다. 그래서 인터넷을 뒤지고, 도서관의 서고를 뒤지면서 손품, 발품을 팔 각오를 해야 한다.

계획 단계에서 자료 찾기는 일반적으로 개요를 짜면서 동시에 진행된다. 발상 단계에서 글을 쓸 주제와 아이디어를 찾았지만 개요를 짜면서 도대체 세부 내용을 어떻게 채워야 할지 막막할 때 하는 것이 자료 찾기이다.

앞이 깜깜하면 글을 포기해버리고 어디 먼 곳으로 피하고 싶은 생각이 들기도 한다. 그럴 경우 할 수 있는 유일한 방법은 관

내용을 어떻게 채워야 할지 막막할 때는 도망치고 싶다.

련 자료나 책을 읽는 것이다. 관련된 자료를 읽다 보면 의외로 다양한 글감을 만날 수 있다.

다시 앞의 예문을 보면서 자료를 통해 내용을 구성하는 과정을 보자. 앞글은 디지털과 아날로그 방식이 화제가 되고 있는 요즘, 아날로그 방식에도 좋은 이점이 있다는 것을 주제로 삼고 있다. 여러분도 요즘 모든 분야에서 디지털화가 진행되고 있음을 잘 알고 있을 것이다. 모두가 정보화에는 디지털화가 필수인 것처럼 이야기한다. 이 글은 그런 흐름에 저항해 의미를 뒤집어본 것이다. 이런 생각은 필자가 발상 단계에서 떠올린 내용이다.

### 글의 발상 단계
디지털화 현상→디지털화의 문제점→아날로그식의 긍정적 가치

> 아무 생각이 나지 않을 때는 관련 자료나 책을 읽는다.

발상 이외에 아무 생각도 나지 않는다면 책을 읽으면서 간략한 구성을 구상해본다. 관련 자료나 책을 읽다 보면 아날로그식에서 디지털식으로 바뀌는 다양한 현상을 접하게 된다. 또 아날로그와 디지털에 대한 정의도 나온다. 그러면 이런 생각을 할 수 있을 것이다.

우선 서두에 아날로그와 디지털에 대한 정의를 언급하자. 다음으로 아날로그에서 디지털로 바뀌는 다양한 현상을 지적할 수 있을 것이다. 그리고 디지털의 문제점을 지적하자. 문제점

으로는 디지털 현상으로 잃어버리는 가치(기다림, 정감, 만남)를 써주자. 글의 마무리에는 아날로그식 가치에도 좋은 점이 있다는 것을 강조하자.

이렇게 구성에 들어갈 내용을 간략히 구상해볼 수 있다.

### 글의 구성 단계

- 디지털화의 현상   - 서두
  아날로그와 디지털의 용어 정의
  디지털의 이점과 디지털화 현상
- 디지털화의 문제점 - 기다림의 상실
  따뜻한 정감의 상실
  만남의 상실
- 아날로그식의   - 아날로그식의 긍정적 가치 부여
  긍정적 가치     마무리

위는 자료에 나온 내용을 바탕으로 글의 흐름을 염두에 두면서 임의적으로 간략한 구성을 만들어본 것이다. 대부분의 경우 관련 자료나 책을 읽다 보면, '아! 이런 식으로 글의 구성을 진행시키면 되겠구나'라는 생각이 떠오른다. 자료나 책을 읽었는데도 이런 생각이 떠오르지 않는다면 그건 엉뚱한 책을 읽었거나 머릿속으로 딴 생각을 하면서 읽었기 때문이다. 또 관련된 책을 열심히 읽었는데도 아무런 생각이 떠오르지 않는다면 얼른 다른 책으로 바꿔 읽어야 한다.

머릿속으로 딴 생각을 하면서 독서를 하면 아무런 소용이 없다.

## 다양한 글감 만들기

관련 자료를 읽고 앞에서와 같이 간략한 구성을 작성했다면 이제 글을 쓸 준비가 어느 정도 이루어진 셈이다. 각 항목에 관련된 내용을 하나씩 채우면 되기 때문이다. 그런데 앞서 말한 대로 글이 꼭 생각한 대로 만들어지지 않으니 문제가 있다.

생각과 글이 다르다는 것은 앞서 이야기한 바 있다. 그러니 간단한 구성만 작성하고 글쓰기가 끝났다고 방심해서는 안 된다. 자만할 처지는 더더욱 아니다. 이 정도 준비하고 마감 시간을 기다리는 것은 바보 같은 짓이다. 글쓰기는 아직 시작도 하지 않은 단계이다.

> 구성 단계가 끝나는 순간 계획하기를 멈추는 사람은 어리석다.

글을 많이 써보지 않은 사람일수록 구성 단계가 끝나는 순간 계획하기를 멈춘다. 간략한 구성을 작성하는 데도 엄청난 노력이 들었는데 또 무엇을 해야 한다는 것이 두려워서이다. 또는 이 정도 준비했으니 글을 써가다 보면 요행으로 글이 술술 풀릴 수 있으리라 믿는다.

어느 작가가 "글은 이어주는 힘이 있다"고 말한 적이 있다. 일단 첫 문장만 풀리면 그 다음은 자연스럽게 말을 만들어갈 수 있다는 이야기인데 내 경험으로는 전혀 그렇지 않다.

물론 글에는 어느 정도 그런 힘이 있다는 것을 부정할 수는 없다. 글은 내용을 연결하여 뜻을 이루어내려는 소통의 속성을 가지고 있기 때문이다. 그러나 반드시 기억해야 할 점은 글의 연결 속성이라는 것도 연결할 다음 내용이 있을 때나 가능하다는 사실이다. 글을 쓴 다음 무엇을 써야 할지 도무지 기억이 나지 않을 때에 글의 연결 속성은 무용지물이 된다. 그래서 글 쓸 내용을 충분히 장만해 놓지 않고 무작정 쓰다 보면 풀릴 것이라는 생각은 망상에 가깝다. 좋은 글을 쓰기 위해 우선적으로 해야 할 일은 무엇보다 글감을 넉넉히 장만하는 일이다.

구성 단계에서 글감을 장만하는 일은 몹시 지루해서 인내와 끈기가 필요한 과정이다. 구성과 관계된 내용은 모두 정리해야 하겠지만 관계없는 내용도 중요한 것이라면 따로 기록해두는 것이 좋다.

예문에서 구성을 세우고 난 뒤 글감을 만들어낸 항목을 살펴보자.

글감을 넉넉히 장만한 뒤에 쓰기를 시작해야 한다.

### 구성 단계에서 내용 생성

#### ✳ 디지털화의 현상

서두 (예화로 시작한다)
- 예화 1 : 인터넷 몰을 통해 상품을 구입한 이야기
- 예화 2 : 디지털 카메라가 기존 아날로그 카메라를 잠식하면서 문을 닫게 된 동네 사진점 아저씨의 이야기
- 예화 3 : 어느 잡지에서 읽은 신데렐라의 구두에 관한 이야기

아날로그와 디지털의 용어 정의
- 디지트(digit)라는 사람의 손가락을 지칭하는 용어에서 나온 말로 1, 2, 3 등등을 셀 수 있다는 뜻을 담고 있다.
- 디지털은 데이터를 한 자리씩 끊어서 다루는 방식으로 0과 1이라는 신호체계로 이루어져 있다.

- 구체적인 예로 디지털 시계를 들 수 있다. 디지털 시계는 아날로그 시계처럼 바늘로 시간을 연속적으로 표시하는 것이 아니라 문자로 시, 분, 초 등으로 나누어 표시한다.
- 아날로그(analog)는 디지털과 달리 전압이나 전류처럼 연속적으로 변화하는 물리량을 나타낸다.
- 소리, 빛, 전기와 같이 파장을 가진 것은 모두 아날로그 방식이다.
- 사람의 목소리와 같이 연속적으로 변화하는 신호는 아날로그 형태이다.
- 자연계에 존재하는 신호는 모두 아날로그 신호이다.

디지털화의 이점과 디지털화 현상
〔디지털화의 이점〕
- 0과 1을 이용하는 디지털 방식의 전송은 종래 아날로그 방식의 전송에 비해 신호 왜곡이 적기 때문에 훨씬 깨끗하고 선명한 화상과 음질을 재생할 수 있다.
- 유한개의 수치 형태로 전송되기 때문에 데이터의 신뢰도가 높아지고 정보량이 적어 빠르게 전송된다.
- 디지털의 장점은 완벽한 복사가 가능하다는 것. 디지털은 유한개의 수치 신호이므로 완벽한 복제가 가능하고 복제의 손실도 없다. 반면에 아날로그는 여러 번의 복제를 거치면 기존의 신호가 열화 또는 감쇠되어 이를 복원하기 힘들다.
- 많은 양의 정보를 정확하고 빠르게 전송할 수 있기 때문에 경제적 효율성이 높다.

〔디지털화 현상〕
- 요즘 많이 사용하는 휴대폰, 콤펙트 디스크(CD) 등은 모두 디지털 방식이다.

- 경제적 효율성이 높기 때문에 앞으로 아날로그 신호처리가 이용되는 모든 분야에서 디지털 신호처리 시스템이 사용될 것으로 보인다.

### ＊디지털화의 문제점
기다림의 상실
- 인터넷 통신이나 핸드폰을 통한 통신 발달로 인해 그리운 사람을 기다리는 전통적 모습이 사라지고 있다.
- 인터넷을 통해 빠르게 문제를 해결하다 보니 빠름의 문화, 조급함의 문화가 확장되고 있다.

따뜻한 정감의 상실
- 이메일을 통해 의사소통이 간편해지면서 정감 있는 편지가 사라지고 있다.
- 블로그를 통해 개인의 정보가 공개되고 객관화되어 친구끼리 통하던 비밀스런 정감이 없어지고 있다.
- 인터넷 신문이나 e-book 때문에 종이로 된 질감을 느낄 기회가 차츰 없어질 것이다.

만남의 상실
- 인터넷 동호회 등을 통해 오래된 친구를 만나는 관습이 사라지고 쉽고 빠르게 친구를 만나고 친구와 헤어진다.
- 인터넷 몰을 통해 상품을 직접 보지 않고 화상을 통해 상품을 구입함으로써 상품과 인간의 관계도 간접적이 된다.

기타
- 비인간화, 기계화
- 익명성

### ※ 아날로그 방식의 긍정적 가치

아날로그 방식의 긍정적 가치 부여
- 아날로그는 불편하지만 향수를 자극하고 인간의 따뜻한 감성을 요구하는 인간적인 냄새가 난다.
- 아날로그 방식은 인터넷을 통한 가상의 접촉이 아닌 인간과 인간의 접촉을 요구한다.
- 최근 순수한 온라인 닷컴 기업보다 온라인과 오프라인을 결합한 클릭 앤 모르타르(clicks and mortars) 기업들이 더 호황이다.

위의 자료는 예문을 쓰기 위해 간략한 구성에 맞춰 찾아낸 글감들이다. 이런 글감을 찾기 위해 인터넷 자료와 몇 권의 책이 필요했다. 물론 그 모든 것을 처음부터 정독하거나 빼놓지 않고 세밀히 읽지는 않았다. 책을 듬성듬성 읽으면서 빼거나 건너뛰기도 했다. 또 전문적인 글이 아니므로 전문적 지식은 구하지 않았다. 발상이나 구성 단계에 이미 어떤 방향으로 글을 쓰겠다는 생각이 있었으므로 거기에 맞추어 자료를 뽑았다.

그런데 위의 글감들을 자세히 살펴보면 본문에 직접 사용된 것과 그렇지 않은 것들이 있다. 실제 글을 작성할 때 사용된 자료는 위의 자료보다 훨씬 적다. 글감을 만들 때는 구성에 딱 맞게 준비하는 것보다 이렇게 풍성하게 준비해두는 것이 좋다. 글을 작성하다 보면 꼭 생각한 대로 글이 풀리지 않는 경우가 생기므로, 이럴 때 여러 글감들을 이용하기 위해서이다. 능숙한 필자는 계획한 대로 글을 작성하는 사람이 아니라 흘러가는 논리대로 글을 전환시킬 수 있는 사람이다.

> 글감을 구성에 딱 맞게 준비해서는 안 된다. 풍성하게 준비해야만 글의 흐름이 막힐 때마다 도움을 얻는다.

글의 구성을 세우고 그에 맞춰 다양한 글감들을 찾아보았다. 이런 글감들 중에서 어떤 것을 선택하여 글을 서술할까? 여러분은 무엇을 선택하고 싶은가? 그런데 사실 이런 질문은 적절치 못하다. 왜냐하면 다양한 글감들을 선택하는 것은 글을 쓰는 필자가 아니라 글의 논리적 흐름이기 때문이다.

글을 쓰다 보면 반드시 다음 말을 이어주어야 할 경우가 생긴다. 예컨대 '아날로그 방식도 우리 생활에 쓸모가 있다'라는 문장을 한번 살펴보자. 우선 이 문장 하나로만 어떤 뜻을 전달하기에는 매우 부족하다. 충분한 문장이 되기 위해서는 왜, 어떻게, 아날로그 방식이 우리 생활에 필요한지 그 이유를 설명해주어야 한다. '아날로그 방식은 속도가 느리고 비경제적이지만 인간 상호간의 만남과 접촉, 정서적 교감을 만들어내기 때문이다'라는 문장이 이어질 때에야 뜻이 더 선명해진다. 물론 이 뒤에 이를 예증해주는 사례가 붙으면 더 좋다.

반면에 이 문장이 아날로그 방식이 필요한 이유와 예증을 나열한 후 글을 마감하는 결말로 사용되었다면 이 뒤에 다른 문장을 이어줄 필요는 전혀 없다.

글감의 선택은 내가 아니라 문장의 논리가 결정한다. 그래서 글감은 다양하고 풍성하게 마련해두어야 한다. 이제 또 다른 방법으로 글감을 찾고 구성을 짜는 방법을 살펴보자.

> 능숙한 필자는 계획한 대로 글을 작성하는 사람이 아니라 글이 흘러가는 논리대로 글을 전환시킬 수 있는 사람이다.

## 브레인스토밍

경영학에서 창의성을 다룰 때나 글쓰기에서 글감을 찾을 때 흔히 브레인스토밍을 이용한다. 브레인스토밍은 어떤 문제의 해결책을 찾기 위해 여러 사람이 생각나는 대로 마구 아이디어를 쏟아내는 방법이다. 브레인스토밍을 할 때 꼭 지켜야 할 것은 이치에 맞지 않는 엉뚱한 아이디어라도 두려움 없이 내놓아야 한다는 점이다. 우리는 어떤 주제에 대해 토론을 할 때, 나의 의견이 상대방에게 어떻게 받아들여질까 늘 의식하고 있다. 그래서 하고 싶은 말이 있어도 주저하거나 망설인다.

브레인스토밍은 이런 토론의 방식과 매우 다르다. 브레인스토밍에서는 엉뚱한 주장, 비논리적인 답변, 타당하지 않은 해결책 모두를 환영한다. 그저 생각나는 대로 아이디어를 내놓는 것이 브레인스토밍이다. 브레인스토밍은 가능한 한 많은 양의 아이디어를 모아 그 속에서 해결책을 찾는 방법이다. 그래서 질보다 양이 더 중요하다. 사실 창의성이나 아이디어는 남들이 쉽게 생각하지 못하는 생각 속에서 나오므로, 엉뚱하고 모순적인 아이디어 속에 의외로 쓸 만한 해결책이 숨어 있기도 한다.

> 브레인스토밍에서는 질보다 양이 중요하다.

우리는 글감 찾기를 위해 이 방법을 사용할 수가 있다. 만약 글의 주제나 글감을 찾지 못했다면 우선 브레인스토밍을 통해 생각이나 자료를 있는 대로 전부 모아보자. 모은 자료나 글감의 양이 중요하기 때문에 그것의 질은 고려하지 않는다. 앞의 주제를 가지고 브레인스토밍을 통해 얻은 글감을 다음과 같이 순서 없이 나열해보았다.

인터넷 몰을 통해 상품을 구입한 이야기/ 디지털은 내용을 삭제, 보충하는 등 편집하기에 편하다/ 디지털 카메라가 기존 아날로그 카메라를 잠식하면서 문을 닫게 된 동네 사진점 아저씨의 이야기/ 디지털 카메라로 사진을 찍었다가 파일을 날린 이야기/ 어느 잡지에서 읽은 신데렐라의 구두에 관한 이야기/ 디지트(digit)라는 사람의 손가락을 지칭하는 용어에서 나온 말로 1,2,3 등등을 셀 수 있다는 뜻을 담고 있다/ 디지털은 데이터를 한 자리씩 끊어서 다루는 방식으로 0과 1이라는 신호체계로 이루어져 있다/ 디지털 시계는 아날로그 시계처럼 바늘로 시간을 연속적으로 표시하는 것이 아니라 문자로 시, 분, 초 등으로 나누어 표시한다/ 아날로그(analog)는 디지털과 달리 전압이나 전류처럼 연속적으로 변화하는 물리량을 나타낸다/ 소리, 빛, 전기와 같이 파장을 가진 것은 모두 아날로그 방식이다/ 사람의 목소리와 같이 연속적으로 변화하는 신호는 아날로그 형태이다/ 자연에 존재하는 신호는 모두 아날로그 신호이다/ 0과 1을 이용하는 디지털 방식의 전송은 종래 아날로그 방식의 전송에 비해 신호 왜곡이 석기 때문에 훨씬 깨끗하고 선명한 화상과 음질을 재생할 수 있다/ 유한개의 수치 형태로 전송되기 때문에 데이터의 신뢰도가 높아지고 정보량이 적어 빠르게 전송된다/ 디지털은 완벽한 복사가 가능하며 손실도 없다/ 아날로그는 여러 번의 복제를 거치면 기존의 신호가 열화 또는 감쇠되어 이를 복원하기 힘들다/ 디지털은 많은 양의 정보를 정확하고 빠르게 전송할 수 있기 때문에 경제적 효율성이 높다/ 요즘 많이 사용하는 휴대폰, 콤펙트 디스크(CD) 등은 모두 디지털 방식이다/ 경제적 효율성이 높기 때문에 앞으로 아날로그 신호처리가 이용되는 모든 분야에서 디지털 신호처리 시스템이 사용될 것으로 보인다/ 인터넷 통신이나 핸드폰을 통한 통신 발달로 인해 그리운 사람을 기다리는 전통적 모습이 사라지고 있다/ 인터넷을 통해 빠르게 문제를 해결하다 보니 빠름의 문화, 조급함의 문화가 확장되고 있다/ 이메일을 통해 의사소통이 간편해지면서 정감 있는 편지가 사라지고 있다/ 블로그를 통해 개인의 정보가 객관화되어 공개화되어 친구끼리 통하던 비밀스런 정감이 없어지고 있다/ 인터넷 신문이나 e-book이 차츰 늘어나면서 종이로 된 문서에 대한 질감을 느낄 기회가 차츰 없어질 것이다/ 인터넷 동호회 등을 통해 오래된 친구를 만나는 관습이 사라지고 쉽고 빠르게 친구를 만나고 헤어진다/ 최근 디지털에 대한 연구는 멀티레이트 신호처리와 신경망 혹은 웨이브렛 변환을 이용한 신호처리에 집중하고 있다/ 인터넷 몰을 통해 직접 상품과 만나지 않고 화상을 통해 상품을 구입하므로 상품과 인간의 관계도 간접적이 된다/ 디지털은 기계화, 비인간화의 느낌이 강하다/ 인터넷은 익명성이 가능해 윤리·도덕적으로 문제를 발생시킬 뿐만 아니라 정체성의 혼란을 겪을 수 있다/ 아날로그는 불편하지만 향수를 자극하고 인간의 따뜻한 감성을 요구하는 인간적인 냄새가 난다/ 아날로그 방식은 인터넷상이 아닌 인간과 인간의 접촉을 요구한다/ 최근 순수한 온라인 닷컴 기업보다 온라인과 오프라인을 결합한 클릭 앤 모르타르(clicks and mortars) 기업들이 더 호황이다/ 최

> 근 우리나라의 산업 경쟁력은 대체로 디지털 분야에서 나온다/ 인터넷 동호회 등을 통해 임의적 집단 형성이 많아짐으로써 진정한 인간관계를 형성할 기회가 적어진다/ 최근 우리나라의 산업 경쟁력은 대체로 디지털 분야에서 나온다.

브레인스토밍은 이렇게 많은 글감을 한 곳에 모으는 것이다. 여러 사람이 같이 할 수 있다면 더욱 효과적이겠지만 그렇지 않다면 혼자 해도 된다. 무엇보다 많은 내용을 모으는 것이 중요하다는 사실을 잊지 말자.

자, 이렇게 수많은 글감들을 모았다면 그 다음은 어떻게 할 것인가? 우선은 쓰고자 하는 주제와 너무 동떨어져 있는 내용들은 지워나간다. 글의 주제는 디지털화가 가져올 비인간화 경향과 그에 대한 비판인데 디지털에 관한 너무 세세한 전문적인 지식은 삭제한다. 예컨대 '최근 디지털에 대한 연구는 멀티레이트 신호처리와 신경망 혹은 훼이브렛 변환을 이용한 신호처리에 집중하고 있다'와 같은 정보는 너무 전문적이어서 필자는 물론 독자도 좀처럼 이해하기 힘들다(그러나 독자가 전문가들이라면 부디 활용하기 바란다!).

> 주제와 동떨어진 내용들은 지워 버린다.

다음은 이를 분류하여 정리한다. 두서없이 모인 수많은 정보라 하더라도 비슷한 성격끼리 모을 수가 있다. 모인 글감을 하나하나 검토하다 보면 비슷한 것이 드러난다. 이를 항목별로 분류한다. 항목별로 분류하는 방법은 어렵지 않다. 우선 제일 먼저 나온 정보에 항목을 붙인다. 그리고 다음 정보를 같은 방

> 글감들을 항목별로 분류한다.

| 계획 | 설계도는 구체적으로 그린다 89

법으로 항목을 지정한다. 이렇게 열 개의 정보에 항목을 붙여 분류하면 대강 분류 항목이 잡힌다. 그 다음은 분류한 항목에 모아둔 정보를 끼워 넣는다. 이와 같은 방법으로 앞에서 모아 둔 글감들을 모두 분류하여 제시하면 다음과 같다.

### 분류하여 제시한 글감

디지털의 특성

- 디지트(digit)라는 사람의 손가락을 지칭하는 용어에서 나온 말로 1,2,3 등등을 셀 수 있다는 뜻을 담고 있다.
- 디지털은 데이터를 한 자리씩 끊어서 다루는 방식으로 0과 1이라는 신호체계로 이루어져 있다.
- 디지털 시계는 아날로그 시계처럼 바늘로 시간을 연속적으로 표시하는 것이 아니라 문자로 시, 분, 초 등으로 나누어 표시한다.

아날로그의 특성

- 아날로그(analog)는 디지털과 달리 전압이나 전류처럼 연속적으로 변화하는 물리량을 나타낸다.
- 소리, 빛, 전기와 같이 파장을 가진 것은 모두 아날로그 방식이다.
- 사람의 목소리와 같이 연속적으로 변화하는 신호는 아날로그 형태이다.
- 자연에 존재하는 신호는 모두 아날로그 신호이다.
- 아날로그는 여러 번의 복제를 거치면 기존의 신호가 열화 또는 감쇠되어 이를 복원하기 힘들다.

디지털의 장점과 유용성
- 인터넷 몰을 통해 빠르게 상품을 구입한 이야기
- 어느 잡지에서 읽은 신데렐라와 디지털에 관한 이야기
- 0과 1을 이용하는 디지털 방식의 전송은 종래 아날로그 방식의 전송에 비해 신호 왜곡이 적기 때문에 훨씬 깨끗하고 선명한 화상과 음질을 재생할 수 있다.
- 유한개의 수치 형태로 전송되기 때문에 데이터의 신뢰도가 높아지고 정보량이 적어 빠르게 전송된다.
- 디지털은 완벽한 복사가 가능하며 손실도 없다.
- 디지털은 많은 양의 정보를 정확하고 빠르게 전송할 수 있기 때문에 경제적 효율성이 높다.

디지털화의 사회적 현상
- 요즘 많이 사용하는 휴대폰, 콤팩트디스크(CD) 등은 모두 디지털 방식이다.
- 경제적 효율성이 높기 때문에 앞으로 아날로그 신호처리가 이용되는 모든 분야에서 디지털 신호처리 시스템이 사용될 것으로 보인다.
- 최근 우리나라의 산업 경쟁력은 대체로 디지털 분야에서 나온다.

디지털의 부정적 요소
- 디지털 카메라가 기존 아날로그 카메라를 잠식하면서 문을 닫게 된 동네 사진점 아저씨의 이야기
- 디지털 카메라로 사진을 찍었다가 파일을 날린 이야기
- 컴퓨터를 이용해 작업을 하다가 파일을 날린 이야기
- 인터넷 통신이나 핸드폰으로 인해 그리운 사람을 기다리는 전통적 모습이 사라지고 있다.

- 인터넷을 통해 빠르게 문제를 해결하다 보니 빠름의 문화, 조급함의 문화가 확장되고 있다.
- 이메일을 통해 의사소통이 간편해지면서 정감 있는 편지가 사라지고 있다.
- 블로그를 통해 개인의 정보가 객관화되고 공개되어 친구끼리 통하던 비밀스런 정감이 없어지고 있다.
- 인터넷 신문이나 e-book이 차츰 늘어나면서 종이로 된 문서의 질감을 느낄 기회가 차츰 없어질 것이다.
- 인터넷 몰을 통해 상품을 직접 보지 않고 화상을 통해 상품을 구입하므로 상품과 인간의 관계도 간접적이 된다.
- 디지털은 기계화, 비인간화의 느낌이 강하다.
- 인터넷은 익명성이 가능해 윤리·도덕적으로 문제를 발생시킬 뿐만 아니라, 정체성의 혼란을 겪을 수 있다.
- 인터넷 동호회 등을 통해 임의적 집단 형성이 많아짐으로써 진정한 공동체의 형성이 불가능해진다.

아날로그 방식의 긍정적 가치
- 아날로그는 불편하지만 향수를 자극하고 인간의 따뜻한 감성을 요구하는 인간적인 냄새가 난다.
- 아날로그 방식은 인터넷상이 아닌 인간과 인간의 접촉을 요구한다.
- 최근 순수한 온라인 닷컴 기업보다 온라인과 오프라인을 결합한 클릭 앤 모르타르(clicks and mortars) 기업들이 더 호황이다.

여기에 나온 항목들은 브레인스토밍을 통해 모아둔 자료를 성격상 분류한 것이다. 어떤 글감이든 풍성하게 모아두면 이렇게 항목별로 분류할 수가 있다. 어차피 성격이 비슷한 것은 드러나게 마련이다. 그것을 놓치지 않고 항목화하여 정리하는 것이 중요하다.

항목별로 정리할 때 흔히 등장하는 것들이 있다. 예컨대 가장 흔하게 나오는 항목으로 다음과 같은 것들이다.

- 대상의 정의나 특징
- 대상의 유용성
- 대상의 장점/ 단점
- 대상의 긍정적 요소/ 부정적 요소
- 대상의 개인적 요소/ 사회적 요소
- 대상에 대한 단기적 시각/ 장기적 시각
- 대상에 대한 기대 효과

이런 항목들은 가장 간단하고 흔한 것이므로 분류를 할 때 우선적으로 생각한다. 이밖에 이런 분류 항목 이외에도 내용적으로 분류할 수밖에 없는 다양한 항목들도 있다. 글의 테마와 주제는 무궁무진하므로 거기에 따른 항목들도 다양하다. 이런 항목들을 정리해두면 글의 구성을 짜는 데 크게 도움이 된다.

## 분류 항목을 이용해 구성하라

브레인스토밍을 이용해 이렇게 모아둔 글감들을 분류하면

글의 구성을 짜는 데 직접 응용해볼 수 있다. 분류한 항목들은 글의 구성의 한 부분이 될 수 있다. 다시 말해 분류 항목은 개요에서 하나의 의미 묶음으로 기능할 수가 있다.

앞에서 샘플로 분류해놓은 항목을 잠시 살펴보자. 분류 항목으로 설정된 것은 '디지털의 특성', '아날로그의 특성', '디지털의 장점과 유용성', '디지털화의 사회적 현상', '디지털의 부정적 요소', '아날로그화의 긍정적 가치'이다. 이러한 항목들로 개요를 작성해보면 다음과 같은 모형을 만들 수 있다.

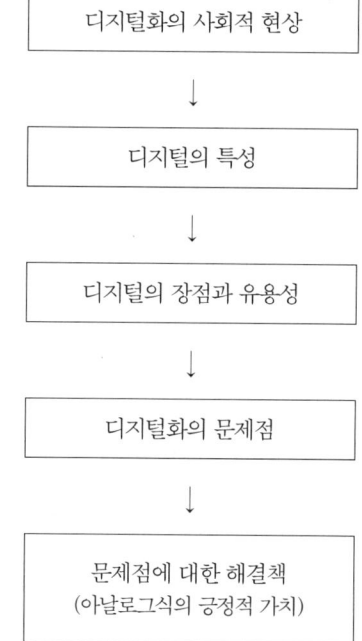

앞에 나온 항목은 모두 분류 항목이다. 분류 항목을 글의 논리적 흐름에 맞춰 순서를 바꾸어 놓았을 뿐이다. 분류 항목을 보고 글이 흘러갈 방향을 추리한 후 다시 배열한 셈이다. 그래서 이런 분류 항목은 개요에서 글의 진행에 따른 하나의 구성 단위로 사용된다.

## 글의 진행 방향

이런 글의 흐름에 따라 글이 흘러갈 방향을 추리해보자. 이런 과정은 얼마든지 머릿속으로 추리해볼 수 있다. 자료를 보면서 머리를 계속 회전시키면 된다.

자료를 보면서 머리를 회전시키자!

글의 서두에서는 다양하게 진행되는 디지털화 현상에 대해 언급할 수 있다. 주위에서 흔히 볼 수 있는 현상을 화제나 예화 형식으로 집어넣는 것이 좋다. LCD TV, 인터넷 서점, 디지털 아파트 시스템 등 어떤 것이든 좋다. 여기서 중요한 것은 디지털화가 단지 기계 부품의 대체만을 의미하는 것이 아니라 삶의 방식과 패턴을 바꾸어 놓고 있다는 점을 지적하는 것이다.

다음으로 디지털의 정의나 특성에 대해 간단히 설명한다. 일반 독자들의 경우 디지털이 어떤 방식인지 이해하지 못할 가능성이 있다. 그래서 한 단락 정도는 디지털의 의미와 특성에 관해 간단히 언급한다.

그런 다음 최근의 디지털화가 디지털이 지닌 장점과 유용성 때문에 나왔다는 것을 언급하자. 디지털 전송의 안정성, 신속성, 효율성 등을 디지털화 현상의 요인으로 제시할 수 있다. 그런 다음 이 글의 가장 핵심적인 부분인 디지털화에 따른 문제점을 이야기한다. 비인간화, 기계화의 확산, 인간적 만남의 상실, 공동체의 붕괴, 익명성의 확산, 정체성의 상실 등을 문제점으로 제시한다. 우리 사회가 급속도로 디지털화되면서 잃게 되는 부분을 지적하는 것이다.

마지막으로 결말 부분에서는 디지털화의 문제점에 대한 해결책을 제시한다. 해결책으로는 아날로그 방식의 긍정적 가치를 역으로 이용한다. 아날로그 방식이 가지고 있는 인간적인 만남의 방식, 따뜻한 체온을 느낄 수 있는 방식을 디지털 방식에 도입해야 한다는 점을 지적하고, 구체적인 예로 온라인과 오프라인을 결합한 클릭 앤 모르타르(clicks and mortars) 기업 방식을 제시하는 것이다.

> 테마가 같아도 글감이 다르면 글의 내용이 달라진다.

이런 방식으로 글을 작성한다면 예문과 비슷한 글이 나올 수 있다. 만약 브레인스토밍 과정에서 앞에서 제시된 것과 다른 글감들을 찾았다면 이를 통해 전혀 다른 새로운 글이 만들어질 수 있을 것이다.

브레인스토밍을 이용한 글의 구성 방식은 발상 단계에서 구성적 아이디어를 찾기가 쉽지 않을 때, 다시 말해 글의 테마는 정해졌지만 도대체 무엇을 어떻게 써야 할지 감이 잡히지 않을 때 사용할 수 있는 방식이다.

✓ 점검1

다음 테마에 대해 브레인스토밍을 해보고, 이에 맞추어 글을 구성해보자.

1. 한류를 지속적으로 발전시키는 방법
2. 교육의 형평성을 해치지 않으면서 교육의 수월성을 도입하는 방안
3. 대형 할인 매장의 등장으로 위기를 겪고 있는 영세 상인의 보호 방안

■ 알고 보면 쉬운 우리글

## '안'과 '않'이 헷갈려요

의외로 '안'과 '않'을 혼동하는 사람이 많습니다. 아마도 발음이 비슷하기 때문인 듯해요.

'안'과 '않'은 아래에 ①과 ②처럼 쓰여요.

① 철수가 밥을 안 먹는다.
② 철수가 밥을 먹지 않는다.

'안'은 '아니'의 준말이고, '않(다)'은 '아니하(다)'의 준말인 건 알지요? 그러니까 '않'의 'ㅎ'은 '하다'의 '하'가 줄어든 모양이에요. 위의 ①과 ②를 본디말로 바꾸어보면,

① 철수가 밥을 아니 먹는다.
② 철수가 밥을 먹지 아니한다.

처럼 됩니다.

그러니까 '안'과 '않'이 헷갈리는 곳에 '아니'와 '아니하'를 넣어서 말이 되

는 걸로 쓰면 돼요. '아니'가 자연스러우면 '안'을 쓰고, '아니하'가 자연스러우면 '않'을 쓰세요.

'안'과 '않'을 구별하는 또 다른 방법 하나 알려줄까요?

'안'은 부사예요. 그러니까 동사나 형용사 앞에 쓸 때는 '안'을 쓰면 되고요, 동사나 형용사 뒤에 쓸 때는 '않'을 쓰면 돼요. 이게 더 쉽지요?

# 4. |구성1| 세밀한 연쇄고리를 만들자

글은 글 쓴 사람의 영혼을 보여준다.

_미구엘 드 세르반테스

*Reading*

## 정녕 '문명충돌'인가

 묵시록적 참담함이 뉴욕과 워싱턴을 뒤덮었다. 아직 사건의 배후가 정확히 밝혀지지는 않고 있지만 여러 가지 정황들은 이슬람 무장세력이 개입되어 있음을 강력히 시사하고 있다. 뉴요커들의 절규와 교차되어 전해지는 일부 이슬람인들의 섬뜩한 환호성은 이러한 심증에 무게를 더해준다. 냉전 이후의 세계질서는 정녕 문명충돌의 시대로 치닫고 있는 것인가. (1)

 1989년 5월 〈월 스트리트 저널〉이 '우리는 이겼다(We won!)'라고 썼을 때, 그것은 레이건 행정부의 대소 봉쇄전략이 거둔 승리에 대한 찬양으로 받아들여졌다. 일부에서는 그것이 과연 인류의 승리로 승화될 수 있을 것인가를 궁금해했지만, 세계화된 대중매체를 통해 전해진 뉴욕 맨해튼의 오늘 참상은 과연 미국마저도 진정한 냉전의 승리자였던가를 반문하게 만든다. (2)

 냉전은 일찍이 레이몽 아롱이 표현했던 것처럼 '불가능한 평화와 불가능해 보이는 전쟁'의 공존상태였다. 냉전은 끝났지만 아롱의 표현과 반대되는 '가능해 보이는 평화와 불가능한 전쟁'의 시대가 오지는 않았다. 반세기 전 한국의 6·25전쟁과 더불어 봉인되었던 세계적 냉전구조가 무너진 곳에서 걸프전쟁과 함께 시작된 탈냉전국제질서의 모습은 냉전시대의 미국민들조차 경험하지 않았던 참상을 빚어내고 만 것이다. 인류는 진정 냉전에서 얻은 교훈을 통해 더 나은 세계를 향해 가고 있는 것일까. (3)

 냉전종식 이후 미국에서는 종전의 봉쇄전략을 대신하는 문명충돌론이 개진되었다. 헌팅턴은 향후 미국의 적대세력으로서 '유교, 이슬람 커넥션'이 부상하고 있다고 진단하며, 대서양 문명연대론을 개진했다. 헌팅턴의 문명충돌론은 탈냉전시대의 분쟁양상을 단순화된 도식으로 설명해주는 명쾌함을 보여주었다. (4)

 하지만 그것은 새로운 적을 지목한 전략이었을 뿐, 경쟁자였던 동시에 세계경영의 분담자이기도 했던 소련이 없어진 탈냉전의 세계에서 어떻게 평화를 만들어나갈 것인가에 관한 성찰은 아니었다. 문명충돌을 증빙하기 위한 사례들은 최대한 나열되었지만 어떻게 문명충돌을 넘어 문명 간의 이해와 문명 간의 교류, 그리고 문명 간의 융합을 이루어낼 것인가에 관한 고민은 빈약했다. 문명의 충돌이든 문명의 융합이든 그것은 결국 인간이 만들어내는 것일 뿐이다. (5)

탈냉전기를 맞이하면서 미국은 세계를 지배하게 되었지만, 정작 미국에 들어가면 세계가 없어지는 기현상이 빚어졌다. 보통의 미국민들은 국제문제에 너무도 무관심했고, 그러한 미국민들에 의해 선출된 정치인들의 정책은 문명적 융합을 통한 국제적 표준의 수립이 아닌 미국적 표준의 세계화라는 일방주의의 함정에 빠져들었다. 헌팅턴의 문명충돌론은 자기 성취적 예언이 되고 말았다. (6)

네덜란드인들이 아메리카원주민들에게 손도끼 등을 주고 구입했다가 영국에 넘겼던 뉴욕의 맨해튼은 콜럼버스의 대서양횡단 이후 이룩된 대서양문명의 번성을 상징했다. 일찍이 이슬람세계가 그리스, 로마의 유산을 간직했다가 서유럽에 전해주었듯이 맨해튼은 비단 미국인들의 것만이 아니라 서유럽인들의 것이기도 했다. 그것은 또한 아메리카원주민들과 아프리카 출신 흑인들의 피땀이 서리고, 아시아인들의 애환이 서린 전 인류의 유산이다. (7)

맨해튼과 그것으로 대표되는 미국 자체가 문명충돌의 현장이었던 동시에 문명융합의 장소였던 것이다. 미국의 패권이 다른 서유럽국가들의 패권처럼 쇠퇴하지 않았던 이유도 미국이 과거 패권국가들의 성취를 흡수해냈던 힘에서 찾아볼 수 있다. 분노와 슬픔에 포효하는 미국민들이 문명충돌론을 넘어 오늘의 미국을 있게 한 문명적 융합에 기초하여 판단해주기를, 그리하여 결코 이슬람문명권 전체를 적으로 만들지 않기를 기원한다. 그것이야말로 반인륜적 범죄를 인류사회에서 영원히 추방하는 궁극적 응징책이며, 미국이 전 인류와 함께 진정한 승리를 거둘 수 있는 길이다. (8)

_김명섭 · 연세대 교수

## 세밀한 연쇄고리들

지금은 시간이 많이 지났지만 9·11 미국 세계무역센터 테러 사건은 우리에게 엄청난 충격을 안겨주었다. 그날 밤 CNN-TV를 지켜보면서 테러가 미국의 심장부를 강타했다는 사실에 깜짝 놀라며, 어마어마한 테러의 폭력성에 두려워했던 기억이 난다.

9·11 테러 이후 많은 글들이 발표되었다. 9·11 테러의 원인, 미국과 이슬람과의 관계, 테러주의자들의 목적, 이슬람 근본주의에 관한 글들이 여러 지면을 통해 소개되었다. 이 글도 9·11 테러 이후에 나왔던 많은 글 중 하나이다. 그런데 글쓰기 학습에서 살펴보아야 할 것은 이 글의 내용이 아니라 이 글을 쓴 과정과 전략 및 방법이다.

이 글은 9·11 테러 사건이 있은 지 며칠 후 신문에 발표되었다. 아마 필자는 9·11 테러의 원인과 미국의 대응책에 대해 짤막한 글을 청탁받아 이를 작성했을 것이다.

필자는 글을 청탁받고 먼저 무엇을 생각했을까? 아마 어떤 주제로 글을 쓸 것인지를 고민했을 것이다. 미국은 무엇 때문에 테러의 표적이 되어야 했을까? 미국은 9·11 테러에 대해 앞으로 어떤 대응을 해야 할까? 필자는 우선 여기에 대한 답을 생각했을 것이다. 그 답에 대한 내용은 본문에 그대로 드러나 있다.

필자의 주장은 세계 최강대국으로서 미국은 미국적 표준의

*어떤 주제로 글을 쓸 것인지를 고민한다.*

세계화라는 일방주의적 노선을 걷고 있는데, 다인종 국가인 미국은 문화적 융합성을 생각하여 이번 테러에 대응해주기를 바란다는 것이다. 앞의 글은 이런 두 가지 생각을 중심으로 서술되었다.

필자의 이런 주장을 일반적으로 글의 주제라고 말한다(글의 테마와 아이디어를 찾는 방법에 대해서는 2장을 참고하라). 그런데 정작 중요한 문제는 이런 주장을 어떤 방식으로 펼칠까 하는 점이다.

주제를 쉽게 정한다고 해서 글이 쉽게 나오는 것은 아니다. 왜냐하면 글은 주제를 기초로 해서 다양한 내용들이 첨가되어야 하며, 또 논리적 순서에 따라 배열되어야 하기 때문이다. 따라서 주제를 생각하는 것과 동시에 그 주제를 어떻게 풀어 어떤 방식으로 보여줄 것인지 생각해보아야 한다.

주제를 다양한 내용으로 풀어내기 위해 자료를 찾는 것을 글감 찾기라고 말한다면 만들어진 내용을 논리적 흐름으로 엮어 주제를 구현하는 것을 구성이라고 말한다. 앞에서 말했지만, 글감 찾기는 구성 과정 전에 이루어지기도 하지만 구성 과정 중에 이루어지기도 한다. 글의 구성을 짜면서 각 단락에 들어갈 내용을 집어넣거나 삭제하기도 하기 때문이다. 따라서 어느 정도 주제를 결정하고 글감을 찾았으면 구성에 대해 검토해보아야 한다.

> 구성은 내용을 논리적 흐름으로 엮어 주제를 구현하는 것이다.

먼저 이 글의 필자가 자신의 주장을 서두에 밝혔는지, 아니면 본문에서 밝혔는지 살펴보자. 필자는 서두에서 자신의 주장을 말하지 않고 감추어두었다가 글의 말미에 밝히고 있다. 이런 구성을 귀납적 구성, 또는 미괄식 구성이라고 말한다. 그런데 필자가 이런 구성 방식을 택한 이유는 무엇일까? 연역적 구성은 어떤 논리를 증명하는 데 유리한 구성이다. 반면 귀납적 구성은 어떤 과정을 논리적으로 진단하면서 독자를 이끌고 가 결론을 내리는 데 유리하다. 필자는 논리적 과정을 거쳐 자신의 주장이 맞다는 것을 설득하고 싶었다. 그래서 각 단락을 세밀한 논리의 연쇄고리로 이었다.

필자의 논리적 흐름을 따라가기 위해 일단 중심적인 소주제들을 찾아보자.

> 자신의 주장을 서두에서 밝혔는지 말미에서 밝혔는지에 따라 귀납적 구성과 연역식 구성으로 구분된다.

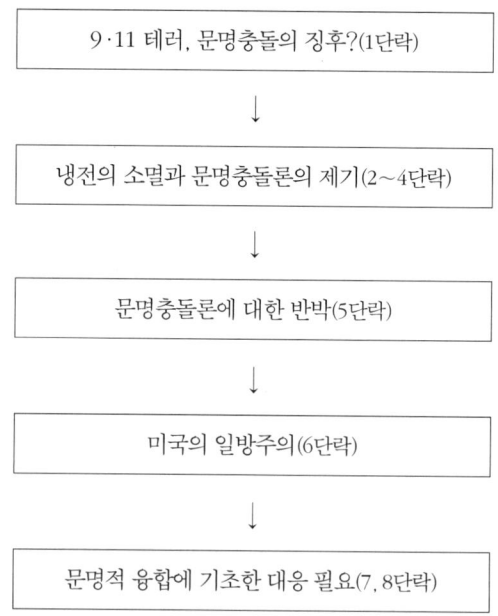

이 글의 중심 단락은 6단락과 8단락이다. 이 두 단락의 내용은 '9·11 테러의 원인이 미국의 일방주의에 있으며, 9·11 테러에 대해서는 문명 융합 정신으로 대응해야 한다'는 것이다. 사실 이 글은 이 두 문장을 주장하고 싶어서 쓴 글이다. 글이 긴 것은 이를 독자에게 납득시킬 논리를 전개하기 위해서이다. '9·11 테러는 미국의 일방주의 때문에 일어난 것이다!' 이 주장을 독자가 받아들인다면 결론도 자연스럽게 미국의 대응이 문명적 융합에 기초해야 한다는 것으로 나올 수밖에 없다.

### 비판과 해결책

필자는 일방주의를 설명하기 위해 두 가지 근거를 든다. 하나는 '냉전 이후의 불안정한 국제질서'이며, 다른 하나는 '사무엘 헌팅턴의 문명충돌론'이다. 미국이 냉전에서 승리하여 진정한 세계 평화의 수호자가 되었다면 본문의 지적대로 '가능해 보이는 평화와 불가능한 전쟁의 시대'가 와야 할 것이다. 그런데 그렇지 않았던 이유는 무엇 때문일까?

필자는 미국은 냉전에서 승리하자 그에 도취되어 국제 정세에 그 힘을 잘못 사용하고 있다고 판단했다. 사무엘 헌팅턴의 문명충돌론은 미국이 서구 중심의 문화 우월주의에 사로잡혀 있음을 드러낸 것이다. 9·11 테러를 문명충돌론의 시각에서 본다면 자칫 서구와 비서구의 대립으로 비춰질 수 있으며, 이는 문명과 야만이라는 이분법적 대립으로 변질될 것이다. 이런 논리는 테러의 야만주의로부터 문명사회를 지켜야 한다는 서구 문화 수호의 논리로 비치기도 한다. 미국 보수적 정치가들은 대체로 이런 시각을 가지고 있다.

글의 주제 제시(7단락)가 짧은 데 비해, 이런 내용들이 길게 설명된 것(1~6단락)은 독자를 설득하기 위해 미국의 일방주의에 대한 자세한 근거 제시가 필요했기 때문이다. 이처럼 근거를 나열하면서 논리적으로 자기주장을 강화하는 방식이 이 글의 장점이다. 맨해튼의 다인종적 특성에 대한 일곱 번째 예시 단락도 그러한 경우이다.

이 단락은 뉴욕의 맨해튼이야말로 다양한 인종이 피땀 흘려 만든 문명 융합의 장소임을 보여준다. 뉴욕의 형성 과정이야말로 문명 융합의 본보기를 보여주는 사례가 아닌가? 이런 예시는 다음 단락에서 9·11 테러에 대해 미국이 왜 문명적 융합의 태도를 취해야 하는지 설명하기 위한 근거가 된다.

마지막으로 이 글에서 한 가지 주목해서 보아야 할 사실은 논리적인 글을 쓸 때 가장 흔하게 사용하는 구성 방식을 따르고 있다는 사실이다. 필자는 이 글에서 9·11 테러의 원인을 진단하면서 문명충돌론과 미국의 일방주의를 비판했다. 잘못된 이론을 비판해 자신의 주장이 옳다는 것을 역설적으로 주장한 것이다.

상대방의 주장을 비판하면서 자기주장을 설득하는 방식은 논리적인 글에서 흔히 쓰이는 방식이다. 이런 구성 방식은 대립된 주장이 있거나, 아니면 잘못된 이론의 사례가 있는 경우

> 잘못된 이론을 비판해 자신의 주장이 옳다는 것을 역설적으로 주장한다.

효과적으로 사용할 수 있다. 논리적인 글이나 칼럼식의 글을 쓸 때 가장 많이 쓰는 방법이니 꼭 익혀두자.

## 논리적 배열 과정

앞의 예문을 보면 글의 구성은 논리적인 연관 관계와 밀접하게 관련된다는 것을 알 수 있다. 글을 어떻게 구성할 것인가라는 문제는 주제를 향해 각각의 내용을 어떻게 논리적으로 배치할 것인가와 직접 연결되어 있다. 글의 구성은 실상 이런 논리적 맥락을 찾아내는 것과 다를 바 없다.

따라서 글의 구성에서 첫 번째 원칙은 주제를 구현하기 위해 논리적 흐름에 따른 소주제의 항목을 연결시키는 것이다. 이 방식은 구성을 세우는 방법 중 가장 기본적인 방법이며 가장 많이 사용하는 방법이다.

> 황금을 캐려면 맥을 제대로 찾아야 한다.

### 제1 유형 : 소주제→소주제→소주제

구성을 제대로 세우기 위해서는 무엇이 필요할까? 우선 여러 자료들을 자신의 주장이 타당하다는 것을 증명할 수 있도록 논리적으로 배열하는 과정이 필요하다. 같은 자료라도 어떤 방법으로, 또 어떤 순서로 보여주느냐에 따라 설득의 정도가 달라진다.

'아! 그래서 그렇게 생각할 수밖에 없겠구나!'라고 독자가 동의할 수 있는 논리적 흐름을 갖추는 것이 중요하다. 따라서 매번 글을 쓸 때마다 단락 단락의 소주제를 점검하고 그것들을 논리적으로 연결시키기 위한 과정을 여러 번 반복해야 한다. 가능하면 종이에 ☐→☐→☐→☐ 식으로 표를 만들어 논리적으로 소주제를 연결시키기 위한 방안을 연구해 보자. 이 방식이 구성의 제1 유형이다.

### 제2 유형

글은 서두와 본문, 결말로 이루어진다. 서두는 화제를 제시하거나 글의 주제, 목적 등을 밝히는 단락이다. 결말은 본문의 내용을 정리하거나 자기주장을 강조하여 마무리하는 단락이다. 대체로 서두와 결말은 비슷한 형식을 보여주는 데 반해 본문은 다양한 형태를 지닌다. 글의 종류나 주제에 따라 본문을 서술하는 방식은 사실상 무한하다. 그래서 구성적으로 몇 가지 비슷한 유형을 찾아내어 익히는 연습을 할 필요가 있다. 그리고 그것을 바탕으로 차차 주제에 맞게 다양하게 바꾸어보는 연습도 필요하다.

앞에서 보았듯이 본문 전개에 있어 가장 흔한 구성 방법은 소주제별로 구성의 흐름을 세우는 제1 유형이다. 글을 시작하기 전 특별히 생각해놓은 구성 방식이 없을 때 이 방법을 사용하는 경우가 많다.

다음으로 예문의 경우와 같이 자신의 주장과 상반되는 주장을 찾아 이를 비판하고 자신의 주장을 강조하는 방식이 있다.

> 본문을 서술하는 방식은 사실상 무한하다.

이를 구성의 제2 유형이라고 하자.

### 제2 유형 : 비판→주장

이런 방식도 논리적인 글을 쓸 때 많이 사용한다. 자신의 주장을 강조하기 위해 이와 상반된 방식을 먼저 비판하는 것이다. 이때 배치 방법은 비판할 주장을 앞에 세우고 자기주장을 뒤에 제시하는 것이다.

이 방식은 반박할 주장의 허점이 분명할 때, 또 상대적으로 나의 주장이 논리적으로 옳다고 여겨질 때 사용할 수 있다. 예컨대 에드워드 윌슨의 유전자 결정론을 비판하고 인간의 행동이 사회 문화적 산물임을 주장한다고 하자. 이런 경우 유전자 결정론의 문제점과 그 논리적 허약성을 비판한 뒤에 인간 행동이 사회적 산물임을 다양한 자료를 통해 증명한다.

이 방식을 사용할 때 주의할 것은 반대 논리의 근거와 자기주장의 근거를 설득력 있게 제시해야 한다는 점이다. 이런 방식을 적용하기 위해서는 여러 자료를 보면서 치밀하게 근거를 준비해야 한다.

✓ 점검1

다음 예문을 읽어보자. 이 글은 서양식 개인주의에 관한 착각을 비판하면서 개인주의와 이기주의의 차이에 대한 자신의 주장을 전개한 글이다. 무엇을 비판하고 무엇을 주장했을까? 글의 흐름을 보면서 어떻게 상대방의 논리를 비판하는지, 또 어떻게 자신의 주장을 내세우는지 살펴보자.

> 작년인가, TV강의로 유명한 어떤 동양 철학자가 한 인터뷰에서 "공동체의 조화를 중요시하는 동양과는 달리, 서양은 개인주의가 발달해서 타인을 인정하지 않을 뿐 아니라, 타인의 권리를 무시하게 된다"고 하는 말을 들었다.
> 그런데 이런 판단이 틀렸다는 것은 개인주의라는 말의 개념을 살펴보면 곧 알 수 있다. 이런 오해는 흔히 그렇듯이 개인주의와 이기주의를 착각하는 데서 발생한다. 복잡한 설명과 여러 가지 예를 들면서도 그 차이를 제대로 보여주지 못하는 경우가 많은데, 사실 말의 개념을 보면 금방 알 수 있다.
> 개인주의(individualism)는 말 그대로 개인(individual)을 중시하는 입장이다. 반면에 이기주의(egoism)는 나(ego)를 중시하는 입장이다. 전자의 경우 개인은 여럿이므로 모든 개인을 생각하고 행동하는 것이다. 반면 후자의 경우 '나'라는 자기는 하나뿐이므로, 결국 자기 '만'을 생각하고 행동하는 것을 의미하게 된다.
> 개인주의에서는 말뜻 그대로 개인이면 누구든 중요시한다. '나'라는 개인만 중시하는 것이 아니라, 나, 너, 그, 그녀 등 모든 개인을 중요시한다. 즉 이 세상에 사는 모든 사람의 가치와 존엄 그리고 권리를 전제하는 것이다. 따라서 타인에 대한 이해와 타인을 수용할 자세는 개인주의의 본질이다. 반면 이기주의에서는 — 어원적으로도 쉽게 알 수 있듯이 — 자기 자신만을 중시하므로 타인을 이해하거나 수용할 자세가 돼 있지 않다. 즉 '나'의 존재는 '나'만을 위한 것이다.
> 이를 다시 정리하면 개인주의는 모든 개인을 위한 것이고, 이기주의는 각자 자기

만을 위하는 것이다. 이제 결론은 분명하다. 개인주의가 발달하면 타인에 대한 배려와 '타자 수용성'이 향상되므로 공동체의 조화를 이룰 수 있는 여건이 형성되는 것이다.

_김용석, 「우리 안의 이기주의」 중에서

### ✓점검2

다음 예문은 '비판→주장' 유형의 글이다. 이를 보고 비판한 대상과 그에 따른 필자의 주장을 구분해보자.

진리는 단지 진리라는 이유만으로 허위를 부정하는 힘을 가진다고 믿는다. 그리고 감옥과 화형을 극복하는 고유의 힘을 가진다고 믿는다. 그러나 이는 근거 없는 감상주의적 발상이다. 진리를 향한 인간의 열정은 오류를 향한 것과 마찬가지로 그다지 강력한 것이 아니다. 법적 혹은 사회적 처벌만으로 손쉽게 진리가 전파되는 것을 막을 수 있다.

진리가 가지는 진정한 이점은 다음과 같다. 한 의견이 진리일 때 그것을 한두 번 소멸시킬 수 있지만 세월이 흐르는 동안 그것을 재발견하는 사람들이 또다시 나오게 될 것이다. 또 그것이 재등장하게 되는 시기 중 일부는 유리한 환경으로 인해서 박해를 탈피하여 살아남을 수도 있을 것이다. 진리는 그것을 억압하려는 모든 기도에 대항하여 조금씩 앞으로 전진하여 왔다. 진리의 힘은 바로 거기에 있다.

_밀의 『자유론』 중에서

■알고 보면 쉬운 우리글

## '되'가 맞아, '돼'가 맞아?

'되'와 '돼'도 구별하기가 쉽지 않지요? 이것도 발음이 비슷해서 그래요. 우리글은 소리글자거든요. 소리 나는 대로 쓰려고 하는데 소리가 비슷하니까 잘못 쓰기 쉬운 겁니다.

'되'와 '돼'가 쓰이는 걸 볼까요?

① 철수는 대학생이 **됐다**.
② 철수는 대학생이 **돼서** 나타났다.
③ 철수는 대학생이 **되고서** 사람이 달라졌다.

'되'는 날렵해 보이는데 '돼'는 왠지 '돼지'가 연상되면서 거북해 보이지요? 그래서 그런지 '돼'로 써야 할 곳이 '되'로 쓰는 경우가 많아요. 아마 글자도 날씬한 게 좋아 보이나 봅니다.

'되'는 그냥 '되'고요, '돼'는 '되어'의 준말입니다. 그러니까 '되'와 '돼'가 혼동될 때는 '되어'를 넣어서 말이 되면 '돼'로 쓰고, 그렇지 않으면 '되'로 쓰면 돼요.

'되어'를 넣어서 말이 되면→ '돼'

'되어'를 넣어서 말이 안 되면→ '되'

'되'와 '돼'를 좀더 쉽게 구별하는 방법 하나 알려줄까요?.

그것은 바로 '하다'의 '하'와 '해'를 이용하는 방법이에요. '해'는 '하여'의 준말이거든요. 그런데 '하'하고 '해'는 헷갈리지 않지요. 둘이 발음이 달라서 그래요. '되'와 '돼'도 그랬으면 좋으련만······.

이러한 특성을 이용해서 '하'와 '해'를 가지고 '되'와 '돼'를 구별할 수 있어요. 감 잡았지요? 그래요. '되'가 맞는지 '돼'가 맞는지 잘 모르겠으면 '하'나 '해'를 넣어보면 돼요. 헷갈리는 곳에 '하'를 넣어야 말이 되면 '되'를, '해'를 넣어야 말이 되면 '돼'를 넣으면 된답니다.

되? 돼? → '하'를 넣어 말이 되면→ '되'
　　　　　　'해'를 넣어 말이 되면→ '돼'

한번 연습해볼까요?

- 됬다? 됐다 ? → (핬다 × 했다 ○) ﹥ **됐다**
- 되서? 돼서 ? → (하서 × 해서 ○) → **돼서**
- 되고서? 돼고서 ? → (하고서 ○ 해고서 ×) → **되고서**

어때요, 훨씬 쉽지요?

## 5. |구성2| 구성은 흐름이다

플롯은 대상이나 사물이 아니라 힘 또는 과정이다.

_로널드 B. 토비아스

## 구성은 구조가 아니라 구심력

논리적인 글쓰기에서 가장 어려운 부분이 구성이다.

글쓰기 학습을 하는 데 사람들이 가장 힘들어하는 부분이 바로 구성이다. 생각은 대강 정리되었는데 도대체 이것을 어떻게 구성해야 할지 모르겠다는 사람이 많다. 글쓰기 책을 보아도 글의 구성에 대해서는 속 시원한 해결책을 제시해주지 않는다.

대부분의 책들은 3단 구성(서론-본론-결론)이니, 4단 구성(기-승-전-결)이니 하는 것을 잠깐 설명하고 지나가버린다. 대부분의 글쓰기 강좌도 글의 구성을 슬그머니 빼고 지나가거나 몇 가지 구조를 소개하는 정도에서 그치고 만다. 그래서 좋은 구성을 짜는 것은 오로지 글을 쓰는 사람의 능력에 달려 있는 것처럼 되어버렸다(사실 글의 구성은 너무나 다양해서 일반화한다는 것 자체가 어리석은 일처럼 보이기도 한다).

구성을 고정적인 구조로 파악하면 안 된다.

왜 이런 현상이 벌어졌을까? 그것은 대부분의 사람들이 구성을 하나의 전형적인 구조로 파악하기 때문이다. 그래서 3단 구성이니, 4단 구성이니, 5단 구성이니 하는 방법을 배우고 이에 글을 맞추려 한다. 그렇지만 실제 글을 쓰다 보면 이런 구성법은 무용지물이 되고 만다. 글의 내용을 구성법에 맞추다 보면 글의 주제가 사라져버리거나 내용이 변하게 된다. 틀에 박힌 구성에 맞추어 글을 쓰는 것은 주어진 문제에 답을 맞추는 퍼즐 게임처럼 죽은 글이 되기 쉽다.

미국의 작가 로널드 B. 토비아스는 플롯에 대해 흥미로운 발언을 했다. 일반적으로 플롯을 뼈대에 비유하는데 그것이야말로 잘못된 비유라는 것이다. 플롯을 뼈대에 비유하면 글의 내용은 뼈대를 채우는 살에 지나지 않게 된다. 사람들은 좋은 뼈대를 찾으려고 전전긍긍할 뿐, 내용에는 신경을 쓰지 않게 된다. 좋은 뼈대만 찾으면 글을 쓰는 것은 문제가 없어 보이기 때문이다. 그래서 토비아스는 플롯을 정체된 것, 고정된 것으로 보아서는 안 된다고 말한 것이다.

> 플롯을 뼈대에 비유하는데 그것이야말로 잘못된 비유이다.

토비아스는 플롯을 구조가 아니라 글의 추진력 또는 글을 만들어가는 과정으로 보기를 권유한다. 그가 보기에 플롯은 사건이나 이미지, 등장인물을 서로 연결시켜 이야기를 만들어가는 추동력에 가깝다. 다시 말해 플롯은 고정된 것이 아니라 어떤 한 곳으로 작품의 모든 요소를 끌고 가서 이야기가 되게 하는 구심력과 비슷하다. 그래서 그는 플롯을 뼈대라는 말로 비유하기보다 전기자장력이란 단어를 사용해 설명하고 있다.

토비아스의 플롯에 관한 개념을 글의 구성에 적용해보자. 글의 구성은 구심력 또는 전기자장력과 흡사하다. 모든 글에는 주제를 향한 일정한 흐름이 있다. 또 주제를 구현하기 위해 일정한 방향으로 흘러가는 힘(구심력)이 존재한다.

글의 구성은 이런 흐름을 말하는 것이지 고정된 틀이 아니다. 따라서 구성을 짤 때는 형식에 맞추는 게 아니라 글의 흐름에 맞춰야 한다. 만약 구성이 고정된 것이라면 우리는 열심히 수학 공식처럼 그 틀을 외워서 이용할 수도 있다. 그런데 그렇게 틀에 맞추어 글을 쓰다가는 살아 있는 글이 아니라 죽은 글이 되기 십상이다.

> 글을 틀에 맞추어 쓰다가는 살아 있는 글이 아니라 죽은 글이 되기 십상이다.

구성을 추진력과 역동성을 가지고 있는 개념으로 파악하자!

### 구성은 논리적 흐름이다

구성은 어떻게 배울 수 있을까? 구성이 고정된 틀이 아니라 생동감 있는 구심력과 같다고 했으니 뚜렷한 실체를 잡기가 더 어려워졌다. 구성을 고정된 실체로 보지 말라는 말은 구성을 공식으로 생각하지 말고 글이 진행되는 일정한 방향으로 보라는 의미이다.

구성을 흐름으로 본다는 것은 여러 가지 의미가 있다. 우선 흐름은 고정된 것이 아니라 일정한 방향을 의미한다. 글을 쓰다 보면 일정한 방향이 나오는데 이를 글의 논리적 흐름이라고 말할 수 있다. 앞에서도 구성은 틀이 아니라 논리적 흐름 중에서도 흔히 나오는 경향을 하나의 유형으로 지칭한 것이다. 유형은 틀이 아니다. 상황에 따라 얼마든지 글의 내용과 진행을 바꿀 수 있는 것이 유형의 개념이다.

구성의 유형은 글을 구상하는 데 하나의 나침반 구실을 한다. 나침반이 잘못 되면 나침반을 고치거나 다른 것을 구할 수도 있다. 제발 구성을 고정된 틀처럼 생각하여 끼워 맞추려고 애쓰지 말자. 나침반을 따라 길을 가다 보면 지도에도 없는 길을 갈 수도 있다. 중요한 것은 오로지 훌륭하게 목적지에 도달하는 것이다. 그러므로 글쓰기는 논리적 흐름에 따라 진행되는 것으로, 구성의 유형은 이런 작업을 도와줄 수 있다.

구성은 글의 방향성이다.
고정된 틀로 생각하지 말자.

## 문제 해결식 유형

우리는 앞장에서 두 개의 유형을 살펴보았다.

특히 논리적인 글에서 많이 나오는 방식으로 다른 견해를 비판하면서 슬그머니 자신의 주장을 강화하는 유형(제2 유형: 비판→주장)은 논술의 답안에 자주 사용된다.

그런데 이 장에서 살펴볼 것은 문제 해결식 유형이다. 이러한 문제 해결식 유형은 신문 칼럼이나 보고서, 논술 문제의 답안에서 많이 나타나는 글의 구성이다. 사회, 정치, 경제, 교육, 환경, 생명공학의 분야에서 어떤 문제에 대한 해결책을 찾고자 할 때 이런 유형을 사용한다. 특히 논술 시험을 앞둔 입시생들은 문제 해결식 유형을 잘 살펴보아야 한다. 논술 문제의 절반 이상이 이런 유형의 답안을 요구한다.

> 문제 해결 유형은 신문 칼럼이나 보고서, 논술 문제의 답안에서 많이 나타나는 글의 구성이다.

논술 시험에서는 사회 문제에 대해 원인을 진단하고 이에 대한 해결책을 강구하는 글이 자주 출제된다. 사실 환경문제에 관한 글을 쓴다든지, 빈부 격차에 관한 글을 쓴다든지, 생명공학에 관한 글을 쓰게 될 경우 원인의 진단과 해결책이 들어가야 한다. 환경 문제에 관한 글을 쓰면서 원인과 해결책을 제시하지 않으면 싱겁고 알맹이 없는 글이 된다. 또한 환경 문제 속에는 이미 해결을 요구하는 사항이 내포되어 있다. 물론 환경 법규를 설명한다든지, 환경 약품을 소개하는 글도 있지만 당면한 사회적 문제를 다룰 때는 대체로 원인 진단과 해결책을 요구하는 것이 일반적이다.

### 현상→원인→해결책

원인을 진단하고 문제를 해결하는 유형.

문제 해결식 유형의 가장 흔한 형태는 현상→원인→해결책이다. 서두이든 본문의 앞부분이든 문제에 관한 현상을 설명하는 부분이 나온다. 그러고 나서 그에 대한 원인을 진단하고 그에 따른 해결책을 소개하고 있다.

> **제3 유형 : 현상→원인→해결책**
>
> 의료 분쟁이 사회적으로 늘어나고 있는 데 대한 원인과 해결책을 찾는 문제를 생각해보자.
>
> 의료 사고는 한 해에만 오천 건이 넘게 발생하고 있으며, 해마다 늘어나는 추세에 있다. 이중 소비자 보호원을 통해 구제를 받거나 소송을 제기하는 경우는 10분의 1에 지나지 않는다. 소송에 이기기 위해서는 의사의 고의나 과실을 입증해야 하는데 전문 의학 지식이 없는 환자의 입장에서는 거의 불가능하다. 이 때문에 의사와 환자 사이의 불신이 높아져 이에 따른 유·무형의 경제적 손실이 크다. 의료 사고를 문제로 삼았을 때 현상으로 제시할 수 있는 점들이다. 여기까지가 현상이다.
>
> 이에 대한 원인을 찾는 것은 그리 어렵지 않다. 의료보험제도 실시로 의료 수요가 증가한 것이 하나의 요인이 되며, 의료 수요의 증가에 따라 의료인의 업무가 가중되어 불성실한 의료 행위가 늘어난 것도 이유가 된다. 무엇보다 중요한 것은 의료 사고에 대한 사회적 보상제도가 미비하고, 의료 분쟁을 조정

해줄 조정기구가 부재하다는 점이다. 이런 점들이 의료 분쟁이 늘어난 원인들이다.

그런데 이보다 더욱 중요한 것은 해결책을 제시하는 것이다. 문제 해결식 유형의 핵심은 합당하고 타당한 해결책을 제시해야 하는 것이다. 좋은 해결책은 그것 하나만으로 좋은 글이 된다. 의료 분쟁을 줄이기 위한 해결책으로는 분쟁을 조정해줄 권위 있는 기구 신설이 필요하고, 의사나 환자가 상호 불신하지 않도록 의료법을 개정하며, 의료 안전에 대한 인식을 강화하는 것 등이다. 장기적으로는 사회 제도를 통해 의사나 환자들이 서로 불신하는 풍조를 없애는 것도 해결책이 될 수 있다.

> 좋은 해결책을 제시하는 것만으로도 좋은 글이 된다.

## 소득격차는 갈수록 벌어지는데

　삼복 더위인데도 저소득층엔 찬 바람이 돈다. 갈수록 무거워지는 삶의 무게에 눌려 어깨가 축 처지고 허리가 굽은 모습이다. 한동안 좋아지는 기미를 보이던 계층간 소득격차가 더욱 벌어져 양극화 심화현상이 고착되어가는 조짐인데 가까운 시일 안에는 개선될 가능성이 거의 보이지 않기 때문이다. 통계청이 발표한 가계수지동향을 보면 빈부격차가 보통 심각한 문제가 아님을 알 수 있다. 2분기 도시근로자 가구 월평균 소득은 310만 9,600원으로 전년 동기보다 4.7% 느는 데 그쳐 외환위기 이후 최저증가율을 기록했다. 요즘 같은 장기적인 불황 속에서 소득이 많이 늘어나지 않는 것은 이상한 일이 아니다. (1)

　문제는 장기 불황이 부자들에게는 별 타격이 되지 않은 반면 저소득층에게는 크고 깊다는 데 있다. 최상위 10% 계층 가구의 소득은 7.8%나 증가하여 넉넉히 쓰고도 흑자가계를 기록했다. 그러나 최하위 10% 가구의 소득은 0.26% 늘어나 물가상승률에도 미치지 못했으며 최저생계비 수준에 머물러 50만원 정도의 가계적자를 면치 못했다. 이들 최하위 소득층은 국가의 보호가 필요한 절대빈곤층으로 추락한 것으로 추정된다. (2)

　즉 상위 10%와 하위 10%의 소득배율이 지난해 14.20에서 올해 벌써 15.28로 더 벌어진 것이다. 이는 빈익빈 부익부 현상이 갈수록 심화되고 있다는 사실을 입증한다. 최근의 부동산과 주식 값의 급등으로 부자들은 불로소득까지 많이 올려 소득격차의 폭은 더욱 벌어졌을 것으로 추산된다. 부자들은 불황에도 끄떡없이 오히려 소득을 늘리지만 가난한 사람들은 불황과 고용악화의 직격탄을 고스란히 맞아 적자 생활을 하느라 허리가 휘고 있는 것이다. (3)

　빈부격차 심화현상은 기본적으로 장기적인 불황과 고용사정의 악화로 인한 저임금 근로자와 영세 자영업자들의 생업기반이 무너진 탓이다. 고소득층의 소비가 주로 해외에서 이뤄지기 때문에 내수회복이나 서민경제에 별 도움이 되지 않는다는 지적도 있다. 넘쳐흐르는 물이 바닥을 고루 적시는 것처럼 이른바 '적하'(滴河 . 트리클 다운) 효과가 일어나지 않고 있다는 뜻

이다. 개인파산 신청 건수가 급격히 늘고 있는 사실도 결코 이와 무관하지 않을 것이다. (4)

　이처럼 계층간 소득격차가 확대되면 사회 경제적 갈등은 필연적으로 발생하기 마련이고 성장 잠재력을 훼손할 우려가 높다. 정부가 적극적으로 나서서 양극화 해소책을 서둘러야 할 까닭이 여기에 있다. 전문가들은 남북분단과 동서분단에 이어 빈부양극화 고착이라는 제3의 분단을 경고한다. 수출과 내수간 양극화, 산업간 양극화, 기업간 양극화와 함께 소득의 양극화 현상은 단기적으로 경기회복의 지연요인이 되고 장기적으로 자본과 인적자원 축적을 저해함으로써 경제성장 잠재력 확충에 부정적인 영향을 미쳐 선진국 진입의 장애요인으로 작용할 것이기 때문이다. (5)

　자본주의 체제에서 모든 계층의 사람이 똑같이 많이 벌고 잘살 수는 없는 일이다. 선진국은 우리보다 소득격차가 더 많이 벌어져 있다. 또 어느 정도의 소득격차는 경쟁을 유발하는 동기 기능을 하는 것도 부인할 수 없다. 그러나 우리와 같은 양극화 현상의 심화추세를 그대로 방치한 채 자연 치유되도록 기다릴 수만은 없다. 특히 대통령 자문기구로 빈부차별시정위원회까지 두고 있는 만큼 서민경제의 붕괴조짐을 보면서도 넋 놓고 있어서는 안 된다. 그동안 단편적인 대책이 나오기는 했으나 언 발에 오줌누기에 그쳐 개선은커녕 오히려 악화되어가고 있음이 역력히 드러난 것이다. 분배정책도 성장 없이는 한낱 허울에 불과하다는 것이 입증되었다. (6)

　과거의 실패를 거울삼아 저소득층 소득향상을 통한 근본적인 빈부격차 개선책을 제시하여 빈자에 희망을 불어넣어야 한다. 그렇다고 고소득자와 대기업을 욕하거나 경원해서는 안 된다. 무엇보다 기업투자와 내수경기를 일으키는 일이 긴요하다. 그래야 일자리가 생기고 서민 소득도 늘어나게 된다. 세제를 통한 재분배정책을 추진할 필요가 있다. 세제만큼 유효한 재분배정책 수단도 없다. 동시에 장기적인 관점에서 각 부문의 양극화 개선을 위해 경제 체질과 구조 개선을 서두르지 않으면 안 된다. (7)

_김진동 · 〈내일신문〉 객원 논설위원

### 해결책의 제시

앞의 예문을 살펴보자. 이 예문은 〈현상→원인→해결책〉 유형을 보여주고 있다. 이 글의 주된 화제는 소득격차의 심화이다. 장기 불황 탓으로 소득격차는 더욱 벌어져 빈부간에 양극화 현상이 고착되어가고 있다는 것이 필자의 생각이다. 이런 생각을 뒷받침하는 근거는 다양한 통계자료를 통해 나와 있다.

원인은 해결책을 얻기 위한 전제 과정이다. 원인을 알아야 문제를 해결할 수 있다. 또 원인 진단이 정확해야 올바른 해결책이 나올 수 있다.

> 원인을 알아야 문제를 해결할 수 있다.

이 글의 필자가 소득격차의 원인으로 내세우고 있는 것은 무엇인가? 넷째 단락이 원인을 진단하는 단락이란 것을 찾으면 답은 쉽게 나온다.

> 빈부격차 심화현상은 기본적으로 장기적인 불황과 고용사정의 악화로 인한 저임금 근로자와 영세 자영업자들의 생업기반이 무너진 탓이다. 고소득층의 소비가 주로 해외에서 이뤄지기 때문에 내수회복이나 서민경제에 별 도움이 되지 않는다는 지적도 있다. 넘쳐흐르는 물이 바닥을 고루 적시는 것처럼 이른바 '적하'(滴河. 트리클 다운) 효과가 일어나지 않고 있다는 뜻이다. 개인파산 신청 건수가 급격히 늘고 있는 사실도 결코 이와 무관하지 않을 것이다.

필자의 답은 첫째 장기 불황과 고용사정의 악화, 둘째 내수시장에 도움이 되지 않는 고소득층의 소비 행태, 셋째 적하(트리클 다운) 효과의 부재를 들고 있다. 셋째 항목만 빼면 아마추어 경제 전문가라도 쉽게 답할 수 있는 내용이다.

그렇다면 필자가 소득격차 심화의 해결책으로 제시하고 있는 것은 무엇일까? 필자는 마지막 단락에 해결책을 서술해놓았다.

> 과거의 실패를 거울삼아 저소득층 소득향상을 통한 근본적인 빈부격차 개선책을 제시하여 빈자에 희망을 불어넣어야 한다. 그렇다고 고소득자와 대기업을 욕하거나 경원해서는 안 된다. 무엇보다 기업투자와 내수경기를 일으키는 일이 긴요하다. 그래야 일자리가 생기고 서민소득도 늘어나게 된다. 세제를 통한 재분배정책을 추진할 필요가 있다. 세제만큼 유효한 재분배정책 수단도 없다. 동시에 장기적인 관점에서 각 부문의 양극화 개선을 위해 경제 체질과 구조 개선을 서두르지 않으면 안 된다.

좀 상세하게 서술해놓지 않은 것이 아쉽기는 하지만 그래도 중요한 점은 빼놓지 않고 지적해놓았다. 필자가 제시하는 해결책은 첫째 기업 투자와 내수 경기, 둘째 세제를 통한 재분배정책, 셋째 경제 체질과 구조 개선이다. 이런 답은 그동안 신문 기사에서 많이 다루었기 때문에 그다지 어렵지 않다. 만약 이 단락을 두세 개로 늘여 해결책을 자세히 분석하면 좀 더 전문적인 글이 될 것이다.

> 해결책을 자세히 분석하면 좀 더 전문적인 글이 된다.

〈현상→원인→해결책〉의 유형에서 단락 배치는 글쓴이의 의도에 따라 달라진다. 원인 진단에 무게 중심을 두면 원인을 진단하는 단락이 두세 개로 늘어날 것이고, 반면에 해결책을 강조하고 싶다면 해결책이 들어 있는 단락이 늘어난다. 중요한 점은 이 유형이 고정된 것이 아니라는 점이다. 반복하여 말하지만 유형은 논리의 흐름이다. 따라서 글쓴이가 목적하는 바에 따라 각 항목의 단락은 줄어들 수도 있고, 늘어날 수도 있다.

항목의 순서도 〈현상→원인→해결책〉이 바람직하지만 논리의 흐름에 따라 바뀔 수도 있다. 그뿐만 아니라 그 사이에 〈현상→원인→해결책〉이 아닌 다른 항목을 삽입할 수도 있다. 수학 공식을 좋아하는 학생이라면 유연한 사고가 필요한 대목이다.

예문의 단락 배치를 살펴보자.

- 소득격차 심화 현상(1~3단락)
- 소득격차 심화의 원인 진단(4단락)
- 소득격차 심화의 결과 진단(5단락)
- 기존 해결책의 실패 사례(6단락)
- 소득격차 심화에 대한 해결책(7단락)

이 글의 단락 배치는 〈현상→원인→해결책〉 유형을 그대로 따랐다. 차이점이 있다면 다섯 번째 단락에서는 소득격차가 심화되어 나타날 결과를 서술한 점, 여섯 번째 단락에서 그동안 실시된 해결책이 실패로 끝난 사례를 거론한 점이다. 다섯 번째 단락은 뒤에 나올 해결책을 강화하는 기능을 한다. 소득격차를 방치하면 이런 무시무시한 결과가 나오니 제발 이에 대한 해결을 빨리 해달라는 이야기이다. 소득격차를 방치하면

*글은 논리의 흐름에 따라 써야 한다. 비가 오면 우산을 쓰고, 장화를 신어야 한다.*

경제회복이 불가능하고 선진국 진입이 어려워진다. 그래서 이 단락은 마지막 단락의 해결책이 시급한 현안이라는 점을 돋보이게 하는 기능을 한다.

여섯 번째 단락을 보면 기존 해결책의 실패 사례를 거론하고 있다. 정부의 단편적인 대책은 도움이 안 되었으며 분배정책으로도 이 문제를 풀 수 없다고 이야기한다. 현명한 독자라면 여섯 번째 단락과 일곱 번째 단락이 〈비판→주장(4장에서 다룬 제 2유형)〉의 유형이라는 것을 눈치 챘을 것이다. 잘못된 주장을 비판하여 자기주장을 강화하는 유형을 사용한 것이다. 이처럼 각 유형은 다른 유형의 하위 기능을 하기도 한다.

### 유형의 다양한 적용

암기식 학습에 길들여진 독자라면 이 유형을 또 공식처럼 외우려고 들지도 모르겠다. 글쓰기에서 암기해야 하는 학습은 없다. 그래서 몇 가지 예를 더 들어 이 유형이 고정된 구조가 아니라는 점을 거듭 강조하고자 한다.

만약 〈현상→원인→해결책〉 유형에서 한 항목이라도 빠진다면 어떻게 될까? 대답은 간단하다. 합당한 논리적 흐름을 좇아 쓴 글이라면 좋은 글이 된다. 그렇지 못하면 좋지 않은 글이다.

글쓰기 학습은 암기할 필요가 없다.

### 고령화 논의에서 빠진 해법

한동안 우리 사회에서 논쟁의 중심에 있던 세계화(globalization)라는 용어가 요즘 들어 부쩍 '지구화'로 번역되고 있다. 이런 미묘한 변화는 '지구 시민 사회(global civil society)'라는 새로운 용어의 등장과 궤를 같이 하고 있는 듯하다. 지구 시민 사회라는 용어는 1990년대 서구 사회가 지구화와 시민 사회라는 두 용어의 말과 뜻을 합성하여 만들어낸 신조어로 알려져 있다. 세계 정부가 존재하지 않는 현실에서 지구 시민 사회라는 말은 의미상 지구상에 있는 모든 사람을 포괄하는 지구 공동체를 지칭한다고 볼 수 있다. 그러나 이 말이 진정으로 의미하는 하나의 실체로서 지구 공동체는 아직 요원한 이상에 불과한 것 같다. 최근 우리 사회의 고령화에 관한 논의를 살펴보더라도 그렇다. (1)

먼저 고령화 현상이 논쟁의 주제로 떠오르게 된 사회적 배경부터 살펴보자. 유엔이 제시한 기준에 따르면 한 국가의 총 인구 중 65세 인구가 7% 이상이면 고령화 사회, 14% 이상이면 고령 사회, 20% 이상이면 초고령 사회로 분류된다. 고령화 문제의 초점은 생산 인구(15~64세)와 비생산 인구(65세 이상) 간의 인구 수 격차가 점차 줄어듦에 따라 후자에 대한 전자의 부양 부담이 증가하는 현상에 대한 사회적 해법을 마련하는 것으로 모아진다. (2)

프랑스가 고령 사회로 진입하는 데 115년, 초고령 사회로 진입하는 데는 40년이 걸리는 것으로 나타났으며, 미국은 각각 72년과 16년, 아시아에서 한국과 더불어 고령화 문제가 발등의 불로 떨어진 일본만 해도 각각 24년과 12년이다. 한국의 고령화 속도는 각각 19년과 7년으로 현재 세계 최고를 기록하고 있다. 2000년 이미 고령화 사회로 진입했고, 2019년에는 고령 사회, 2026년에는 초고령 사회로 진입할 것으로 전망된다. (3)

2000년 전체 인구 중 71.7%를 차지했던 생산 인구 비율은 2050년이 되면 55.1%로 감소할 것이라고 한다. 바꿔 말해서 2050년이 되면 우리나라 국민 55%가 다른 45%를 부양해야 한다는 것이며, 생산 인구 1인이 비생산 인구 1인을 책임져야 하는 상황이 된다는 것이다. 전문가들은 평균 수명의 증가와 출산율 저하를 이러한 인구 구조의 변동 원인으로 꼽고 있다. 장수 인구는 빠르게 늘고 있는 데 비해 출산율은 급격히 떨어지고 있기 때문이다. 2003년 가임 여성(15~49세) 1인이 일생 동안 낳는 아이 수는 1.19명으로 나타났고, 이런 추세로 가면 2100년 한국의 총 인구는 1,621만 명으로 줄 것으로 예측된다. (4)

사정이 이런지라 각계가 해법 제시에 분주하다. 우선 경제계는 경제 인구 1인당 고령 인구 부양 부담을 줄이고, 나아가 경제 인구의 감소로 인한 생산력 손실을 보전하기 위해서 출산율을 높이는 데 총력을 집중해야 한다고 지적한다. 다음으로 여성계는 여성이 출산을 기피하는 근본 이유는 교육과 육아에 드는 막대한 비용과 시간 부담 때문이므로 국가가 교육과 육아를 적극 지원하는 제도장치들을 마련하면 자연히 출산율이 올라갈 것이라고 예상한다. 끝으로 노인복지학계는 노인복지 부문에 취약한 현재의 연금제도는 노후 소득 보장 및 노인 요양 보장 측면을 대폭 강화하는 쪽으로 제도를 개선해야 한다고 주장한다. (5)

이 세 가지 입장이 각론적 차이는 보일지언정 총론에 있어서는 한목소리다. 요컨대 젊은 인구가 고령 인구를 부양해야 하며, 그러기 위해서 출산율을 높이는 게 급선무라는 것이다. 만약 출산율을 높여야 하는 이유가 필요한 경제 인구 확보를 위한 것이라면 출산 말고 다른 간단한 방법도 있다. 경제 연령층에 있는 다른 나라 지구 시민들에게 대한민국 시민권을 발행하면 된다. 이것은 현재 과부하가 걸린 우리의 행성 지구의 인구압을 낮추는 부수 효과도 수반할 테니 일거양득이 아닌가. 내친김에 국내에 있는 외국 노동자들에게 한국인이 되고 싶은가 물어보면 어떨까. 모르긴 몰라도 반색하는 사람들이 많이 있을 것이다. (6)

물론 누구도 이런 제안을 선뜻 내놓지는 못한다. 아무리 지구화 시대라지만 이걸 묘안으로 생각할 사람은 별로 없을 게 뻔하기 때문이다. 여기서 지난 몇십 년 간 프랑스가 다양한 출산 유인책 마련과 실시에 매진했던 이유를 굳이 설명할 필요까지는 없을 것이다. 우리 역시 출산을 독려하는 일에 매달려야 할까. 불행히도 우리에게는 그럴 만한 시간적 여유가 없다. (7)

그러면 대안은 무엇인가. 한국의 고령층은 자식보다 배우자 부양을 선호하는 것으로 나타나고 있다. 이제 고령 인구 스스로 자신들을 부양할 수 있도록 제도적 뒷받침을 할 때다. 요즘 65세는 노인 취급하기에 너무 젊다. 2020년 우리나라 국민 평균 수명은 80세로, 2050년에는 83세로 늘어날 것으로 전망된다. 고령 인구의 경제활동 연한을 연장하는 제도적 장치를 마련하고 산업 구조적 체질을 개선하는 일만큼 시급한 것은 다시 없는 듯하다. (8)

_서유경 · 경희사이버대 교수

이 예문도 〈현상→원인→해결책〉 유형이다. 그런데 빠진 항목이 있다. 무엇이 빠졌을까? 읽어보면 금방 답이 나온다. 그렇다! '원인'이 빠졌다.

우리나라의 경우 선진국보다 빠르게 고령화 사회로 진입한 이유는 쉽게 찾을 수 있다. 우선 전후 5, 60년대 베이비 붐 세대가 한 원인이 되었다. 또 빠른 경제 성장과 서구화의 영향으로 자녀 출산이 급속하게 줄어들었기 때문이다. 그뿐만 아니라 6, 70년대 '아들, 딸 구별 말고 둘만 낳아 잘 기르자'란 구호 속에 실시한 산아 제한 정책도 영향이 있다.

이 글에서 원인이 빠진 이유는 무엇일까?

이 글에서 제시한 해결책(고령 인구의 경제활동 연한 연장, 산업 구조 개선)은 원인과 그다지 관련이 없어 보인다. 또 고령화 사회에 대한 원인도 이미 알려져 있어 알 만한 사람은 다 알고 있다.

고령화 사회에 관한 문제는 다 알고 있는 원인 진단보다 해결책이 중요하다. 이 글의 필자가 말한 대로 산아 제한 정책을 비판하고 출산율을 올리기에는 시간이 너무 부족하기 때문이다.

자세히 보면 알겠지만, 이 글 역시 5,6,7,8단락은 〈비판→주장〉 유형을 사용하고 있다. 또 글 전제는 〈현상→원인→해결책〉 유형이지만 '원인' 항목이 빠져 있다.

> 누구나 다 알고 있는 원인을 지루하게 설명할 필요는 없다. 그것보다는 해결책이 중요하다.

유형이란 논리적 흐름이다. 필요에 따라서 항목을 자유롭게 조정하는 글의 흐름이다. 현상이든 원인이든 해결책이든 글의 논리적 흐름에 맞춰 필요한 것을 선택할 수도 있는 것이다.

또 다른 예문을 보자.

## 마이너스 1의 평화

비폭력을 위한 최선의 방법은 화해의 희생양을 하나 뺀 모든 사람의 일치다.

_르네 지라르 「폭력과 성스러움」

'이지메'라는 말을 처음 들었을 때, 그 집단적 범죄의 주인공은 고교생들이었다. 다시 그 말을 들었을 때, 그때 범인은 중학생이었다. 그러다가 얼마 전 또 그 말을 들었다. 이번엔 초등학생이란다. 기자들이여, 이제 유치원에 눈을 돌리라. '이지메를 당한 김개똥 원아(무직, 5살), 삶에 회의를 느끼고 투신' 최연소 자살. 세계적 특종 아닌가.

"어린이는 천진난만하다"는 말은 수정되어야 한다. 그건 천진난만한 '어른이'들이나 믿는 동화다. 애들이 노는 걸 보라. 얼마나 더럽고 치사하고 비열하고 역겨운지. 물론 우리 때도 따돌림은 있었다. 나도 종종 당했다. 가령 "잠수함의 프로펠러……"라는 남의 말을 "잠수함의 스크루"로 교정해준 대가로 난 가끔 공동체의 제재를 당해야 했다. 물론 그건 지독하지 않았다. 길어야 며칠이면 제재는 해제되고, 내가 다시 "세계에서 가장 높은 산은 '에레베스트'가 아니라 '에베레스트'"라고 진리를 말할 때까지, 난 아무 문제없이 놀이집단에 섞일 수 있었다.

근데 '이지메'는 차원이 다르다. 그건 개인에게 가하는 집단적 폭력, 제도적 따돌림이다. 왜들 이 짓을 하는 걸까? 이 괴상한 문화는 도대체 어디에서 비롯된 걸까? 일본에서 건너온 왜색 문화? 치사하게 남 탓할 것 없다. 결정적 원인은 '괴상한 집단주의'에 '천박한 이기주의'가 모순적으로 결합된 아수라, 즉 한국 사회 자체에 있으니까. 이건 내 가설이다. "이지메란. 정치적으로는 파쇼독재에 천박한 자유주의가 결합한 결과, 역사적으로는 해방 전 일제의 국가주의적 식민 지배에 해방 후 미국식 천민자본주의 문화가 천박하게 중첩된 결과가 우리 2세들 사이에서 뒤늦게 문화적으로 발현되는 현상이다." 이제 내 가설을 그럴듯하게 만들어보겠다.

학교는 신화적 폭력의 세계다. 이 무한경쟁의 세계에서 만인은 만인의 적이다. 네가 자고 있을 때에도 경쟁자의 책장은 쉬지 않고 넘어간다. 네가 쉬고 있을 때 '친구'라 불리는 적들은 사정없이 네 머리를 밟고 위로 올라간다. 이 약육강식의 세계에서 유일한 정의는 폭력이다. 그래도 사람의 새끼들이라고 짐승과는 다른 점이 있어야 한다. 그래서 그들은 질서를 수립해야 했다. 어떻게? 서로에게 행하는 폭력의 잠재력을 오직 한 명의 약자에게 집중적으로 투사하기로 약속하는 것이다. 다대다(多對多)의 조화로운(?) 폭력으로 이행할 때 비로소 학급에는 질서가 생긴다. 위대한 마르크스. 과연 그의 말대로 인류의 역사는 학급투쟁(klassenkampf)의 역사였던 것이다.

'타자'라는 이름의 약자를 배제하는 최초의 원(原) 폭력을 통해 비로소 다수자의 정체성과 '선악'의 기준이 마련된다. 선악을 비로소 있게 히는 근원적 폭력은 그 자체로서는 아직 선하지도 악하지도 않다. 그것은 선악의 피안에 있는 것이다. 선악의 구별에 선행하므로 도덕적 정당화도 필요 없다. 그리하여 부조리한 폭력이다. 선악에 선행하는 원(原) 폭력은 작위적이다. 그 폭력이 누구에게 떨어질지, 왜 하필 그에게 행사되는지 말할 수 있는 자는 아무도 없다. 이 근원적 부조리. 이 앞에서 개체들은 무한한 공포를 느끼고, 이 공포는 잔인한 공격 본능으로 전화한다. 공격을 피하려면 공격자, 즉 집단과 하나가 되어야 한다. 그래서 희생양을 공격할 때 불안한 개체들은 무한한 잔인성으로 집단을 향한 충성심을 경쟁적으로 입증한다.

집단과 하나가 되는 한에서만 개체는 안전하다. 그리하여 부조리한 실존들은 괴상한 집단주의 속에서만 구원을 찾는다. 그리하여 그들은 필사적으로 자기를 집단과 동일시하려 한다. 그 집단은 작게는 교실 안의 패거리, 크게는 국가와 민족일 수 있다. 집단과 동일시에 실패하는 자는 공동체의 성스러움을 지키기 위한 희생양이 된다. 그러다가 희생자가 사라지면? 문제없다. 개별자들은 집단 속에서 기어이 또 하나의 '모난' 놈을 찾아낼 것이기 때문이다. 이렇게 또 하나의 희생양이 선택되면, 적어도 그가 존재하는 동안은 개별자들은 다시 안심하고 살아간다. 그리하여 '전체 빼기 하나'의 화해와 평화, 보편적 카오스에서 벗어나기 위한 '마이너스 1의 제의(祭儀).'

르네 지라르(프랑스의 문학평론가, 사회인류학자)는 평화와 질서를 수립하는 이 지혜(?)를 '문명' 자체의 본질로 보는 듯하다. 하지만 과도하게 근본적인 비판은 결국 현상태(status quo)의 정당화로 귀결된다는 역설에 대해 그는 어떤 대답을 준비해 놓고 있을까? 기원의 폭력성이 폭력의 정당성을 의미하는 것은 아니다. '이지메'는 정당한 현상도, 보편적 현상도 아니다. 그것은 특정한 시기에, 특정한 사회에서 특정한 인간들이 서로 관계를 맺는 아주 특정한 방식의 이름일 뿐이다. 의사가 환자의 몸 표면에 나타난 표식으로 신체 내부의 상태를 읽듯이, 이지메라는 현상을 통해 우리 사회 내부의 깊은 병적 징후를 읽을 수 있어야 한다.

_진중권 · 문화평론가

'이지메'와 같은 사회적 문제는 〈현상→원인→해결책〉 유형의 글을 쓰기에 적합한 대상이다. 사실 이런 문제는 원인을 진단하고 멋진 해결책을 제시해주어야 글다운 맛이 난다. '이지메'나 '학교 폭력'을 해결할 묘안이 있다면 어떤 형식의 글이든 환영받을 것이다. 그런데 윗글의 필자는 그런 묘안을 제시하지 않으면서도 환영받을 만한 글을 썼다.

글을 읽어보면 원인 진단은 있지만 해결책은 찾아볼 수 없다. 이 글의 묘미는 원인 분석의 깊이에 있다. '이지메' 현상을 인간의 근원적 폭력성과 집단주의에서 찾은 필자의 지적은 타당하고 적절해 보인다. 해결책도 없이 원인만으로 이렇듯 깊이 있는 분석의 글을 쓸 수도 있다(셋째 단락의 가설에 대한 해명은 부족하다. 또한 이 글에는 첫 단락처럼 직설적 표현이 많다. 능숙한 필자가 아니라면 직설적 표현으로 좋은 글을 쓰기가 어려우니 주의할 필요가 있다)

> 깊이 있는 분석의 글은 해결책이 없어도 흥미를 준다.

점검1

다음 글은 급격한 인구 감소로 인해 내수 시장이 축소되는 현상을 서술한 글이다. 이 글의 셋째 단락 이하는 중소기업이 살아남기 위한 해결책을 제시한 부분이다. 여러분이 4~5단락을 써서 글을 완성시켜보자.

### '바늘회사 생존법'을 배워라

국립사회보장 인구문제연구소가 2002년 추산한 바에 따르면 1억 2,693만 명이었던 일본 인구는 2006년을 정점으로 감소하기 시작해 2050년에는 1억 60만 명까지 줄어든다고 한다. 50년 이내에 적어도 지금의 4분의 1에 달하는 약 3,000만 명분의 국내 시장이 사라져버리는 셈이다.

급격한 인구 감소에 따른 내수 시장 축소는 한국도 예외가 아니라고 들었다. 또 하나 간과할 수 없는 것은 생산인구(15~64세)의 감소다. 사실 일본의 생산인구는 지난 1995년부터 감소하기 시작했다. 반대로 노인인구(65세 이상)는 2043년까지 계속 늘어나게 된다.

앞으로 내수에만 의존해온 기업은 쇠퇴의 길로 접어들 것이 눈에 보인다. 특히 유통업은 시장이 축소하면 직접적인 타격을 입게 된다. 겨우 남은 시장도 물건을 대량으로 싸게 들여오는 대형 할인점들이 독점해 소규모 기업은 점점 설 자리가 없어지게 될 것이다. 앞으로 중소기업이 살아남기 위해서는 세 가지 선택밖에는 방법이 없다. (후략)

✓ 점검2

최근 사이버 상에서 폭력 사태가 심각하다고 한다. 특정인을 공격 대상으로 삼아 비난하는 글이 쇄도하는가 하면 개인의 신상 정보를 공개하여 사생활을 침해하는 경우도 빈번하게 일어난다. 다음의 글을 참조하여 사이버 폭력에 대한 원인을 진단하고 해결책을 강구하는 글을 작성해보자.

### 인터넷 시대의 빛과 그늘

우리는 좋든 싫든 이제 인터넷이 열어젖힌 가상 세계에 점점 들어가고 있다. 우리의 삶은 가상 세계와 현실 세계를 넘나들며 진행되는 중이다. 사이버 공간은 분명 일상의 물리적 공간과는 다르다. 하지만 이 공간을 단순히 가상적이라고 하는 것은 낡은 관점이다. 가상 세계는 현실 세계의 연속선상에 있다. 때로 이 가상의 공간은 현실보다 더한 현실성을 갖는다. 컴퓨터 게임에 빠지고 인터넷 서핑에 미치는 것은 그 공간이 현실보다 더욱 현실적이라고 느끼기 때문이다.

이제 굳이 현실계와 가상계, 디지털과 아날로그, 온라인과 오프라인을 구분하는 것도 무의미해 보인다. 이들은 상호 침투하고, 보완하고, 융합하며 인류의 역사를 새로운 지경(地境)으로 끌고 가는 중이다.

사이버 공간이 가져올 미래에 대해 특히 낙관적인 철학자는 프랑스의 피에르 레비가 아닌가 한다. 그는 『사이버 문화』, 『집단 지성』, 『누스페어』 같은 역저들을 쏟아내며 근래 가장 주목받는 디지털 테크놀로지 철학자로 떠올랐다.

레비는 사이버 문화가 21세기 '문화의 은하계'가 되리라 전망한다. 그는 또 "디지털 기술이 인간의 상상력과 지적 역능을 결합시켜 인간의 해방과 발전에 기여할 것"이라고 확신한다. 인터넷은 단순한 가상 공간이 아니라 자유·평등·박애란 프랑스 혁명의 이상과 가치를 실현하는 연장선상에 있다는 것이 그의 주장이다.

그의 통찰이 아니라도 우리는 인터넷이 가져온 수많은 변화를 실감하고 있다. 삶의 양식이 바뀌고, 새로운 문화 운동이 일어나며, 다양한 민주적 공간이 구성되고 있다. 여론의 수집과 전파가 인터넷을 통해 급속으로 이뤄지고 작은 집단도 인터넷을 통해 당당한 목소리를 낸다. 개인은 네트워크를 통해 지구촌을 안방처럼 누비며 자신을 표현하는 세계 시민이 되어간다.

저널리즘 영역에도 큰 변화가 일고 있다. 이제 인터넷에 접속할 수 있는 모든 사람은 기자가 될 수 있다. 1인 언론으로 불리는 '블로그'는 국내에만 1,000만 개를 넘어선 것으로 추정된다. 누구나 온라인 상에 글을 올리고, 토론하고, 의제 설정에 참여하는 '만인(萬人) 기자' 시대가 열리면서 전통 저널리즘 영역은 빠르게 잠식되고 있다.

사회 내 권력 관계에 미치는 영향도 지대하다. 인터넷을 통한 여론 형성과 의제 창출, 사회운동은 이제 '디지털 권력'이란 말까지 탄생시키고 있다. 2002년 월드컵, 대통령선거, 촛불시위에서 최근의 17대 총선까지 우리가 목도해 온 일련의 '네티즌 파워'가 그것이다.

하지만 빛의 저편에 그늘이 있다. 얼마 전 미국 잡지 〈포브스〉가 한국의 인터넷 공간을 '월드 와이드 웹'(World Wide Web)이 아닌 '위어드 와이어드 월드'(Weird Wired World, 요지경 세상)라고 풍자했듯 한국의 사이버 문화는 많은 그늘을 안고 있다.

음란물의 범람, 익명성을 이용한 사이버 테러, 무차별적 스팸메일, 자살과 범죄 사이트의 횡행은 인터넷 비판자들에게 '타락한 공간' '정보의 쓰레기장'이라는 공격의 빌미를 제공한다.

우후죽순처럼 생겨난 인터넷 언론 매체들은 표현 자유의 외연 확대에 크게 기여했지만 걸러지지 않은 뉴스, 치고 빠지는 휘발성 기사, 무단 도용과 표절 등으로 인한 신뢰성의 위기를 해소하지 못하고 있다. 17대 총선에서 선거법 위반의 상당수가 인터넷 상에서 저질러졌다는 사실도 예사롭지 않다.

이제는 사이버 공간의 건강성에 천착해야 할 시점이다. 그동안이 양적 팽창의 시기였다면 지금부터는 질적 심화 쪽으로 무게 중심을 옮겨야 한다. 인터넷을 공동체 커뮤니케이션의 혈관에 비유할 수 있다면 그 속에는 늘 맑은 피가 흐르도록 해야 한다.

디지털 기술의 선구자 니컬러스 네그로폰테의 말처럼 디지털 문명의 진정한 가치도 결국 기술이나 정보보다는 인간과 공동체에 있다. 인간을 좀 더 자유롭고, 행복하고, 존엄하게 만드는 '인간화'(hominization)가 디지털 문명의 궁극적 목표일 것이다.

사이버 공간의 혁명은 아직 진행형이다. 그것은 쉼 없는 반성을 요구한다. 일방적 예찬도, 매도도 곤란하다. 밝음을 극대화하고 어둠을 극소화하려는 지속적 노력이 필요하다.

_박동수 · 〈국민일보〉 편집위원

■알고 보면 쉬운 우리글

## 숟가락은 'ㄷ'받침인데 젓가락은 왜 'ㅅ'받침일까요?

'숟가락'이나 '젓가락'이나 똑같은 가락이고, 발음도 비슷하고 둘이 늘 한 짝인데, 왜 숟가락은 'ㄷ'받침이고, 젓가락은 'ㅅ'받침일까요?
  숟가락은 '밥 한 술, 두 술 ……'할 때 '술'과 '가락'을 합해서 만든 말이에요. 그러니까 두 말을 합치면 '술가락'이 되지요. 그런데 '술가락'에서 '술'은 소리가 너무 약해요. '가락'보다는 '술'이 중요한데 그렇게 둘 수는 없겠지요? '술'을 강조하려고 강하게 발음하니까 '술'이 '숟'으로 바뀐 거예요. 그래서 '숟가락'이 된 겁니다.
  그런데 'ㄹ'이 왜 하필 'ㄷ'으로 바뀌는 걸까요?
  'ㄷ'소리와 'ㄹ'소리는 서로 비슷한 소리예요. 강하게 발음하면 'ㄷ'이 되고 약하게 발음하면 'ㄹ'이 되지요. 영어에서 'water'〔워터〕를 부드럽게 발음하면 〔워러〕가 되는 것도 그런 이치입니다.
  젓가락은 한자어 '저(箸)'〔'밥상에 '수저'를 놓았다'에서 '수저'의 '저'〕와 우리 말 '가락'을 합해 만든 말이에요. 그러니까 두 말을 합하면 '저가락'이 되지요. 우리글은 소리글자이기 때문에 글자와 소리가 일치해야 하는데 소리는 〔저까락〕이에요. 소리와 표기가 일치하지 않지요? 이 문제를 해결하기 위해 '저'와 '가락' 사이에 '시옷'을 넣었어요. 이를 '사이시옷'이라고 하는데, '사이시옷'은 뒤에 오는 소리를 된소리로 만들어줍니다.

# 6. |구성3| 화제식 유형의 다양한 응용법

작가는 모든 소문과 지나가는 이야기를 귀담아 들을 책임이 있다.

_그레이스 팔레이

### 화제에 의미를 부여하라

이번에는 글쓰기에서 흔히 사용하는, 쉽고 간단한 유형을 살펴보자. 가끔 문집이나 사보, 신문 등을 읽다 보면 화제를 이용한 글을 만나게 된다. 일상적인 삶의 이야기를 끄집어내어 글로 옮긴 것인데, 읽기 쉽고 편해서 독자들이 좋아한다. 이렇게 화제를 이용하는 글은 짧은 칼럼이나 수필이다.

화제로 글을 쓰는 방법에 대해서는 이미 잘 알려져 있다. 특히 서두를 화제로 꾸미는 방법에 대해서는 모든 글쓰기 책에서 다루고 있다. 그러나 실제 화제가 어떤 역할을 하는지 화제로 글을 쓰는 데 무엇이 중요한지에 대해서는 언급하지 않았다. 그저 '좋은 화제를 써야 한다', '화제가 적절해야 한다'는 이야기를 반복하고 있을 뿐이다.

그런데 화제가 좋은 것인지 적절한 것인지 무엇을 보고 판단해야 할까? 화제에 대한 구성적 인식 없이 단순히 화제만을 사용해서 쓴 글은 대개 좋은 글이 되기 어렵다.

화제로 좋은 글을 만들기 위해서는 화제 자체보다는 화제에 의미를 부여하는 방식이 중요하다. 어떤 글이든 화제를 내세울 때는 화제를 통해 필자가 제시하고자 하는 주제를 결합시킨다.

예컨대, 시골길에서 소박한 노인을 만나 무언가 도움을 받았다면 그것은 잃어버린 우리의 옛 정서를 떠올리기 위한 화제로 사용될 수 있을 것이다. 인공복제를 다룬 영화의 스토리는

> 화제 자체를 기술하기보다는 화제에 의미를 부여해야 좋은 글이 된다.

생명공학의 위험성을 알리기 위한 좋은 화제가 된다.

  화제는 화제 자체만의 문제가 아니라 글을 쓰고자 하는 주제와 연관되며, 이야기를 구성하는 방식과도 연관된다.

*Reading*

## 오늘이 나의 마지막 날이라면

    나는 내 간이 큰 줄 알았다. 7년 동안 생사를 넘나드는 오지여행을 하면서, 그리고 지금 세계 곳곳의 긴급구호 현장을 다니면서 간이 많이 커진 줄 알았다. 그게 아니었다. 얼마 전 금요일에 받은 전화 한 통에 완전히 간이 콩알만 해졌다. 사연인즉, 정기종합건강진단 결과를 전화로도 통보해 준다고 해서 전화했더니 담당의사가 면담을 해야겠다는 거였다. "일부러 보자는 걸 보니, 큰 탈이 났음이 분명해." (1)

    그 순간부터 나는 상상의 날개를 활짝 펴고 온갖 나쁜 시나리오를 쓰기 시작했다. 요즘 암에 걸렸다는 사람들 애기가 유난히 많이 들리던데 그게 무슨 징조인 것 같아 불길했다. 지난주에도 후두암으로 죽은 친구 오빠 문상을 다녀왔다. (2)

    기가 막혔다. 이럴 때마다 나오는 오래된 버릇, 혼자서 또 다른 나와 말을 주고받는다. '만약 얼마 못 산다고 하면 억울해서 어쩌지.' '억울하긴 뭐가 억울해. 여태껏 건강하고 재미있게 산 것에 감사해야지.' '억울하지. 못 다 핀 꽃 한 송이지. 하고 싶은 일이 얼마나 많은데.' '그러나 할 수 없네. 이제는 사는 날까지 하고 싶은 일을 하다 가는 수밖에.' (3)

    그리고는 아예 수첩을 꺼내 본격적으로 계획을 세우기 시작했다. 1년 남았다면 직장을 그만두고 꼭 하고 싶었던 백두대간과 전 세계 6천m급 산들을 올라야지. 종횡무진 다닐 거다. 누워서 죽음을 맞을 수는 절대 없지. 6개월 남았다면 어떻게 할까. 긴급구호 현장으로 가야지. 될 수록 최전선에. 3개월 남았대도 마찬가지다. 아무리 생각해도 현장근무 아이디어는 정말 좋다. 산사나이가 고스톱 하다가 죽고 싶을까? 산에서 죽고 싶을 거다. 전투기 조종사가 사우나 하다가 죽고 싶을까? 전투기 조종하다가 죽고 싶을 거다. 나도 마찬가지다. 죽기는 싫지만 죽어야 한다면 나 역시 현장에서 하고 싶은 일을 하다가 죽고 싶다. (4)

    딱 한 달 남았다면 책을 써야겠다. 전부터 꼭 쓰고 싶었던 '어린이 바람의 딸', 한국이라는 새장에서 나와 세상이라는 넓은 창공으로 날아보라는 말을 꼭 하고 싶다. 세상을 처음 만나는 아이들에게 세상은 경쟁이나 학습의 대상이 아니라 어울려 살아야 할 친구이자 이웃이라는 사실을 알려주고 싶다. 더불어 이런 세상에서 살려면 마땅히 져야 할 책임과 의무에 대해서도. (5)

온갖 시나리오를 썼다 지우면서 기나긴 주말을 보내고 월요일 떨리는 마음으로 병원에 갔다. 담당의사는 위산과다에 간 기능이 약하니 조심하라며, 전화로 말하면 그냥 흘려들을 것 같아서 직접 만나 당부하는 거란다. (6)

'시한부 인생' 해프닝은 이렇게 싱겁게 끝났지만 덕분에 예상치 않은 수확이 있었다. 내가 하고 싶은 일이 무엇인가 확실히 깨달은 것이다. 긴급구호활동, 산, 그리고 책을 쓰고 권하는 일. 이게 현재의 내게는 정말로 중요한 일이다. 그동안 머리로 생각하는 우선순위와 저 깊은 무의식 속의 우선순위가 딱 맞아떨어지는 것이 신기하다. 이 일들을 할 때 내가 가진 어떤 힘도 아끼지 않을 자신이 있다. 끝까지 물고 늘어질 자신도 있다. 나 좋아서 하는 일인데 세상에도 도움이 되니 다행이다. 이 일말고도 내가 기꺼이 할 수 있는 범위에서는 큰 일이든 작은 일이든 세상에 좋은 일을 많이 하면서 살고 싶다. (7)

마음 졸이던 그 주말의 긴장이 가시지 않았는지, 어제 저녁 일기를 쓰면서 또 엉뚱한 상상을 했다. 만약 내게 남은 시간이 딱 하루라면 어떻게 할까. 오늘이 나의 마지막 날이라면, 산에 가서 아름다운 봄 산을 마음 가득 담아 올 거다. 저녁에는 일기장을 정리하고 가까운 사람들에게 그동안 즐거웠다고 전화를 할 것이다. 그러나 무엇보다도 먼저 아침 일찍 투표하러 갈 것이다. 거미줄도 모이면 사자를 묶는다고 했다. 거미줄보다 힘없는 내 한 표지만 새로운 역사와 세상을 펴는 데 그 힘을 보태는 것이 마땅하고 옳은 일이다. 우리가 그토록 소중히 여기는 아이들에게, 우리가 살았던 그런 세상을 그대로 넘겨줄 수는 없지 않은가. (8)

_한비야 · 월드비전 긴급구호 팀장

## 의미 부분은 직설적으로 써라

예문을 보면서 화제를 이용한 구성 방식의 특성을 살펴보자. 이 글은 아주 간략한 구성적 특성을 보여준다. 사실 구성이라고 딱히 부를 것도 없다. 화제가 글의 중심을 차지하므로 기술(技術)적인 것이라 볼 만한 방식이 없기 때문이다. 화제의 내용은 단순하고 상큼하다. '건강진단 검사 해프닝'이라고 불릴 만한 내용인데, 여기에 일상적 삶의 의미를 붙여놓아 재미있고 흥미로운 이야기가 되었다.

일상적인 화제로 글을 쓸 수도 있다.

사람들은 언제나 자신이 죽을 것이란 사실을 알고 있지만 그것을 잊고 지낸다. 그러다 주위의 사람이 죽게 되거나 사소한 질병에 걸리면 문득 자신의 죽음에 대해 생각하게 된다.

나이가 들면서 건강진단 검사에 두려움을 가지는 것은 누구나 겪게 되는 일상의 체험이다. 그래서 건강진단 검사를 의식적으로 피할 때가 많다. 나이 든 사람이라면 병원 문 앞에서 들어갈까 말까 망설인 경우가 한 번쯤은 있을 것이다.

이 글에서 필자는 의사의 면담 요청에 큰 병에 걸린 것이 아닌가 걱정한다. 전화로 통지하지 않고 의사가 직접 만나자고 하니 그런 걱정을 하게 되었다.

필자는 세 번째 단락의 끝에 '지난 주에도 후두암으로 죽은 친구 오빠 문상을 다녀왔다'고 해 필자의 근심이 괜한 것이 아님을 은연중에 암시한다. 필자의 깔끔한 글 솜씨가 드러나는 대목이다.

이 글의 핵심 부분은 마지막 두 단락이다. 마지막 두 단락은 '건강진단 검사의 해프닝'에 대한 의미부여 단락이다. 이 단락은 화제를 마무리하면서 화제가 지닌 의미를 부연해서 설명한다. '건강진단 검사의 해프닝'이 없었다면 아마 필자는 살면서 자신이 꼭 해야 할 일을 찾을 수 없었을지도 모른다. 누구나 절박해야 어떤 문제를 곰곰이 생각해보게 된다. 필자는 일상에서 흔히 잊어버리기 쉬운 삶의 교훈을 뜻밖의 해프닝을 통해서 얻었다. 이런 생각이 마지막 두 단락에서 드러난다.

이 글의 구성은 크게 네 부분으로 나뉜다. 신체검사 후의 걱정과 미래에 대한 설계, 의사의 통보와 화제를 통한 삶의 의미를 찾는 부분이다.

- 건강진단 검사 후의 의심과 걱정(1~3단락)
- 미래에 대한 상상과 설계(4, 5단락)
- 의사의 통보(6단락)
- 건강진단 검사의 해프닝에 대한 의미(7, 8단락)

그런데 크게 보면 이 글은 두 부분으로 이뤄졌음을 알 수 있다. 하나는 화제의 부분이며, 다른 하나는 화제에 대한 의미부여 부분이다. 네 부분으로 나눈 것에서 앞의 세 부분은 사실 이야기의 서사적 흐름을 그대로 따르고 있으니 화제에 해당한다. 그래서 글 전체는 〈화제→의미〉로 나눌 수 있다.

의미부여 부분에서는 화제의 의미를 직접 서술하는 것이 적

화제를 마무리하면서 의미를 부연 설명하는 부분은 직설적으로 밝혀야 한다.

절하다. 가끔 에둘러 설명하는 글도 있는데 그러면 오히려 의미가 모호하게 될 우려가 있다. 이 글의 필자는 '건강진단 검사 해프닝'은 이렇게 싱겁게 끝났지만 덕분에 예상치 않은 수확이 있었다. "내가 하고 싶은 일이 무엇인가 확실히 깨달은 것이다"라고 직설적으로 말했다. 그리고 이어서 화제로부터 얻는 교훈의 내용을 자세히 서술했다.

## 참신한 화제를 찾아라

자, 이러면 우리는 또 하나의 유형을 알게 되었다. 화제와 의미로 구성된 화제식 유형이 바로 그것이다. 화제를 중심으로 하는 글의 유형은 매우 간단하다. 화제의 부분들과 의미부여 부분들만 있으면 된다. 일반적으로 화제 부분과 의미 부분은 화제 부분이 앞에 오고, 의미 부분이 뒤에 붙는다(화제→의미). 물론 의미 부분이 앞에 오고 화제 부분이 뒤에 붙는 경우도 있다(의미→화제). 그러나 화제 부분이 앞에 오는 것이 더 자연스럽다. 그것은 의미를 뒤에 두는 것이 글을 읽는 사람으로 하여금 호기심을 불러일으켜 끝까지 글을 읽도록 만들어주기 때문이다.

> 화제를 앞부분에 쓰면 독자의 호기심을 불러일으킨다.

화제 부분과 의미부여 부분은 몇 단락을 사용하든 자유롭게 조절할 수 있다.

### 제4 유형 : 화제→의미

화제식 유형의 핵심은 좋은 화제를 찾아야 한다는 것이다.

일상에서 우리가 겪는 일은 하나의 화제가 될 수 있다. 그러나 너무 진부해서 화제로 쓰지 못할 경우도 많다. 가령 심한 질병을 앓고 삶의 깨달음을 얻었다든지 어려울 때 그동안 멀리했던 친구가 도움을 주어 우정의 참의미를 깨닫게 되었다든지 하는 것은 너무 흔해서 사실 화제의 기능을 다하지 못한다. 또 이런 화제를 사용하면 누구누구의 모작이나 아류작이 되기 쉬운 단점도 있다.

너무 진부한 화제는 피하는 것이 좋다.

물론 여러분이 뛰어난 글 솜씨를 지녔다면 이런 화제를 마다할 필요는 없다. 글을 잘 쓰는 사람은 어떤 화제에서든 새로운 의미를 끄집어낸다. 그러나 일반적으로 좀 더 참신한 화제를 찾는 것이 좋다.

## 독서를 통해 화제를 찾는 방법

화제는 일상에서의 예뿐만 아니라 다양한 독서를 통해서도 끄집어낼 수 있다. 또 신문이나 TV와 같은 매체를 통해서도 찾을 수 있다.

독서를 통해서 화제를 찾을 수도 있다.

책을 통해 화제를 찾는 경우에는 먼저 주제를 정하고 화제를 찾을까? 아니면 화제를 보고 적합한 주제를 세울까? 일반적으로 수필은 화제가 앞서는 경우가 많다. 그러나 창의적이고 지적인 글에서는 주제에 맞추어 화제를 찾아내는 경우가 더 많다. 이런 경우 화제는 주제나 주장에 대한 근거의 구실을 한다. 따라서 의미 있는 주제가 있다면 근거를 찾는 기분으로 화제를 찾아본다.

평소 독서를 통해 다양한 이야깃거리를 가지고 있다면 이보다 더 바람직한 경우는 없다. 설령 그렇지 않다고 해도 실망할 필요는 없다. 도서관도 있고, 인터넷도 있으니 관련 자료나 책을 통해 다양한 화제를 찾을 수 있다.

책이나 자료를 통해 화제를 찾는 방법을 살펴보자.

인터넷을 통해서도 화제를 얻을 수 있다.

### 동화를 위한 계산

1990년대 가장 매력적인 동화들 가운데 하나는 우림(rain forest)에 관한 것이다. 농토와 주거지를 겨냥한 개발로 우림이 빠르게 줄어들자, 환경 보존에 관심이 큰 사람들은 그런 개발에 대한 대안을 내놓았다. 그들은 우림을 개간해서 척박한 농토를 얻는 것보다는 우림을 보존해서 관광과 약품의 원천으로 삼는 것이 오히려 경제적임을 지적했다. (1)

이런 대안은 매력적일 뿐 아니라 현실적으로 보였다. 그래서 많은 제약 회사들이 새로운 약들을 찾아서 우림의 식물들을 채집하기 시작했다. 몇 회사들은 원주민들에게서 민속 처방들을 얻어서 그것들의 유효 성분들을 추출해 내는 작업을 했다. 약품 발견에 대한 민족 생물학적 접근이라고 불리는 이 방식은 이 매력적인 동화에서도 가장 매력적인 부분이었다. 원주민들의 전통적 지식을 존중하고 그 지식에서 경제적 이익을 얻어 그 이익의 일부를 원주민들에게 돌려주는 일보다 더 멋진 일이 어디 있겠는가? (2)

아쉽게도 이 동화는 아직 실현되지 않았고 전망도 어둡다. 지난달에 민족 생물학적 접근을 주창하고 모범적으로 실천해 온 한 제약 회사가 우림에서의 활동을 중단한 것이다. (3)

근본적 문제는 통념과는 달리 우림엔 많은 잠재적 약품들이 사람들의 눈길을 기다리고 있는 것이 아니라는 사실이다. 미국 정부 기관들은 1960년부터 1982년까지 12,000종의 식물에서 뿌리와 열매와 껍질 표본 35,000개를 수집했지만, 그것들에서 발견된 중요한 약품들은 겨우 셋이었다. 1986년부터 1996년 사이에 수집된 표본들에선 단 하나의 약품도 개발되지 않았다. (4)

더 직접적 원인은 선별 기술의 빠른 발전이다. 원주민들에게 이미 약효가 입증된 식물들을 알아내서 분자들을 선별하는 것은 분명히 좋은 방안이지만, 요즈음은 선별 기술이 워낙 발달해서, 아예 모든 물질들을 선별하는 것이 오히려 경제적이다. (5)

게다가 민속 의사들과 제약 회사들의 관심사가 겹치는 경우가 드물다는 사실도 부정적으로 작용했다. 민속 의사들은 주로 원주민들을 괴롭히는 기생충들을 다스리는 처방들을 많이 가지지만, 그런 기생충들은 대부분 서양엔 없다. 따라서 그런 처방들은 제약 회사들에겐 돈벌이가 되지 않는다. (6)

그래서 많은 사람들의 마음을 부풀게 했던 동화 한 편이 실현되지 못할 것처럼 보인다. 우림의 식물들에서 약품들을 찾아내려는 노력이야 앞으로도 이어지겠지만, 그 성과는 우림을 보호하고 원주민들에게 경제적 혜택을 줄 만큼 클 것 같지는 않다. (7)

이 세상은 냉혹하고 이 우주를 지배하는 법칙들은 엄격하다. 자연히 동화들이 실현되는 일은 아주 드물다. 우리 둘레엔 얼마나 많은가. 현실에 의해 무참하게 깨어진 동화들이. (8)

현대에서 동화들이 유난히 많이 만들어진 때는 1960년대였다. 그때 '꽃 아이들'이라 불린 서양의 젊은이들은 새로운 생활 방식을 찾아 과감한 실험들을 했다. 그들은 문명의 굴레에서 벗어나려고 애썼고 특히 원시적 공동체에 큰 흥미를 가졌다. 자연 속에서 자연에 친화적인 방식으로 사는 것은 얼마나 매력적인가. 그러나 그들이 외진 땅에 세운 공동체들은 모두 실패했다. 그들이 고집한 자연 친화적 생산 양식은 효율적이지 못했고, 그들의 공동체는 경제적 기반을 갖출 수 없었다. 따지고 보면, 그들이 문명에서 벗어난 것도 아니었다. 그들이 일기 예보와 음악을 들은 라디오는 자연의 산물은 아니었다. 그들이 입은 옷도, 통나무집을 짓는 데 쓴 연장들도 모두 문명의 산물이었다. (9)

실패한 동화는 물질적·정신적 자원의 낭비를 뜻한다. 그런 낭비를 막으려면, 현실적 판단에 바탕을 둔 정확한 계산이 필요하다. '국민 연금 파동'은 이 사실을 우리에게 새삼 일깨워주었다. (10)

국민 연금과 같은 사회 안전망은 현대 사회가 생각해 낸 가장 매력적인 동화들 가운데 하나다. 그러나 그것을 제대로 실현하는 일은 무척 어렵다. 관료주의적 발상에 바탕을 두고 기계적으로 일을 처리하게 되면, 이번 경우처럼 사회적 혼란과 불만을 불러온다. 냉혹한 이 세상에서 아름다운 동화를 실제로 이루려는 사람들은 현실적 감각과 정확한 계산능력을 갖추려고 애써야 한다. (11)

_복거일·소설가

예문의 화제는 두 가지이다. 하나는 약품 발견을 위한 민속생물학적 접근에 관한 것이며, 다른 하나는 원시적 공동체를 희망하는 서양의 '꽃아이들'에 관한 것이다. 이런 화제들은 아마 일상에서 얻은 것이 아니고 주제를 구현하기 위해 자료나 책을 통해 찾았을 것이다.

이 화제들은 마지막에 필자가 말하고자 하는 주제를 뒷받침해주는 근거의 역할을 한다. 좋은 화제란 일상에도 있지만 책이나 자료에도 많이 있다는 사실을 잊지 말자.

> 화제는 일상생활에서뿐만 아니라 책이나 자료에서도 찾을 수 있다.

### 〈화제→의미〉 유형의 응용

예문은 열대 우림에서 새로운 약품을 찾기 위한 노력이 실패했고(화제), 따라서 어떤 꿈을 이루기 위해서는 냉철한 계산이 필요하다(의미)는 흐름으로 진행된다.

:: 화제 (1~7단락) → 의미 (8~11단락) ::

이 글 말미에 국민 연금 문제가 나오는 것으로 보아 원래 필자의 의도는 국민 연금 문제를 거론하고자 한 것으로 보인다. 그러나 꼭 국민 연금 문제가 아니더라도 이 글의 의미는 뚜렷하다.

이 글에서 중심적인 화제로 사용한 것은 첫 번째 단락이다. 필자는 열대 우림의 식물에서 새로운 약품을 찾기 위해 행한 노력들을 화제로 보여주면서 그것이 실패했음을 밝히고 있다. 원주민들에게서 얻은 민속 처방으로 그것들의 유효 성분들을

|구성3| 화제식 유형의 다양한 응용법  155

추출해내는 작업을 했는데 생각보다 좋은 약을 찾지 못했다는 이야기이다. 이러한 화제의 과정이 첫 번째 단락에서부터 일곱 번째 단락까지 이어지고 있다.

그런데 서두의 예문(「오늘이 나의 마지막 날이라면」)과 달리 이 글의 화제 단락들은 이야기뿐만 아니라 필자의 논평까지 포함하고 있다. 셋째 단락부터 일곱째 단락까지 약품에 대한 민속 생물학적 접근이 실패한 사례와 이유를 함께 제시한다. 약품에 대해 민족 생물학적으로 접근한 제약 회사가 망했으며, 식물 표본에서 발견한 약품의 숫자도 너무 적었다(실패 사례). 또한 선별기술이 발전함에 따라 굳이 밀림으로 갈 필요가 없게 되었으며, 민속 처방이 제약회사의 관심과 부합되지도 않았다(이유).

> 화제는 다양한 해석과 견해까지 포함할 수 있는 개념이다.

화제 속에 필자의 논평이 들어가 있는 이런 화제 방식을 흔히 '해석된 화제'라고 말하는데, 이는 화제 속에 여러 의미에 대한 해석이 들어갈 수 있다는 사실을 보여준다. 그러므로 화제는 단순히 이야기로만 끝나는 것이 아니라 다양한 해석과 견해까지 포함할 수 있는 개념이다.

**⋮ 화제 부분 (1~7단락)**
- 새로운 약품을 찾기 위한 민속생물학적 접근(1, 2단락)
- 민속생물학적 접근의 실패(3, 4단락)
- 민속생물학적 접근의 실패 이유(5, 6단락)
- 실패에 대한 재확인(7단락)

다시 의미 단락을 살펴보자. 이 글의 의미 단락은 여덟째 단락부터 시작한다.

> 이 세상은 냉혹하고 이 우주를 지배하는 법칙들은 엄격하다. 자연히 동화들이 실현되는 일은 아주 드물다. 우리 둘레엔 얼마나 많은가. 현실에 의해 무참하게 깨어진 동화들이.

이 대목은 필자가 세상일이 하나의 동화처럼 이루어지는 것은 아니라고 말하는 부분이다. 이는 화제가 주는 교훈이며 필자가 말하고자 하는 주제이다. 그런데 필자는 다음 단락에서 이에 해당하는 또 하나의 화제를 이야기한다. 바로 원시 공동체를 꿈꾼 '꽃아이들'의 실패 사례이다. 이 화제는 의미 단락 속에 들어가 있다.

화제나 예문, 인용은 어떤 주장에 대한 근거의 역할을 한다. 이 글에서 '꽃아이들'의 화제는 필자가 주장하는 의미(동화를 실현하기 위해서는 냉철한 계산이 필요하다)를 뒷받침하는 예화로 사용되었다.

> 화제나 예문, 인용은 어떤 주장에 대한 근거가 되기도 한다.

### 의미 부분 (8~11단락)
- 동화적 접근의 실패(8단락)
- '꽃아이들'의 실패 사례(9단락)
- 국민 연금 문제로 접근(10, 11단락)

의미 부분에 다시 화제가 들어가 있는 것을 보면 〈화제→의미〉 유형을 다양하게 적용할 수 있다는 사실을 알 수 있다. 앞서 말한 대로 〈화제→의미〉 유형은 자연스러운 글의 흐름이다. 세부 단락은 언제나 자유롭게 꾸밀 수 있다. 전체 글의 흐름만 정해지면 그것을 응용하는 길은 폭넓고 다양하다. 글을 구성할 때 중요한 점은 다양한 유형을 기억하여 전체 흐름의 방향을 잡는 것이다. 세부 단락은 논리적 흐름에 따라 다양하게 변화할 수 있음을 잊지 말자.

> 세부 단락은 논리적 흐름에 따라 다양하게 변화한다.

✓ 점검1

아래 글은 〈화제→의미〉 유형을 보여준다. 화제 부분과 의미 부분을 나누어보자. 이와 같은 형식으로 화제를 찾아 의미를 부여하는 글을 작성해보자.

### 동물학교

동물들이 모여 학교를 만들었다. 그들은 달리기, 오르기, 날기, 수영 등으로 짜인 교과목을 채택했다. 동물학교는 행정을 쉽게 하기 위해 모든 동물이 똑같은 과목을 수강하도록 했다.

오리는 선생보다 수영을 잘했다. 날기도 그런대로 해냈다. 하지만 달리기 성적은 낙제였다. 오리는 학교가 끝난 뒤에 달리기 과외를 받아야 했다. 달리기 연습에 열중하다 보니 그의 물갈퀴는 닳아서 약해졌고, 수영 점수도 평균으로 떨어졌다. 토끼는 달리기를 가장 잘했지만, 수영 때문에 신경쇠약에 걸렸다. 다람쥐는 오르기에서 탁월한 성적을 냈지만 날기가 문제였다. 날기반 선생이 땅에서 위로 날아오르도록 하는 바람에 다람쥐는 좌절감에 빠졌다. 날기에서는 타의 추종을 불허하는 솜씨를 보였지만 다른 수업은 아예 참석도 하지 않은 독수리는 문제 학생으로 전락했다. 결국 수영을 잘하고, 달리기와 오르기, 날기는 약간 할 줄 알았던 뱀장어가 가장 높은 평균점수를 받아 학기 말에 졸업생 대표가 되었다.

교육학자 리브스(R. H. Reeves) 박사가 지은 「동물학교」라는 우화다. 동물들은 각자가 창조된 목적대로 움직일 때에만 우수하다. 다른 목적을 요구할 때는 아무런 힘을 발휘하지 못한다. 학생 고유의 잠재력을 잘 파악해 이를 살려주는 교육이 필요하다는 의미다. 어제 본지 week&에 소개된 신동들도 골프, 당구, 마술 등 자기만의 분야에서 천재성을 발휘하고 있는 아이들이다. 이 아이들을 '동물학교'에 보내면 독수리나 오리 같은 어려운 처지에 놓일 수 있다. 발명왕 에디슨이 정규 교육과정에 적응하지 못했던 것처럼.

동물학교의 교훈은 조직을 꾸려 나가기 위해 사람을 뽑을 때도 유용하다. 인사(人事)에 자리가 요구하는 전문성보다 다른 요인이 더 크게 작용하는 조직은 발전을 기대할 수 없다. 물론 전문성이 아무리 뛰어나도 조직을 해칠 정도의 흠이 있는 사람을 뽑아서는 안 되겠지만.

요즘 경제부총리 인선을 놓고 이런저런 말이 많다. 청와대가 부총리 후보자들을 밝히자 각계에서 후보들을 검증하느라 바쁜 모습이다. 그런데 우리 경제를 얼마나 잘 이끌어 갈까보다는 도덕적인 삶을 살아 왔는지, 흠은 없는지 등에 관심이 집중되는 분위기이다. 동물학교에서 경제부총리를 뽑는 듯하다.

_이세정 · 〈중앙일보〉 정책사회부 차장

■ 알고 보면 쉬운 우리글

## '등굣길'은 맞는 표기일까요?

　우리말 표기의 가장 큰 원칙은 소리 나는 대로 쓰고, 쓴 글을 보고 읽어서 그 소리를 낼 수 있어야 하는 거예요. 다시 말해서 소리와 표기가 일치해야 한다는 거지요.
　'나루'와 '배'를 합쳐서 말을 만들면 '나루배'가 되는데, 이걸 그대로 '나루배'라고 쓰면, '나룻배'라는 표기와 [나루빼]라는 소리와 일치하지 않아요. 그래서 이때 '사이시옷'을 넣어 주는 거예요. 그렇게 해서 '나룻배'라는 표기와 [나루빼]라는 소리를 일치시켜주는 거랍니다.
　이처럼 '사이시옷'은 표기와 소리가 일치하지 않는 경우에 넣어줘요. 그렇다고 모든 경우에 다 그런 것은 아닙니다. 사이시옷을 넣기 위한 조건이 있어요.

　사이시옷을 넣는 조건
　① 두 단어가 합해져서 하나의 단어가 된 것
　② 그 두 단어 중 하나는 반드시 고유어일 것
　③ 원래에는 없었던 된소리가 나거나 'ㄴ'소리가 덧날 것

　위의 세 가지 조건에 모두 해당하면 '사이시옷'을 넣는답니다.

예를 들어볼까요?

| 단어¹ | 단어² | 발음 | 표기 |
|---|---|---|---|
| 저<br>(한자어) + | 가락<br>(고유어) | [저까락] | 젓가락 |
| 깨<br>(고유어) + | 묵<br>(고유어) | [깬묵] | 깻묵 |
| 깨<br>(고유어) + | 잎<br>(고유어) | [깬닙] | 깻잎 |

어때요, 별로 어렵지 않지요? 한번 연습해볼까요?

'등교'와 '길'을 합해서 한 단어를 만들면 어떻게 표기해야 할까요? 먼저 두 단어가 합해져서 한 단어가 만들어지는 거고, '등교'는 한자어이고 '길'은 고유어니까 일단 두 가지 조건은 만족하고 있지요? 그러면 이제 읽어볼까요?

[등교낄]!!

된소리가 나네요. 세 가지 조건을 모두 만족시키는군요. 그러면 표기는?

네~ 맞아요.

등굣길!!

글자가 조금 이상하지만 '등굣길'이라고 써야 맞아요.

그러면 한자어와 한자어를 합해서 만든 단어는 어떨까요? 이런 경우에는 된소리가 나든 말든 'ㄴ' 소리가 나든 말든 '사잇시옷'을 넣어주지 않아요.

그런데, 여기서 주의해야 할 것이 있어요. 다음 여섯 개의 한자어는 예외예요. 이 여섯 개의 단어는 '사이시옷'을 넣어야 해요.

숫자, 셋방, 횟수, 찻간, 곳간, 툇간
'찻간, 곳간, 툇간'은 지금은 잘 안 쓰는 말이니까 무시하고, '숫자, 셋방, 횟수'는 요즘도 자주 쓰는 말이니까 꼭 외워두자고요.

그러면, 여기서 마무리 문제를 하나 풀어볼까요?

'세방'이 맞을까요, '셋방'이 맞을까요?
'전세방'이 맞을까요, '전셋방'이 맞을까요?
'전세집'이 맞을까요, '전셋집'이 맞을까요?

헷갈리죠? 소리는 모두 된소리가 나는데……. 어디 한번 살펴볼까요?

| 단어¹ | 단어² | 발음 | 표기 | 이유 |
|---|---|---|---|---|
| 세 (한자어) | + 방 (한자어) | [세빵] | 셋방 | 모두 한자어이지만 예외이니까 |
| 전세 (한자어) | + 방 (한자어) | [전세빵] | 전세방 | 모두 한자어이니까 |
| 전세 (한자어) | + 집 (고유어) | [전세찝] | 전셋집 | '집'이 고유어이니까 |

이제 이들 세 단어의 표기가 왜 다른지 알겠지요?

# 7. |구성4| 나열식 유형의 다양한 응용법

글을 쓰고 싶다면, 종이와 펜 혹은 컴퓨터, 그리고 약간의 배짱만 있으면 된다.

_로버타 진 브라이언트

*Reading*

## 게놈 지도의 得과 失

인간게놈 지도의 완성은 여러 면에 있어 역사적인 사건으로 평가할 수 있다. 특히, 모든 인류가 보편적으로 희망하는 생명 연장의 꿈, 불치병과 난치병으로부터의 해방, 삶의 질 향상 등이 인간게놈 지도 완성으로 실현될 것이라는 기대감 때문이다.

인간게놈 지도의 완성은 여러 측면에서 적지 않은 파급효과를 나타낼 것이다. 학문적인 측면에서 본다면, 인간의 진화와 여러 생명현상을 보다 정확하게 밝힐 수 있는 도구를 확보했다고 할 수 있다. 인간게놈 지도에 따르면 예상했던 10만 개 정도의 유전자가 아닌 3만5천 개 정도의 유전자로 되어 있음이 밝혀졌다. 하등동물에 비해 겨우 2배 정도의 유전자에 불과하다. 이는 인간의 매우 복잡한 기능에 비해 매우 적은 수의 유전자가 있음을 의미한다.

또한 하나의 유전자가 여러 종류의 단백질을 만들 수 있을 뿐만 아니라 여기서 만들어진 각각의 단백질은 여러 기능을 할 수 있음을 암시하는 것이다. 따라서 한 유전자는 하나의 작용만을 할 수 있다는 과거의 사고에서 벗어나 그 역할의 다양성을 더욱 연구할 필요가 생겼으며, 유사 유전자 기능의 비교 분석을 포함하여 생명현상을 재해석해야 하는 보다 복잡한 상황이 전개될 것이다.

의학적으로 본다면 다양한 측면에서 파급효과를 나타낼 것으로 예측된다. 각종 유전성 질환을 일으키는 기형 유전자를 보다 쉽게 발견하고, 이를 치료하고 예방할 수 있는 방법론을 보다 효율적으로 제시하게 될 것이다. 암은 많은 경우가 기형 유전자의 영향으로 발생하는데, 게놈 지도는 정상 유전자와 암세포 유전자의 차이점을 밝혀 암 치료에 새로운 틀을 제시할 수 있을 것이다.

지금까지는 한 종류의 약물이 한 종류 질환의 환자들에게 일률적으로 사용돼 왔으나, 앞으로는 유전자 분석 및 진단을 통해 특정 환자에게 가장 효과적인 약물을 사용할 수 있는 맞춤치료 시대로 접어들 것이다. 특히 당뇨, 천식, 간염, 결핵, 고혈압 등과 같은 생명을 위협하는 만성적인 질환에 대해 맞춤치료법을 적용하는 단계에 곧 접어들 것이다. 이밖에도 알코올 중독과 같은 각종 중독성 질환이나 정신질환, 비만 체질에 관련된 유전자가 발견됨으로써 이들 질환의 예방과 치료에 큰 진전이 있을 것으로 기대된다.

산업·경제적 측면에서 본다면, 인간게놈 지도의 완성은 신약 개발을 보다 효율적으로 할 수 있게 함으로써 생명공학산업 및 제약 산업을 급속히 성장시킬 것이다. 지금까지의 새로운 약물 개발은 일단 여러 종류의 약물을 다양하게 만들어 놓고, 특정 질환에 효과가 있는지를 판단하는 실험을 거쳐 완성되었기 때문에 많은 시간과 경비가 요구돼 왔고, 성공할 확률도 그다지 높지 않았다.

인간게놈 지도 완성은 질환과 관련된 유전자를 손쉽게 발견할 수 있게 할 것이다. 발견된 유전자 및 이것에 의해 발현되는 단백질의 기능을 조절하여 질환의 예방 및 치료 효과를 나타낼 수 있는 약물을 예전보다는 훨씬 빠른 속도로 찾게 될 것이고 그 성공확률도 매우 높아질 것으로 예상하고 있다.

사회윤리적 측면에서 보면, 인간게놈 지도가 완성된 후 인간의 성격을 판단할 수 있는 유전자, 약물중독 관련 유전자, 암 관련 유전자, 기타 질환 관련 유전자 등에 관한 개인적인 유전정보가 노출되기 시작하면 보험, 고용, 결혼 등에 상당한 영향을 미침으로써 개인의 존엄성을 해칠 우려가 있고, 이러한 문제들이 앞으로 새로운 사회적 갈등이 될 소지가 있다.

모든 과학의 발전이 그러했듯이 인간게놈 지도 완성은 다방면에 걸쳐 우리의 미래에 많은 영향을 미칠 것으로 예상되며 그 영향이 인류의 행복에 긍정적인 측면뿐만 아니라 부정적인 면으로도 작용할 수 있다. 다만, 우리가 인간 본래 가치에 중심을 두고 얼마나 현명하게 이를 활용하느냐에 따라 우리의 미래는 달라질 것이다.

_강창율·서울대 교수

## 나열식 구성도 매력있게 만들 수 있다

예문은 인간게놈 지도가 완성되면서 나타날 여러 가지 파급효과에 대해 서술했다. 인류의 오랜 꿈이었던 인간게놈 지도가 완성되면서 여러 분야에 영향을 미치고 있다. 또 이에 따라 나타날 파급효과도 클 것으로 예상된다. 파급효과 중에는 긍정적인 측면도 있고 부정적인 측면도 있다. 필자는 이를 여러 항목으로 나누어 분석하면서 인간게놈 지도 완성에 따른 기대와 우려를 간략하게 정리했다.

이 글이 비교적 쉽게 읽히는 이유는 무엇 때문일까? 우선 전문적인 내용을 쓰지 않고 일반인들도 쉽게 이해할 수 있는 내용으로 글을 서술한 점이 커다란 이유이다. 그 다음은 구성이 단조롭기 때문이다. 이 글의 구성 부분을 보면 특별난 굴곡이 보이지 않는다. 대신 인간게놈 지도가 완성되면서 나타날 파급효과를 학문적인 측면과 의학적 측면, 산업·경제적 측면, 사회윤리적 측면으로 나누어 그것을 순차적으로 나열했을 뿐이다. 당연히 복잡한 서술 관계가 없으니 글읽기가 훨씬 편하다.

> 복잡한 서술 관계가 없는 나열식 구성은 글읽기가 편하다.

이 글은 구성에서 가장 단순한 유형인 나열식 유형을 사용하고 있다. 특별히 이야기를 꾸미지 않고 여러 정보만을 순서대로 나열한 것이다. 이런 방법은 구성에서도 가장 손쉽고 단순한 방식이다. 이 방식은 이제 막 글쓰기 학습을 시작한 학생들이 흔히 사용한다. 복잡한 연결 관계를 고려할 필요가 없는 내용이라면 손쉽게 이 방식을 사용할 수 있다.

## 제5유형 : 내용 1→ 내용 2→ 내용 3 (대등한 연결)

나열식 유형의 일반적 특징은 나열되는 내용이 대등하게 연결되어 있다는 점이다. 위에서 보듯 내용 1과 내용 2, 내용 3이 같은 층위의 것이다. 예문을 보면 학문적인 측면과 의학적 측면, 산업·경제적 측면, 사회윤리적 측면이 서로 대등한 자격으로 결합되어 있다. 학문적인 측면에서는 유전자 역할의 다양성에 대한 학술적 연구를, 의학적 측면에서는 맞춤치료 시대의 개막을, 산업·경제적 측면에서는 생명공학산업 및 제약산업의 급격한 성장을, 사회윤리적 측면에서는 개인적인 유전정보의 노출 가능성을 언급했다. 이런 내용들은 모두 인간게놈 지도가 완성되고 난 후 나타날 파급효과로, 서로 나란히 병행하여 쓸 수 있는 항목들이다.

> 나열식 유형의 특징은 대등한 내용을 연결한다는 것이다.

나열식 유형은 다른 구성 유형에 비해 변화가 없기 때문에 아무래도 글의 매력이 떨어진다. 정보를 그냥 하나, 둘 배열하는 것에 불과하니까 굴곡도 없고, 서술도 완만하다.

그렇지만 나열식 유형에도 좋은 글이 많다. 글은 사실 어떤 형식을 가지느냐가 문제되지 않는다. 내용이 좋다면 나열식 유형을 사용하더라도 좋은 글을 만들 수 있다. 내용이 좋다는 것은 결국 그 내용에 맞는 형식을 취했다는 것을 의미한다.

> 내용이 좋으면 나열식 구성도 재미있게 읽힌다.

나열식 유형을 쓸 때는 이런 점을 주목해야 한다. 나열식 유형에서는 나열하는 방식이 아니라 나열하는 내용이 중요하다는 것을 명심하자.

나열식 유형은 어떤 문제에 대해 〈내용-1 + 내용-2 + 내용-3 〉 식으로 서술하는 것이기 때문에 진술 방식이 단순하고 밋밋하지만 독자들의 눈을 끌 만한 정보나 지식, 또는 재미있는 내용이 있다면 독자로부터 호감을 얻을 수 있다. 나열식 유형은 뭔가 배울 만한 내용이거나 재미있거나, 새로운 내용으로 독자를 사로잡아야 한다. 그래서 이런 유형에서는 무엇보다 내용이 매우 중요하다.

### 나열식 유형의 변형 1

최근에 와서 나열식 유형은 단순하게 정보를 나열하는 방식에서 벗어나 여러 형식적 방법과 결합하여 다양한 모습으로 나타나는 경우가 많다. 다음의 예문도 그런 경우이다.

**건맨과 폰맨**

인간의 삶에서 '휴대성'의 의미만큼 중요한 것도 드물 것이다. 휴대성을 제공하는 물체는 우리 삶을 확 바꾸어 놓는 경향이 있다. 영화에도 나오듯 각 개인이 일상에서 권총을 휴대한다는 사실, 그것은 모든 서부극의 핵심이다. 그 이야기의 주제와 플롯이 무엇이든—개척이든, 우정이든, 사랑이든, 복수든—개인 휴대 피스톨은 이야기가 전개되는 상황을 결정한다. 그런데 황야의 건맨(Gun-man)이 서부 개척 시대의 상징이라면, 거리의 폰맨(Phone-man)은 정보 통신 문명 시대의 상징이다. 물론 '건우먼'에 대해 언급할 일은 거의 없지만, 오늘날 '폰우먼'을 거론하지 않으면 남녀평등 위반으로 비난받을지 모른다는 차이는 있다. 또한 서부의 건맨들은 총알을 쏘아대지만, 현대의 폰맨들은 폰을 뽑아들고 말을 쏘아대는 것도 다르다.

하지만 건맨과 폰맨의 유사점은 참으로 많다. 그것은 대부분 휴대성 때문에 파생된 특성들인데, 그들이 항상 휴대하는 '건'과 '폰'은 일종의 페티시즘의 대상이 되기도 한다. 그래서 애지중지하며 잠시라도 몸에서 떼어놓지 않으려는 경향을 보인다. 그리고 그것을 장식하는 데 열을 올린다.

실제로 건맨들은 피스톨 장식에 신경을 많이 썼다고 한다(사람 죽이는 무기를 장식하는 이 문명과 야만의 모순을 보라). 예를 들어 상아손잡이를 단다든가, 총신에 금박을 넣는다든가 했다. 오늘날 멋들어지게 장식한 휴대전화를 보는 것도 그리 어려운 일이 아니다.

아이들까지 피스톨과 휴대 전화에 열광하는 데는 여러 가지 이유가 있겠지만, 우선 '멋있다'는 느낌을 주기 때문이다. 서부영화의 고전이랄 수 있는 조지 스티븐스 감독의 「셰인」에서 주인공 꼬마 조이는 셰인의 그 멋진 상아 손잡이 피스톨에서 눈을 떼지 못한다.

요즘 폰맨과 폰우먼들은 휴대 전화 배터리를 하나 이상 가지고 다니기도 한다. 사용량이 많다 보니 갈아 끼울 필요가 생긴 것이다. 마치 건맨들이 총알을 줄줄이 끼운 탄띠 혁대를 차고 다녔던 것처럼 말이다. 또한 건맨들이 총을 손가락에 끼워 휘휘 돌리기도 하고 총집에서 뺐다 넣었다 했던 것처럼, 폰맨들도 폰을 다양한 방식으로 작동하고 만지작거리는 데에 쉼이 없다.

그리고 흔히 간과하는 것이지만 휴대성은 양의 변화를 급속하게 초래한다. 너무도 당연히 휴대성을 제공하는 물체는 각 단체나 각 가정의 숫자가 아니라, 각 개인의 숫자만큼 보급되는 경향이 있기 때문이다. 그리고 휴대성은 곧바로 일상성에 연계된다. 매일 밤낮으로 가지고 다닌다는 말이다.

건맨들이 바로 이 휴대성과 일상성 때문에, 권총을 긴급하고 꼭 필요할 때만 쓰지 않았던 것처럼(게임을 할 때도 썼고, 기분 좋을 때는 하늘을 향해 쏘아대기도 했다). 휴대 전화는 이제 더 이상 긴급하고 요긴할 때만 쓰는 문명의 이기가 아니다. 이제 '꼭 필요할 때'의 사용과 이른바 '잡담과 수다로 간주하는 것'을 위한 사용 사이의 비율은 어쩌면 전도되었는지도 모른다. 하긴 삶의 필요성이라는 것이 매우 상대적인 것이지만.

과다한 사용에 따라 공동체 생활 속에서 남에게 괜한 피해를 줄 수 있는 가능성 때문에 그에 따른 매너가 필요하다는 점도 둘 사이의 유사점이다. 그래서 '공동체 평화'의 필요에 따라, 건맨들이 그랬던 것처럼 폰맨들도 자신들의 휴대품을 공연장, 교회, 강당 등 특정한 장소에서는 입구에 맡겨야 할 상황이 벌어진 것이다. 그렇게 되면 애지중지하면서 한시라도 떼어 놓을 수 없는 물체와 안타깝지만 잠시라도 떨어져 있어야 한다.

결론적으로 건맨과 폰맨 사이의 가장 큰 유사점은 그들이 일상 속 문명과 야만의 두 얼굴을 가지고 있다는 사실이다. 그것은 또한 인간의 두 얼굴이기도 하다.

_김용석 · 영산대 교수

이 글은 재미있는 발상으로 시작된다. 건맨과 폰맨이 서로 유사하다니? 서부영화의 단골 주인공 존 웨인과 핸드폰을 만지작거리는 거리의 선남선녀가 비슷하다는 말이 아닌가? 이런 발상을 보고 있노라면 인간의 상상력은 끝이 없다는 것을 실감하게 된다.

　이 글의 필자는 건맨과 폰맨의 유사성을 서술하면서 그것이 결국 문명 속의 야만을 보여준다고 생각한다. 문명을 누리면서 여전히 야만의 성격을 지니는 것이 인간의 공통된 속성이라는 주장이다. 그래서 필자는 권총과 휴대폰을 일상성과 휴대성이란 속성으로 묶으면서도 야만성이란 또 다른 측면을 강조한다.

> 재미있는 발상은 독자를 사로잡는다.

　이 글의 결말은 건맨과 폰맨 사이의 가장 큰 유사점이 문명과 야만의 두 얼굴을 가지고 있다는 점이다. 본문에 다양하게 서술된 건맨과 폰맨의 유사한 속성은 이런 결말을 끌어내기 위한 전제이다.

　이 글의 본문에서 건맨과 폰맨의 유사성은 나열식 유형으로 서술되어 있다. '문명과 야만'이란 주제 속에 건맨과 폰맨의 유사한 특성들을 대등하게 나열했다. 예컨대 권총과 휴대전화는 위장을 꾸민다는 점에서 페티시즘의 대상이 된다. 또 여분의 배터리와 총알을 가지고 다닌다는 점도 유사하며, 개인마다 휴대하는 것이기 때문에 급격한 양의 변화를 초래한다는 점도 비슷하다. 또한 목적 이외에 여러 용도로 사용할 수 있으며, 이에 따른 기본적인 예절이 필요하다는 점도 공통적 속성이다.

　그런데 이런 공통점은 대등하게 나열되어 있기 때문에 하나

> 나열식 구성에서는 단락 하나를 빼도 되고 순서를 바꾸어도 된다.

를 빼도 되고, 또 각각 순서를 바꾸어도 상관없다. 새로운 사실을 더 추가할 수도 있다. 권총과 휴대전화는 이를 구입하기 위해 많은 돈이 필요하다는 것을 넣어도 된다. 또 새로운 제품이 계속 쏟아져 나오기 때문에 제품의 회전 속도가 빠르다는 점을 덧붙여도 무방하다.

그런데 이 글을 자세히 읽어보면 이 글의 나열식 유형은 일반적인 나열식 유형과 차이가 있음을 알 수 있다. 우선 나열식 방식에서 흔히 사용하는 첫째, 둘째, 셋째와 같이 항목을 나누어 서술하는 방식을 쓰지 않았다. 또 항목별로 단락을 구분하지 않고 내용의 흐름에 따라 글을 전개했다. 아울러 '건맨'과 '폰맨'의 유사성을 여러 성격으로 나누었지만 하나의 내용을 하나의 단락에만 쓰는 것이 아니라 여러 단락으로 나누어 쓰기도 하면서 아예 단락 중간에 다른 내용을 삽입하기도 했다.

> 나열식 구성은 하나의 내용을 여러 단락으로 나누어 쓸 수도 있다.

이처럼 항목을 구분하지 않고 글의 흐름에 따라 자연스럽게 서술하는 것이 최근의 흐름이다. 첫째, 둘째, 셋째로 구분하는 것은 너무 형식적이고 딱딱하다. 글의 구성은 글의 흐름을 의미하니 굳이 이런 구분을 할 필요가 없다. 나열식 유형은 대등하게 나열되는 내용의 흐름만 이어지면 된다.

다음으로 이 글은 '건맨'과 '폰맨'을 비교하면서 유사성을 찾는 방식을 택하고 있다. '건맨'과 '폰맨'을 서로 비교해야겠다는 생각은 아마 발상 단계에서 얻었을 것이다. 발상 과정에서 보았듯이 비교와 대조는 서술 방식의 아이디어 중 하나이다(구성적 아이디어). 이 글은 발상 과정의 아이디어와 나열식 유형이 서로 만나 구성적 효과를 얻은 경우이다. 나열식 유형도 이렇게 다양한 방식과 결합할 수 있다. 또 이렇게 결합된 방식이 나열식 유형의 단조로움을 뛰어넘게 한다.

## 나열식 유형의 변형 2

나열식 유형은 다른 유형과 결합, 혹은 다른 유형의 하위 요소로 작용할 수도 있다. 특히 나열식 유형은 문제 해결 유형의 하위 요소로 사용되는 경우가 많다.

문제 해결 유형의 주요 요소인 어떤 현상에 대한 원인과 결과, 문제에 대한 해결책에 대등한 정보가 나열되는 경향이 많기 때문이다. 예문을 하나 살펴보자.

> 나열식 유형은 문제 해결 유형의 하위 요소로 사용되기도 한다.

### 교육기회의 불평등

세계화의 거센 물결과 이에 따른 신자유주의의 이념이 우리 사회 곳곳에 스며들면서 교육 분야에서도 온통 경쟁력과 효율성이라는 잣대가 위세를 떨치고 있다. 그 결과 교육의 형평성에 대한 사회적 관심은 뒷전으로 크게 밀리고 있다. 얼마 전 한국에서 교육기회의 불평등이 크게 심화되고 있고, 이를 통해 사회적 지위와 부의 세습화가 이뤄지고 있다는 충격적인 분석이 나왔다. 그런데 그 사회적 파장은 의외로 작았다.

'서울대 2000학년도 신입생 특성조사 보고서'에 따르면, 서울대의 경우 전문직이나 고위관리직 학부모를 둔 학생이 급증

하고 있는 데 반해, 생산직 근로자나 농어민 자녀의 입학률은 급감하는 추세라고 한다. 이에 따라 고급 관리직 종사자가 자녀를 서울대에 보낼 가능성은 생산직의 30배가 넘는다는 추정치가 나왔다. 그런가 하면 최근 한 조사연구에 따르면, 일반계 고교의 서울대 진학률은 서울 강남이 가장 높고, 강북의 어느 구는 강남구의 10분의 1도 안 되는 것으로 나타났다는 것이다. 더욱 우리를 우울하게 만드는 것은 가계별 사교육비 지출이 이러한 편차를 만들어 낸다는 점이다.

결국 사회경제적으로 유복한 가정에서 태어난 자녀는 풍성한 문화 환경에서 성장할 뿐만 아니라 고액과외에 힘입어 상대적으로 손쉽게 명문대학에 진학할 수 있게 된다. 그리고 이들은 학벌사회가 제공하는 사회적 프리미엄의 도움으로 보다 빨리 출세의 사다리를 오른다. 불우한 환경에서 태어난 사람과는 출발점 자체가 다른 것이다.

서유럽의 대부분의 나라에서는 누구나 의지와 능력만 있으면, 박사학위까지 무료로 공부할 수 있다. 자식 등록금 때문에 부모 허리가 휘는 우리와는 천양지차가 있는 것이다. 자본주의 사회가 자기 정당화를 하기 위해서는, 적어도 뒤진 계층의 자녀에게도 교육기회의 평등화를 통하여 사회적 계층상승이 가능하도록 적극적으로 길을 터 주어야 한다. 그래서 대표적 자유주의 국가인 미국도 대학입학, 취업 등에서 사회적 약자에게 일정 쿼터를 주는 '적극적 조치(affirmative action)'를 제도화하고 있고, 개개 대학차원에서도 학생들의 대표성과 다양성을 높이기 위해 적잖은 정책을 고안하고 있다.

한국에서는 '신분 세습화'의 주범이 바로 학벌사회인 점을 고려할 때, 일류대라는 간판이 지니는 부당한 사회적 특권과 특혜를 없애는 일이 가장 중요하다. 아울러 교육재정의 확충을 통해 학교교육을 내실화함으로써 사교육에 대한 의존도를 줄이는 것이 문제해결의 대도(大道)이다.

보다 구체적으로는 우선 불우한 집안 출신의 자제들에게 장학제도를 확대하고, 저소득층에 교육비를 지원해야 한다. 또한 정보화 사회 도래라는 시대적 상황을 감안할 때, 정보 통신 관련 정보나 기술에의 접근에서 소득계층 간에 정보격차(digital divide)가 빚어지지 않도록 줄기차고, 세심한 정책적 관심을 기울이지 않으면 안 된다. 과외비를 많이 쓰는 학생에게 크게 유리한 시험위주의 대입전형은 마땅히 지양되어야 한다. 그러나 대입전형을 다양화, 특성화하는 경우에도 새로운 방식이 가난해도 머리 좋고 공부에 의욕 있는 학생에게 어떤 영향을 미칠 것인가 면밀히 점검해야 한다. 아울러 상대적으로 저소득층 자녀가 많이 재학하고 있는 실업계고교와 다양한 직업훈련기관, 그리고 전문대학의 질을 획기적으로 제고하는 데 정책적, 재정적 지원이 강화되어야 한다.

여기서 무엇보다 중요한 것은 서울대를 비롯한 국립대학이 스스로의 역할을 새롭게 정의하는 일이다. 이제 서울대는 공공재(公共財)가 아니라 특수 사적재(私的財)에 기깝다. 생산직 근로자나 농어촌 출신 자제에게 그림의 떡인 대학은 이미 국립대학이 아니다. 국립대학이라면 마땅히 기본적 자질은 충실하나 가난해서 사립대학에 가기 어려운 학생에게 문호가 개방되어야 한다. 뿐만 아니라 사립대학에서 실용성이 떨어진다고 소홀히 하는 분야, 특히 인문학 등 기초학문을 집중적으로 가르쳐

> 야 한다. 그래야 그것이 국립대학이다.
> 　교육을 매개로 한 신분의 대물림은 이제 그쳐야 한다. '세습사회'는 사회의 통합성과 역동성을 해치고, 궁극적으로는 경쟁력마저 훼손하고 만다. 이 점을 직시해야 할 것이다.
>
> 　_안병영 · 연세대 교수

　이 예문은 교육의 불평등에 대해 원인을 진단하고 해결책을 도모하는 글이다.

　교육이 경제와 더불어 국가 정책의 중요한 현안이니 그 중요성은 두말할 필요가 없다. 서울대 총장의 말 한마디가 언론의 주요한 뉴스거리가 되는 것은 누구나 다 알고 있다. 이중에서도 대학 입시와 교육의 효율성과 평등성은 항상 핵심적인 논쟁이 된다. 이 글 역시 그런 논쟁거리 중 하나인 교육의 불평등 문제와 해결 방안에 대해 다루고 있다.

　여러분이라면 이런 과제를 앞에 두었을 때 어떻게 작성을 할까? 이 글을 보면 그렇게 어려운 것 같지 않다. 앞서 학습한 순서대로 따라가면 무리가 없다.

　처음 순서는 과제를 어떤 식으로 서술해야 할까 생각한다. 세부 내용이 얼른 생각나지 않아도 좋다. 우선 사회적 문제를 진단하는 글이니 그 원인과 해결책을 찾아 제시하자는 생각을 떠올리는 것이 중요하다.

　발상 단계에 이런 생각이 주어졌다면 다음 순서는 자료를 찾

> 발상이 떠오른 뒤에는 관련 자료를 정리하여 메모를 한다.

아보고 개요를 짜는 일이다. 신문을 뒤지고, 관련된 책을 찾아본다. 가능하면 주변 사람들에게 물어봐도 좋을 것이다. 그리고 이를 정리하여 메모를 한다.

이 글의 필자는 서두를 교육의 불평등이 일어난 배경, 즉 일반적인 사회적 상황을 제시하면서 시작했다. 서두에서 필자는 세계화, 신자유주의의 대두, 경쟁과 효율성을 강조하는 사회적 분위기가 교육의 불평등을 심화시키고 있다고 거론했다. 그리고 교육의 불평등이 심화된 근거로 서울대학교 신입생 특성 조사 데이터를 제시했다.

다음 순서는 그 원인을 찾는 것이다. 교육의 불평등 원인은 누구나 다 알고 있다. 부가 세습되는 한국 사회에서 경제적 환경과 문화의 차이는 바로 교육의 불평등으로 이어진다. 필자는 이를 간략히 지적한다.

나열식 유형은 이 글의 중심이자 해결책인 글의 후반부에 나타난다. 필자가 중시하는 부분이다. 우선 이 글의 필자는 서구의 경우와 한국의 경우를 대등하게 대립시킨다.

서구의 경우 교육문제를 해결하기 위한 방안으로 무상교육과 함께 사회적 약자에게 일정 쿼터를 주는 '적극적 조치(affirmative action)'를 도입했다('적극적 조치'는 미국의 소수 인종 우대정책 같은 것을 말한다. 미국 대학의 입학 제도에는 일정한 쿼터를 두어 소수 인종과 흑인을 우대한다).

한국의 경우에도 교육문제를 해결하기 위한 여러 방안을 제시했다. 공공적인 교육정책도 있고 재정지원도 있다.

이런 해결책이 서로 같은 층위에서 대등하게 나열되어 있다.

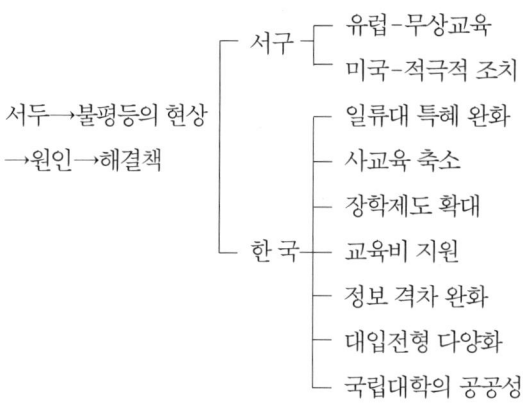

나열식 유형은 여러 정보를 풍성하게 나열할 때 효과적이다.

이처럼 나열식 유형은 정보를 다양화하거나 구체화하는 기능을 맡고 있다. 다시 말해 나열식 유형은 여러 정보를 풍성하게 나열하여 제공할 때 효과적이다.

나열식 유형이 전체 구성의 기능을 할 때도 많다. 그러나 이처럼 나열식 유형이 다른 유형의 하위 구조로 작용하는 경우도 많다. 특히 이런 경우에는 나열식 유형이 병렬적으로 많은 글감을 만들어내는 '정보 생산 공장'의 기능을 한다.

### 전체 구성과 부분 구성

앞의 경우처럼 나열식 유형이 문제 해결 유형의 하위 구조로 작용하는 것을 보면서 우리는 글의 유형에 대해 두 가지 사실을 다시 확인할 수 있다.

하나는 글의 유형이 규정된 형식이 아니라 논리적인 글의 흐름이라는 것이다. 대등한 내용이나 정보를 다양하게 만들어낼 필요가 있을 때 그 정보는 병렬적인 형태를 띠게 되는데, 그것이 글의 논리적 흐름으로 볼 때 가장 타당하다. 수학여행의 장소를 결정할 때 부산과 제주도, 설악산, 속리산 등을 나열하는 것은 서로 인과관계나 추론관계, 또는 종속관계에 있지 않다. 여기에 등장하는 정보들은 하나를 선택하기 위해 제안된 것들로 서로 동등한 자격을 가지고 있다. 좋은 수학여행 장소를 찾으려면 많은 장소를 고려할 필요가 있다. 따라서 나열식 유형에서 내용을 등위적으로 나열하는 것도 타당한 논리를 담고 있다.

이런 논리적인 흐름(내용1 + 내용2 + 내용3)에서 이중 한 부분(예컨대 내용1)을 한 문장, 혹은 한 단락이라는 식으로 분량을 규정하는 것은 정말 어리석다. 어떤 것은 한 단락으로 서술될 수 있고, 어떤 것은 여러 단락으로 서술될 수도 있다. 여기서 말하는 것은 글의 흐름이지, 끊어지는 형식 단위나 정해진 분량을 의미하는 것이 아니다.

두 번째는 구성의 유형이 전체 구성으로 작용할 수도 있고, 부분 구성으로 작용할 수도 있다는 사실이다. 나열식 유형이 문제 해결 유형의 하위 구조로 작용하는 것처럼 글의 유형은 얼마든지 서로 섞어서 사용할 수 있다. 지금은 나열식 유형이 문제 해결 유형의 하위 요소로 사용되었지만, 다음에는 문제 해결 유형이 화제식 유형의 하위 요소로 작용될 수도 있다. 화제를 보여주고 이에 대한 의미를 설명할 때 원인과 결과를 서

> 글의 유형은 얼마든지 서로 섞어서 사용할 수 있다.

술할 수 있기 때문이다. 또 화제식 유형도 여러 유형의 하위 요소가 될 수 있다. 화제는 어떤 주장에 대한 사례로 흔히 거론되는 경향이 많다. 특히 문제 해결 유형에서 원인과 해결책을 제시할 때 자주 사용된다.

글의 흐름에 역행하는 유형은 사용하지 않는다.

결국 가장 중요한 것은 구성을 글의 흐름으로 생각하는 것이다. 그러므로 이 책에서 서술한 유형의 형식을 꼭 고집할 필요는 없다. 앞장에서 설명했듯이 구성은 주제의 흐름에 따라 단락을 하나하나 논리적으로 구상해보는 것이다. 유형은 이런 흐름을 안내하기 위한 하나의 길잡이인데, 만약 그런 역할을 하지 못한다면 유형 따위는 잊어버려도 상관없다. 중요한 것은 좋은 글을 쓰는 것이다.

✓ 점검1

아래의 글은 정치적 현안에 대해 자신의 주장을 밝힌 글이다. 이 글에서 필자의 주장은 마지막 결말 부분에 있다. 본문에서는 시장경제에서 국가가 해야 할 일을 세 가지로 나열하여 주장에 대한 근거로 삼았다. 이 글의 결말 부분을 서두로 앞세우고, 본문을 단락 구분이 있는 나열식 유형으로 만들어서 다시 서술해보자.

> **시장경제는 무엇인가**
>
> 시장경제는 국민 모두가 잘살기 위한 목적을 달성하기 위한 수단으로서 선택한 나라살림의 운영방식이다. 그러나 최근에 재계, 정계 그리고 경제관료 사이에 벌어

지고 있는 시장경제에 대한 논쟁은 마치 시장경제 그 자체가 목적인 것처럼 왜곡되고 있다. 국민들이 잘살기 위해서는 경제가 성장해야 한다. 그러나 경제가 성장했는데도 다수의 국민들이 잘사는 결과를 가져오지 못하고 경제적 강자들의 기득권을 확대 재생산하는 결과만을 가져온다면 국민들은 시장경제를 버리고 대안적 경제체제를 찾을 것이다. 그렇기 때문에 시장경제를 유지하기 위해서는 성장과 분배의 균형이 중요하다. 시장경제는 경쟁을 통해서 효율성을 높이고 성장을 달성한다. 경쟁의 동기는 사적인 이익을 추구하는 인간의 이기적 속성에 기인한다. 국민 각자는 모두가 함께 잘살기 위해서가 아니라 내가 잘살기 위해서 경쟁을 한다. 모두가 함께 잘살기 위한 공동의 목적을 달성하기 위한 수단으로 시장경제를 선택한 것이지만 개개인은 이기적인 동기로 시장에 참여하는 것이다. 이와 같이 시장경제는 개인과 공동의 목적이 서로 상반되는 모순을 갖는 것이 그 본질이다. 그래서 시장경제가 제대로 운영되기 위해서는 국가의 소임이 중요하다.

시장경제에서 국가가 할 일을 크게 세 가지로 나누어 볼 수 있다. 첫째는 경쟁을 유도하는 시장체제를 만드는 것이고, 둘째는 공정한 경쟁이 이루어지도록 시장질서를 세우는 것이며, 셋째는 경쟁의 결과로 얻어진 성과가 모두에게 공평하게 분배되도록 조정하는 것이다. 최근에 벌어지고 있는 시장경제의 논쟁은 세 가지 국가의 역할 중에서 논쟁의 주체들이 자신의 이해관계에 따라서 선택적으로 시장경제를 왜곡하고 있다. 경쟁에서 강자의 위치를 확보한 재벌들은 경쟁 촉진을 주장하면서 공정경쟁이나 분배를 말하는 것은 반시장적이라고 매도한다. 정치권은 인기 영합의 수단으로, 그리고 일부 노동계는 이기적 동기에서 분배를 주장하면서 분배의 전제가 되는 성장을 위해서 필요한 경쟁을 훼손하는 모순된 주장을 한다. 경제관료들은 자신의 권력을 강화하기 위한 부처 이기적인 관점에서 경쟁촉진과 공정경쟁 사이에서 줄타기 곡예를 하며 분배에 대해서 말하는 것은 금기시한다. 모두가 자신들의 기득권을 위해서 선택적으로 시장경제를 왜곡하고 있다.

경쟁은 원천적으로 공정성을 보장하지 못한다. 서로 다른 능력이 주어진 천부적인 차이는 물론이고, 물려받는 재산과 환경의 차이로 인하여 출발선에서부터 불공정한 경쟁이 시작된다. 그럼에도 불구하고 경쟁은 창의력을 가지고 노력하는 사람에게 성공을 가져다주는 체제이다. 그래서 출발선이 다를지라도 노력과 능력에 따라서 성공의 기회가 제공되도록 보장하기 위해서 공정경쟁이 중요하다. 경쟁은 또한 분배의 공평성을 보장하지 못한다. 경쟁의 결과는 경쟁에 참여한 모든 사람들의 노력의 결과로 이루어진 것이지 승자만의 노력으로 이루어진 것이 아니다. 경쟁의 결과가 승자에 의해서 독점된다면 국민들은 경쟁에의 참여를 거부할 수밖에 없다. 그래서 경쟁에 참여한 모두에게 공평한 분배가 이루어지는 것이 중요하다.

의식주는 삶의 기본이다. 입고, 먹고 그리고 주거공간을 마련하는 것은 생존을 위한 것이다. 인간적인 최소한의 삶의 터전으로서 주거의 규모를 국민주택이라고 부른다. 국민주택 분양가 공개로 촉발된 최근의 재계, 정치권, 경제관료들 사이의 시장경제 논쟁은 오히려 시장경제를 왜곡하고 있다. 국민주택 시장에서 경쟁이 공정성과 공평성을 담보하지 못하여 다수의 국민들이 고통받는 시장 실패의 상황에서 국민들에게 인간다운 삶의 최소한을 보장해주기 위해서는 분양가 공개가 아니라 국가가 국민주택 전부를 떠맡아서 건설을 한다고 해도 이는 반시장적일 수 없다. 경쟁지상주의적 논리만을 앞세우고 공정경쟁과 균형적인 분배를 위한 규제를 반시장적인 것으로 매도하는 주장이야말로 오히려 국민 다수로 하여금 시장경제 그 자체를 거부하게 하는 위험한 반시장경제적 왜곡이다.

_장하성 · 고려대 교수

✓ 점검2

일상 속에 있는 아래의 두 사물을 비교하여 나열식 유형의 글을 작성해 보자.

1. 엘리베이터 / 자동차
2. 카메라 / 핸드폰

■ 알고 보면 쉬운 우리글

## 띄어쓰기가 너무 어려워요

'띄어말하기'는 없는데, 왜 '띄어쓰기'는 있는 걸까요? 같은 소리글자를 쓰는 일본어에도 띄어쓰기가 없는데 말이죠. 사실 우리말도 처음에는 띄어쓰기가 없었어요. 여러분이 잘 알고 있는 〈독립신문〉에서도 띄어쓰기를 하지 않았거든요.

그런데 띄어쓰기를 하지 않으니까 문제가 생겼어요. 여러분도 잘 아는 얘기가 있지요?

아기다리고기다리던소풍!!

띄어쓰기를 하지 않으니까 제멋대로 읽히는 문제가 생겼어요. 우리글이 영어처럼 자음과 모음으로 이루어진 소리글자이기 때문이지요. 영어는 단어를 띄어 쓰지요? 그렇지 않으면 무슨 단어인지 알 수 없으니까 당연하겠죠.

띄어쓰기를 하는 이유는 글을 정확하고 빠르게 읽을 수 있게 하기 위한 거예요.

그러면 어떻게 띄어 써야 할까요?

무척 간단합니다. 영어처럼 단어를 띄어 쓰면 돼요. 단, 하나의 예외가 있어요. 조사는 무조건 붙여 써야 해요. 이것이 우리말 띄어쓰기의 전부예요.

그런데 글에서 어디부터 어디까지가 단어인지 모르겠다고요? 그렇지 않아요. 여러분도 잘 알고 있어요. 아는데 모른다고 생각할 뿐이죠. 여러분이 글을 읽다가 모르는 말이 나오면 사전을 찾지요? 그때, 여러분이 사전에서 찾으려는 말이 단어예요.

한번 연습해볼까요?


나는너때문에이길로들어섰다.


자, 위 문장에 나오는 말을 모두 모른다고 가정하고 사전에서 찾아보지요. 아마 여러분 모두 '나, 는, 너, 때문, 에, 이, 길, 로, 들어서다'를 사전에서 찾을 거예요. 그래요, 이게 모두 단어예요. 이것들을 모두 띄어 쓰면 되지요. 단, 조사만 다 붙여 쓰면 됩니다. 어디 해볼까요?


나<u>는</u> 너 때문<u>에</u> 이 길<u>로</u> 들어섰다.(__는 조사)


띄어쓰기 별거 아니지요?
이제 여러분은 글을 쓰면서 80퍼센트 정도 정확하게 띄어쓰기를 할 수 있게 됐어요. 여기에다가 두세 가지 사실만 더 알아두면 띄어쓰기를 98.5퍼센트 정도 정확하게 할 수 있습니다. 나머지 1.5퍼센트는 어떻게 하냐고요? 그건 어쩔 수 없습니다. 따로 외워야 하는 거니까요. 그건 그때그때 외우도록 합시다.

## 8. |서두| 인상적으로 써라

초고는 가슴으로 쓰고, 재고는 머리로 써야 한다.
글쓰기의 첫 번째 열쇠는 쓰는 거지, 생각하는 것이 아니다.

_영화 「파인팅 포레스터」에서

*Reading*

## 미래는 인식의 대상이 될 수 있는가?

　영화 「마이너리티 리포트」에 배경인 미래의 뉴욕에서는 살인자가 존재하지 않는다. 단지 살인 미수 용의자만 존재할 뿐이다. 왜냐하면 국가기관에서 미래를 예견하는 아이들을 이용하여 미래의 살인자, 살인 장소, 시간 등을 알아낸 다음, 살인이 일어나기 전에 범인을 체포해 버리기 때문이다. 이것은 극단적인 미래 인식의 예를 보여준 것이다. 하지만 이 영화에서처럼 미래의 일을 알 수가 있다면 개인의 생활이나 사회의 모습은 지금과는 많이 달라졌을 것이라고 나는 생각한다. 그렇다면 이 모든 것을 바꾸어 놓을 '미래는 인식의 대상이 될 수 있는가?'라는 질문은 정말 가능한 것인가?

　나는 근본적으로 미래는 인식의 대상이 될 수 없다고 생각한다. 물론 사회 내의 많은 부분에서 미래를 예측한다는 것은 중요하다. 예를 들어 개인적인 측면을 보자면, 우리는 일기 예보라는 기상의 미래 예측을 통해서 그 날의 스케줄을 정하고 어떤 옷을 입을지 선택하게 된다. 또한 농부들은 일기의 변화를 앎으로 해서 그때마다 농작물에 대한 필요한 작업을 할 수 있게 된다. 미래 예측이 중요한 것은 국가적인 측면에서도 마찬가지이다. 국익을 최대한으로 지켜나가기 위해서 국가는 앞으로의 주위 환경 변화를 고려한 국가적인 차원의 전략과 정책을 세워 나가야 하기 때문이다. 하지만 이런 미래 예측이 중요함에도 불구하고 내가 미래를 인식의 대상으로 삼지 않는 것은 두 가지 이유가 있다.

　첫 번째 이유로, 미래를 인식의 대상으로 삼기에는 생각해야 하는 돌발 변수가 너무나 많기 때문이다. 우리는 예측과 인식의 차이점을 알아야만 한다. 예측은 현재 일어나고 있는 주위 상황에 대한 정보를 분석해서 도출해 내는 막연한 추측에 불과할 뿐이다. 하지만 인식은 '인식하고 식별하는 것'이라는 말의 정의에서도 알 수 있듯이 한 치에 오차도 허용하지 않는 정확함을 요구한다. 그런데 우리가 알고자 하는 미래는 예측할 수 있을 뿐이지 결코 정해진 시간표처럼 확정할 수 있는 것은 아니다. 예를 들어 일기 예보를 생각해 보자. 오늘날의 일기 예보는 인공위성과 기상정보 시스템의 발달을 통해서 옛날보다 매우 정확해졌다. 하지만 아직도 미 동남부 해안에 갑작스럽게 발생하는 '허리케인'이나 '토네이도' 같은 기상 이변은 감지해낼 수 없다고 한다. 이렇듯 수많은 돌발 변수를 안고 있는 미래는 예측의 대상은 될 수 있어도 인식의 대상은 될 수 없다고 생각한다.

두 번째 이유로는 미래 인식에 사람의 주관적인 판단이 개입되기 때문이다. 예를 들어 똑같은 증시상황을 놓고도 애널리스트들이 분석하는 미래의 증시는 각기 다르다. 어떤 사람은 낙관론으로, 또 다른 사람은 비관론으로 나뉘지기 마련이다. 이렇게 상반된 인식을 하게 되는 데는 서로가 가지고 있는 정보의 차이도 있겠지만, 이런 정보를 분석하는 개인의 주관적인 관점이 더욱 크게 작용한다. 즉, 미래를 보는 개인의 눈이 어떠한가에 따라 미래 인식은 180도로 달라질 수 있는 것이다. 이러한 점은 미래 인식에 대한 객관성을 떨어뜨리게 하고, 오히려 미래가 불확실한 것이라는 것을 역설적으로 이야기 해준다.

물론 미래를 인식하게 된다면 좋은 점도 있을 것이다. 앞에서 말했던 「마이너리티 리포트」의 예처럼 살인사건과 같은 세상의 모든 범죄가 없어질 수도 있을 것이다. 돌발적인 기상 이변에 따른 대처나 국제적인 분쟁을 파악하기도 쉬울 것이다. 하지만 우리는 「마이너리티 리포트」의 결말을 주목할 필요가 있다. 이 영화에서처럼 인식할 수 없는 미래를 인위적으로 인식하고자 한다면 결국 세상은 신의 섭리가 아닌 미래를 인식하는 누군가의 의지대로 돌아가게 될 것이다.

옛날부터 인간은 미래를 인식의 대상으로 삼기 위해 부단히 노력해 왔다. 미래의 날씨를 예측하기 위해서 천문학을 발달시켰고, 자신의 미래를 알기 위해 무당이나 점술가를 찾아가 점을 치기도 했다. 그리고 오늘날에 이르러서 미래를 인식하기 위한 인간의 부단한 노력은 컴퓨터를 비롯한 각종 전자적인 기기들을 만들어 내기도 했다. 하지만 아무리 기술이 발달하고 미래를 예측하는 정보들이 많아도 돌발적으로 일어나는 상황은 예측할 수가 없다. 또한 사람이 만들어가고 사람이 예측하는 미래이기에, 그것을 인식하는 행위에도 결국 사람의 주관이 포함되기 마련이다. 이러한 점들을 해결하지 않고서는 결코 '미래를 인식했다'라고 말할 수 없다고 생각한다. 앞으로도 미래를 인식하겠다는 인간들의 꿈은 계속되겠지만 미래는 결코 인간에게 정복당하지는 않을 것이다.

_학생의 글

### 마이너리티 리포트

앞글은 「미래는 인식의 대상이 될 수 있는가?」란 프랑스 바칼로레아 문제에 대해 한국의 대학생이 쓴 글이다(전체 글은 거의 그대로이다. 문장 몇 개만 고쳤을 뿐이다). 바칼로레아 문제도 재미있지만 이 학생의 글도 재미가 있다. 내용이 어렵지 않은 데다 고개를 끄덕일 부분이 많기 때문이다.

> 본문의 재미를 돕고 내용을 살리는 부분이 바로 서두이다.

이 글의 문제는 '미래는 인식의 대상이 될 수 있을까?'이다. 미래를 그냥 상상해보는 것이 아니라 정확히 인식할 수 있느냐가 물음이다. 대답은 '가능하다'와 '아니다'로 나올 수가 있다. 그러나 지금 현재의 관점에서 보자면 '아니다'로 답하는 것이 더 합리적이다.

이 학생의 대답은 '아니다'이다. 그리고 그 대답을 납득시키는 도구가 '예측'과 '인식'의 차이점을 설명하는 것이며, '인식의 상대적 주관성'을 내세우는 것이다.

인간은 미래를 예견할 수는 있다. 그러나 그것은 정확성을 요구하는 인식의 개념보다 확률을 따지는 예측의 개념에 가깝다. 그뿐만 아니라 그 예측조차도 '상대적 주관성'이라는 함정을 벗어날 수가 없다. 그리고 설사 미래를 인식할 수 있다고 하더라도 좋을 것은 하나도 없다. 미래는 가진 자나 똑똑한 자의 손아귀에서 놀아날 가능성이 많기 때문이다. 미래를 인식할 수 없다는 대답은 이런 논리 덕분에 타당하고 합리적인 것으로 보인다.

그런데 만약 서두 부분이 딱딱한 관념체의 문장으로 되어 있다면 이런 설득력을 발휘할 수 있었을까? 모르긴 해도 글의 아기자기한 맛과 독자의 호응은 줄어들 것이다.

영화 「마이너리티 리포트」를 본 사람은 알겠지만 영화의 주제도 '미래를 예견해서는 안 된다'는 것이다. 유명한 SF 작가 필립 K. 딕(Philip K. Dick)의 단편소설을 원작으로 한 이 영화는 미래를 예견하는 시스템 역시 완전하지 않으며, 인간의 잘못된 욕망에 의해 미래가 조작될 수 있음을 보여준다. 이처럼 글의 주제와 유사한 영화를 서두에 언급한 것은 독자의 관심을 끌 수 있을 뿐 아니라 글의 주제도 보완해주는 일석이조의 효과를 낸다.

> 서두는 인상적이어야 한다. 그래야 독자의 관심을 끈다.

그런 점에서 이 글의 서두는 아주 성공적이었다고 말할 수 있다. 서두가 재미있을 뿐만 아니라 글 전체에 영향을 미치고 있기 때문이다.

서두에서 언급한 영화의 주제는 서두에만 기능하지 않고 본문의 한 부분을 장식한다. 넷째 단락에서 보듯 미래가 인식가능하다 하더라도 힘있는 자의 의지에 따라 바뀔 수 있는데, 이는 서두에서 언급한 영화 「마이어리티 리포트」의 문제 의식이 본문까지 이어진 결과이다.

## 서두의 기능

글의 서두는 어떤 역할을 할까? 글을 읽을 독자의 호기심을 끌어내고, 주제와 관련해서 주의를 환기시키는 기능을 한다는 것이 여러 글쓰기 책의 내용이다. 글이 시작부터 딱딱해서는 웬만한 독자가 아니라면 읽지 않는다. 인터넷이나 영상 매체가 얼마나 화려한데 재미나 호기심을 끌 요소가 없다면 무엇 때문에 글을 읽겠는가? 인내심 없는 독자를 상대한다는 것은 그만큼 어렵다.

> 서두는 그 글을 읽을지 말지를 결정하는 심판의 잣대이다.

독자의 입장에서 서두는 그 글을 읽을지 말지를 결정하는 심판의 잣대가 된다. 서두가 재미있거나 매력이 있으면 다행이지만 그렇지 않으면 그 글은 외면당한다. 다행히 독자가 관심 있는 주제라서 딱딱한 서두를 인내심 있게 읽어준다 하더라도 글이 밋밋해지는 것을 면하기는 어렵다. 그래서 서두를 쓸 때 필자는 언제나 신경을 곤두세운다.

글을 쓰는 필자의 입장에서 서두를 쓰는 일은 어렵고 괴로운 일이다. 글을 쓸 계획을 잘 세웠다 하더라도 서두에서 망설이게 되는 것은 당연한 일이다. 어떤 필자든 서두를 쉽게 쓴다는 사람을 본 적이 없다.

많은 사람들이 첫 문장을 쓰는 일이 무척이나 어렵다고 고백한다. 그래서 진 브라이언트는 무조건 첫 문장을 써놓고 보라고 권한다. 그러면 다음 문장이 자연스럽게 풀린다는 것이다.

정말 그럴까?

내 경험으로는 그런 것 같지가 않다. 다음 내용에 대해 준비되어 있지 않으면 첫 문장을 쓰고 아마 하루 종일 미적거려야 할 것이다. 글은 무작정 민다고 열리는 허름한 문이 아니다. 글쓰기의 문을 열기 위해서는 온 힘을 다해 굳게 닫혀 있는 문을 힘차게 밀어야 한다. 그것도 문고리에 채워져 있는 자물쇠를 연 후에나 가능하다. 글쓰기의 문으로 들어가기 위해서는 서두에 사용할 글의 내용(열쇠)이 준비되지 않으면 안 된다. 글은 다음 내용을 마련해두지 않으면 이어갈 수가 없다.

그러나 매번 준비가 완벽할 수는 없다. 서두를 쓰는 것이 판도라의 상자를 여는 것처럼 불안할 때도 있다. 망칠 것 같지만 잘 쓸 수 있다는 조그만 희망을 간직한 채 상자의 뚜껑을 여는 두려움!

서두의 기능에 대해 잠깐 더 이야기 해보자.

서두를 너무 복잡하게 생각할 필요는 없다. 다른 책에서 말하듯 서두는 글의 얼굴이다. 처음 보는 얼굴은 그 사람의 인상을 결정한다. 물론 얼굴보다 마음이 예쁠 수도 있지만 처음 만난 사람이 그것을 판단할 수는 없다. 서두는 독자로 하여금 글의 첫인상을 주면서 독서 여부를 판단케 하는 기능을 한다.

이 밖에 서두가 하는 기능은 글의 목적과 배경을 제시한다든지, 문제가 무엇인가를 보여주는 것이다. 짧은 글에서는 서두에서 글의 목적이나 문제 의식이 뚜렷이 드러나지 않는 경우도 있다. 따라서 서두의 성격을 좀 넓게 규정하는 것이 좋다. 서두는 하나의 완결된 글에서 글의 시작을 알리는 첫인사이다.

> 잘 쓸 수 있다는 조그만 희망을 간직한 채 서두를 쓰는 두려움!

## 본문을 염두에 두고 서두를 작성하라

글의 서두에서 우리가 관심을 갖는 것은 사실 어떻게 하면 서두를 잘 쓸 수 있을까란 문제이다. 서두의 성격이 무엇이든 멋있는 서두를 쓰는 것이 이 장(章)을 읽는 독자의 목적일 것이다. 서두를 어떻게 작성할 것인가?

우선 서두를 작성하면서 명심해야 할 것은 서두가 본문의 내용과 밀접하게 관련된다는 사실이다. 그래서 본문을 어떻게 써야 할지 결정하지 않고서 서두를 작성할 수가 없다. 서두가 마치 본문과 동떨어져 있는 듯 생각하면 서두와 본문은 물론이고 글 전체가 어긋난다.

글은 살아 있는 유기체와 같다. 서두에서 마무리에 이르기까지 서로 긴밀하게 연결되어 있다.

이런 점을 고려하기 위해 글을 하나의 살아 있는 유기체로 보는 것도 좋은 방법이다. 유기체는 서로 분리되어 있는 기관을 가지지만 서로 연결되어 있다. 한 기관의 상처는 다른 기관에 영향을 미친다. 팔에 생채기가 나면 온몸이 뻐근해지는 게 정상이다. 서두에서 마무리에 이르기까지 각 단락은 서로 연결되어 있다. 한 단락의 실패는 다른 단락에 영향을 미친다.

서두에 무엇을 쓸까? 먼저 서두에 들어갈 내용을 먼저 숙지해보자. 서두에 들어갈 수 있는 주된 내용은 '화제', '과제', '개념', 이렇게 세 가지이다. 우선 이 세 가지를 기억해두자.

- **화제** : 글을 시작하기 앞서 독자의 관심과 흥미를 끌기 위해 독자에게 제공되는 다양한 관심 거리.
- **과제** : 글을 통해 풀고자 하는 문제.
- **개념** : 대상에 대한 정의나 개념, 원리, 적용 등을 풀이하는 것.

일반적으로 서두는 이 세 가지를 어떤 방식으로 진술할 것인가에 따라 결정된다. 어떤 경우에는 하나의 내용만 사용하기도 하고, 어떤 경우에는 두 가지 이상을 겹쳐 사용하기도 한다. 화제와 과제가 결합하는 경우도 가능하고, 개념과 과제가 결합하는 것도 가능하다. 다양한 서두의 형식을 살펴보자.

> 서두에서 사용하는 화제는 상황, 예화, 인용구가 있다.

## 보편적인 화제를 이용한다

일반적으로 서두에서 사용하는 화제로는 관련 상황, 관련 예화나 인용구의 활용 등이 있다.

이중에서 가장 많이 사용되는 것이 관련 상황에 대한 화제이다. 관련 상황에 대한 화제는 글에서 다루고자 하는 테마에 따라 시사적인 상황을 제시하거나, 아니면 테마에 대한 일반적이고 보편적인 상황을 제시한다.

**- 시사적인 상황의 예**

미국 남부 일대를 휩쓴 허리케인 카트리나 재난은 말 그대로 대참사다. 아직도 정확한 피해 규모를 짐작하지 못한다. 인명 피해

1만 명에 재산 피해는 200조원까지 거론된다. 무려 100만여 명이 생존을 위해 전국으로 흩어졌다. 유독성 물질에 대한 경고도 꼬리를 문다. 가히 대재앙이라 할 만하다.

_곽노필, 「카트리나 이후엔 달라질까」

**-대상에 대한 일반적 상황의 예**

18세기 산업혁명 이후 급속도로 발전한 과학기술은 우리에게 물질적인 풍요를 안겨주었다. 지금의 선진국들은 그 당시에 과학기술에 박차를 가한 결과 이룩된 것이라 해도 과언이 아닐 정도이며, 우리나라 역시 선진국들을 타산지석으로 삼아 기술 발달에 관심을 쏟은 결과 짧은 기간에 눈부신 발전을 이룩할 수 있었다.

_학생의 글, 「과학기술과 도덕성」

시사적인 상황을 다룬 서두는 사회·경제적인 문제와 관련하여 당시의 상황을 설명해주는 것이다. 반면에 보편적인 상황을 다룬 서두는 문제와 관련하여 사회적·역사적 배경을 설명하는 것이다.

시사적인 상황이나 보편적인 상황을 제시할 때는 대표성 있는 상황을 찾아야 한다. 이런 상황을 쓰다 보면 할 이야기가 많아 자기도 모르게 길어지니 주의해야 한다.

다음으로 관련 예화를 사용하는 방법도 많이 사용된다. 예화에는 일상에서 일어난 일이나 책에서 읽은 것, 영화, 문학 작품에서 얻은 것도 포함된다.

예화를 사용할 때 주의할 점이 있다. 우선 예화를 있는 그대로 쓰지 말고 글의 내용에 맞게 어느 정도 각색을 해야 한다는 점이다. 이야기도 글의 방향에 따라 초점이 달리하여 쓸 수 있다.

> 예화를 사용할 때는 글의 주제에 맞게 각색을 한다.

다음으로 서두의 분량은 너무 길지 않도록 조절해야 한다. 예화가 너무 길면 글이 늘어져 보일 뿐만 아니라 본문을 구성하는 데도 지장을 준다. 보통 서두는 글의 5분의 1 정도로, 한두 단락으로 구성된다. 항상 여기에 맞춘다는 느낌으로 서두를 쓰는 것이 좋다.

아직 글쓰기에 익숙하지 않은 학생의 경우 분량 조절에 실패하는 경우가 많다. 어떤 학생이 남녀평등에 대한 글을 쓰면서 서두에 출산휴가를 받지 못해 퇴직해야 하는 여성 근로자의 이야기를 잔뜩 썼다. 그런데 분량이 늘어나다 보니 정작 본문과 연결할 고리를 찾지 못하고 말았다. 이럴 때 이 학생은 차라리 출산, 육아 휴가와 관련하여 기업 내의 여성 근로조건에 대한 글을 쓰는 것이 낫다.

분량 조절이 어렵고, 이야기도 각색할 줄 모른다면 예화로 서두를 쓰는 것은 피해야 한다. 예화로 글의 양을 채우는 것은 주요리(main dish)가 나오기도 전에 레몬즙이 가득 찬 샐러드로 배를 채우는 것처럼 어리석은 일이다.

> 분량 조절을 못한다면 예화로 서두를 시작하는 것은 피한다. 주요리가 나오기 전에 샐러드로 배를 채우는 것처럼 어리석은 일이다.

예화로 장식된 서두를 몇 가지 살펴보자.

|서두| 인상적으로 써라 197

가) 아주 옛날, 대장장이 프로미시우스가 인간을 빚으면서, 각자의 목에 두 개의 보따리를 매달아 놓았다고 한다. 보따리 하나는 다른 사람들의 결점으로 가득 채워 앞쪽에, 또 다른 보따리는 자신들의 결점으로 가득 채워 등 뒤에 달아 놓았다고 한다.
 그래서 사람들은 앞에 매달린 다른 사람의 결점들을 잘도 보고 시시콜콜 이리 뒤지고 저리 꼬투리를 잡지만, 뒤에 매달린 보따리 속의 자기 결점은 전혀 볼 수 없게 되었다고 한다.

_장영희,「나와 남」

나) 86년 아시안게임 여자 육상 3관왕인 임춘애 선수는 우승 직후 인터뷰에서 '라면을 먹고 뛰었다'고 말해 전 국민의 심금을 울렸다. 그 후 임춘애는 헝그리정신의 한 상징으로 사람들의 기억에 남아 있다. 얼마 전의 일이다. 텔레비전에서 사회자가 임춘애의 라면신화를 신나게 얘기했더니 20대의 여성 연예인이 부러움에 가득 찬 얼굴로 이렇게 말한다. "그 언니는 좋았겠다. 매일 라면을 먹을 수 있어서. 나는 살찔까 봐 못 먹는데." 나는 가끔, 인간이 사회생활을 영위함에 있어 절대불가결한 권리라는 '기본권'에 대해 각자의 처지에 따라 이런 식의 현격한 인식차가 존재한다는 느낌을 받곤 한다.

_정혜신,「칠흑같은 어둠 속에 사는 이들」

다) 유년의 추억이 깃든 만화 영화, '스머프'에는 유토피아가 담겨 있다. 스머프 마을은 고립된 공동체이며, 모든 소유물은 집

단의 것이다. 파파 스머프는 그의 나이와 지혜로 인해 다른 스머프들에게 존경을 받지만 이것이 그가 다른 스머프들보다 우월하다는 사실을 의미하지는 않는다. 모든 스머프들은 같은 옷을 입고, 같은 음식을 먹는다. 스머프라는 이름 아래 그들은 모두 평등한 것이다. 소유재산이 존재하지 않고, 모두가 노동자인 동시에 주인인 스머프 마을은 토머스 모어의 '유토피아'나, 칼 마르크스의 '공산주의 사회'와 놀랄 정도로 유사하다.

_학생의 글, 「유토피아는 실현될 수 있는가」

예문에서 가)글은 신화의 한 자락을 예화로 삼은 것이다. 나)글은 일상에서 일어난 일을 예화로 삼았고, 다)글은 어릴 적 본 만화 영화를 예화로 삼았다. 예화는 일상사뿐만 아니라 영화나 소설, 신화나 민담 등 이야기의 소재가 될 수 있는 것은 모두 해당된다.

그런데 이 예문들에서 주목해볼 것은 예화를 다루는 방식이다. 가)글은 예화, 즉 이야기만 실려 있다. 이에 반해 나)글은 마지막 문장을 통해 필자의 논평을 딛고 있다. 나)글은 아예 예화와 필자의 논평이 뒤섞여 있다.

물론 가)글의 경우 당연히 다음 단락에는 아마 이 신화에 대한 논평이 들어갈 것이다. 어떤 경우라도 예화만 덩그러니 있는 경우는 없다. 예화에 대한 간단한 논평이 반드시 예화와 붙어서 들어간다. 반면에 나)글은 예화 제시 단락 안에 필자의 논평이

> 예화를 사용할 때는 반드시 간단한 논평을 덧붙인다.

들어가 있다. 이 단락의 마지막 문장이 바로 필자의 논평이다.

우리가 눈여겨봐야 할 것은 다)의 방식이다. 다)글은 TV에서 본 만화 영화 '스머프'를 예화로 삼았다. 그런데 이 글은 예화를 이야기체로 보여주기보다 주제에 맞춰 말을 만들어냈다. 글의 주제가 '유토피아'에 관한 것이기 때문에 '스머프' 마을의 평등주의에 초점을 맞추면서, 유토피아에서 가장 중시하는 것이 평등이란 점을 화제로 보여주었다. 이런 서두는 본문과 연결하기에도 편리하다.

### 인용구의 활용

> 인용구를 활용한 서두는 세련되어 보인다.

서두를 작성하는 방법 중 가장 세련된 것이 인용구를 이용한 방식이다(넓은 의미에서 인용구도 화제 속에 포함시켰다). 서두에 인용구를 사용하면 짧은 경구를 통해 글의 전체 주제를 암시할 수 있다. 그뿐만 아니라 그것을 풀이하는 과정에서 자연스럽게 자신이 말하고자 하는 의미를 유추해낼 수 있다. 그래서 능숙한 필자일수록 인용구를 적절히 이용한다.

인용구를 사용할 때 가장 어려운 점은 마땅한 인용구를 찾아내는 것이다. 좋은 인용구가 되기 위해서는 우선 주제와 부합해야 하고, 또 권위 있는 사람의 것을 사용해야 한다(물론, 속담이나 고사성어 같은 것도 가능하다). 그래서 인용 사전이나 영문 사전을 이용하는 것도 좋은 방법이다. 아니면 관련되는 책을 찾아 살펴본다. 이런 경우 많은 시간이 소요될 수 있다. 그러나 그 시간은 좋은 글을 쓰기 위해 당연히 지불해야 하는 대가로 생각해야 한다.

만약 여러분 중에 뛰어난 작가나 편집자, 칼럼니스트가 되기를 원하는 사람이 있다면 지금부터라도 인용노트나 독서노트를 만들어보기 바란다. 뛰어난 작가의 경우 인용노트나 독서노트를 만들어 인용할 경구를 미리 준비해둔다. 독서만 하고 중요한 인용구들을 기록해두지 않으면 그것을 이용하기가 매우 어렵다. 매번 책을 읽을 때마다 쓰임새가 있는 구절을 메모해둔다면 나중에 글쓰기를 위한 큰 재산이 된다.

> 독서를 하면서 인용구들을 메모하라! 글쓰기를 위한 큰 재산이 된다.

인용구를 사용할 때 기억해둬야 할 것은 적절한 인용구의 선택과 함께 그 인용구를 해석한 부분도 중요하다는 사실이다. 흔히 인용구는 인용구 단독으로는 사용되지 않는다. 너무 뻔한 사실인데도 이것의 중요성을 인지하지 못하는 사람들이 많다. 인용구는 인용구의 부분과 해석의 부분이 항상 결합되어 있어야 적절하게 이용할 수 있다(인용 + 해석). 이것을 기억하면 인용구를 이용해 서두를 작성하는 일이 그리 어렵지 않을 것이다.

> 인용구를 서두로 활용할 때는 언제나 해석 부분이 결합되어 있어야 한다.

> 고대 그리스의 철학자 플라톤이 세운 아카데미아의 정문에는 '기하학을 모르는 자는 이 문 안에 들어오지 말라'라는 현판이 걸려 있었다고 한다. 이러한 플라톤의 생각에는 다소 과장된 면이 없지 않다. 하지만 이를 통해 플라톤은 수학을 학습함으로써 길러지는 논리적인 사고가 모든 학문의 기본이라는 점을 말하고 싶었던 것 같다. 이렇듯 과거로부터 현재에 이르기

> 까지 수학이 학문 영역에서 차지하는 위치는 실로 대단하다. 이러한 수학은 우리의 현실과 영향을 주고받으며 발전해 왔다.
>
> 　사람들은 흔히 수학적 법칙은 시간과 공간을 떠나 보편타당하다고 믿어왔다. 플라톤주의 철학자들은 수학적 대상들은 감각적인 것이 아니라 추상적이며 시공을 초월하여 인식 주체와 독립적으로 존재한다고 주장한다. ……(후략)
>
> _학생의 글, 「현실은 수학적 법칙을 따른다고 볼 수 있는가?」

　이 글의 앞부분은 인용구로 되어 있다. 인용구 다음에는 바로 인용구에 대한 필자의 해석이 등장한다(밑줄 부분). 플라톤은 기하학을 모르는 사람은 아카데미아에 들어오지 말라고 말했다. 필자는 이 말이 수학을 모든 학문의 기초로 삼는다는 사실을 보여준 것으로 해석했다. 수학(논리적 사고)을 모르면 다른 학문을 할 수가 없다. 다분히 수학의 중요성을 강조한 경우인데, 이는 결국 이 글의 과제(현실은 수학적 법칙을 따른다고 볼 수 있는가)와 연결된다. 이 글에서 본문의 첫 단락은 본격적으로 과제에 대한 해명을 시도하고 있다. 따라서 서두는 본문에 앞서 수학의 중요성을 강조하여 독자의 관심을 끌고자 했다.

　인용문은 인용의 부분과 해석의 부분으로 이루어진다. 이 점을 다시 한 번 기억하자. 그리고 해석의 부분은 주제와 밀접하게 연관되어야 한다. 또 주제에서 해명하고자 하는 사실을 뒷받침해주어야 한다.

> 인용문은 인용 부분과 해석 부분으로 이루어져 있다.

다른 예를 하나만 더 보자. 간디의 말을 인용한 것인데, 필자는 인용구를 통해 자신이 하고자 하는 말을 자연스럽게 끄집어 내고 있다.

> 나) "나는 가난한 탁발승이오. 내가 가진 거라고는 물레와 교도소에서 쓰던 밥그릇과 염소 젖 한 깡통, 허름한 요포 여섯 장, 수건 그리고 대단치도 않은 평판 이것뿐이오." 마하트마 간디가 1931년 9월 런던에서 열린 제2차 원탁회의에 참석하기 위해 가던 도중 세관원에게 소지품을 펼쳐 보이면서 한 말이다. K. 크리팔라니가 엮은 『간디어록』을 읽다가 이 구절을 보고 나는 몹시 부끄러웠다. 내가 가진 것이 너무 많다고 생각되었기 때문이다. 적어도 지금의 내 분수로는.
> 
> _법정, 「무소유」

## 과제 제시형 서두쓰기

과제는 말 그대로 글을 통해 해결하고자 하는 문제를 말한다. 과제는 서두에 종종 등장한다. 특히 입시 논술의 답안은 거의 이런 과제 제시형이 많다.

> 논술 답안은 대부분 과제 제시형이다.

과제를 제시하는 방식으로 서두를 쓸 때 꼭 기억해야 할 것이 두 가지가 있다.

먼저 과제만 단독으로 제시하는 경우는 없고, 대체로 과제에 관한 배경이나 상황을 설명하고 그 다음 과제를 제시하는 경우가 많다는 점이다. 과제는 '어떤 것이 문제가 되고 있다'라는 것을 지적해주는 것인데, 이를 말하기 위해 그것이 나오게 된 배경이나, 그것과 관련된 상황을 먼저 보여주고 그 이후 과제를 제시한다(과제 제시 = 배경, 상황 + 과제).

> 18세기 산업혁명 이후 급속도로 발전한 과학기술은 우리에게 물질적인 풍요를 안겨주었다. 지금의 선진국들은 그 당시에 과학기술에 박차를 가한 결과 이룩된 것이라 해도 과언이 아닐 정도이며, 우리나라 역시 선진국들을 타산지석으로 삼아 기술 발달에 관심을 쏟은 결과 짧은 기간 동안 눈부신 발전을 이룩할 수 있었다. 그러나 오랜 시일에 걸쳐 이룩된 서구의 산업사회를 몇십 년 만에 우리나라에 도입하다 보니 그로 인한 환경오염 문제가 심각하게 대두된 것은 사실이다. 이러한 시점에서 우리의 당면한 과제는 산업 부흥인가, 환경 보호인가로 모아지고 있다.
>
> _학생의 글, 「후기산업사회와 환경보호」

이 글은 과학기술의 발전에 관한 역사를 서술한 뒤에 이로 인한 환경오염 문제를 제기하고 있다. 앞에서 제시한 급격한 과학기술의 발전은 환경오염을 불러온 배경이 된다. 과제 제시형의 서두를 쓸 때는 과제가 언제나 그 배경이나 상황과 결합되어야 한다는 점을 명심하자.

두 번째로 기억해야 할 것은 과제 제시를 할 때 직접적인 방법보다 간접적인 방법을 택하라는 것이다. 앞에서 본 예문처럼 '과제는 무엇이다'라고 직접 말을 할 수도 있겠지만, 그것보

과제 제시는 간접적인 방법을 사용하는 게 좋다.

다 과제와 결부된 상황을 제시함으로써 과제를 암시해주는 것이 훨씬 더 고급스러운 방법이다.

> 디지털과 유전자 혁명으로 미래는 거리와 경계가 소멸된다고 한다. 공간과 시간의 거리가 점차 사라져 시공(時空)의 개념이 희미해진다고 한다. 기계는 다른 기계를 먹고 기술은 다른 기술을 삼킨다. 과연 이런 문명의 포식이 우리를 행복하게 해줄까. 집단과 집단, 개인과 개인이 벌이는 속도 경쟁은 예측의 한계를 이미 넘어 버렸다. 사람의 시간을 빨아먹는 괴물 텔레비전은 어떻게 진화할 것인가. 사람의 여백을 흡입하는 휴대폰은 인간을 어디로 호출할 것인가.
>
> _김택근,「진정한 '느림의 삶'을 위하여」

이 글의 과제는 무엇인가? 눈치가 빠른 사람이라면 금세 알아차렸을 것이다. 단락 안에 나오는 '집단과 집단, 개인과 개인이 벌이는 속도 경쟁'이라는 표현에 힌트가 있다(더 눈치 빠른 사람이라면 단락 밑의 제목을 봤을지 모르겠다). 이 글은 현대 문명이 속도와 밀접한 관련이 있다는 상황만 제시하지, 과제가 무엇인가를 직접 설명하지는 않는다. 본문에 '빠름'에 관한 문제와 '느림'에 관한 견해가 제시될 것이 분명하기 때문에 굳이 서두에 그런 고백을 서둘러 할 필요가 없다. 서두는 주제와 관련하여 분위기를 환기하는 기능을 한다. 그래서 과제는 이렇게 상황과 배경을 통해 간접적으로 제시하는 것이 좋다.

## 주제에 관한 개념을 서술하라

개념을 서술하는 글로 서두를 시작할 수도 있다.

서두를 쓰는 방법 중 주제와 관련된 개념을 서술하는 방법도 있다. 이런 서두는 특히 예술이나 문화, 정치, 철학의 개념적 화두가 테마가 되는 글에서 많이 이용된다. 다시 말해 '예술', '대중문화', '민주주의', '세계화', '진리', '자유' 등과 같이 개념적 어휘가 글의 중심 테마가 될 때 흔히 이러한 방식을 이용한다.

> 예술이란 특정한 소재, 형식을 통하여 미를 창조하거나 표현하는 인간의 활동을 뜻한다. 여기서 미는 단순한 아름다움이 아닌 사람들에게 감동이나 쾌감을 제공하는 요소로 순전히 인간의 관념과 상상력의 산물이다. 때문에 예술은 현실과 다소 무관한 인간 삶의 영역이다. 그리고 예술은 현실과 무관하기 때문에 우리에게 현실에서 벗어난 휴식 공간이 되어주었다. 그러나 이러한 예술의 기본적 기능 때문에 현대인들은 예술을 현실과 연관지어 생각하지 않는 경향이 있다. 우리는 인간의 역사에 따라 예술이 변화했으면 했지, 예술이 인간 삶에 변화를 이끌어 내는 요소라고 생각하지 않는다.
>
> _학생의 글, 「예술이 인간과 현실을 변화시킬 수 있는가?」

이런 개념 풀이의 방식에서 유의할 점은 개념의 설명만 나열할 것이 아니라 글의 주제에 접근하는 해석도 포함되어야 한다는 점이다. 윗글을 보면 예술이 미의 창조라는 정의뿐만 아니라 예술이 현실과 무관하게 인식되는 경향까지 설명하고 있다. 이런 설명은 예술이 인간의 삶을 변화시킬 수 있다는 이 글의 주제와 자연스럽게 연결된다.

## 서두를 아주 쉽게 작성하는 요령

좀 길었지만 서두의 여러 형식을 살펴보았다. 그러나 이것 외에도 서두의 형식은 헤아릴 수 없이 많다. 형식을 외워 서두를 쓰려고 하는 일은 어리석다. 여러분 중에 서두 쓰는 법을 이처럼 다 기억하고 있어야 하느냐고 묻는 사람이 있을지 모르겠다. 물론 글을 잘 쓰는 사람이라면 서두를 따로 학습할 필요는 없다. 발상 단계에서 주제와 구성적 아이디어를 구상해두었다면 서두는 자연스럽게 나오게 되어 있다. 그러나 그렇지 않다면 서두의 몇 가지 형식쯤은 기억해두는 것이 좋다.

> 발상 단계에서 주제와 구성적 아이디어를 구상해두었다면 서두는 자연스럽게 쓸 수 있다.

이 밖에도 서두를 간단하게 작성하는 방법이 있다. 이 방법 역시 능숙한 필자에게는 필요가 없다. 그러나 매번 서두를 쓰면서 고민하는 사람이 있다면 이 방법을 한번 권하고 싶다. 특히 논술시험을 공부하는 학생이라면 유익하게 이용할 수 있다.

먼서 서두의 앞에 '화제'에 해당하는 문장을 서술한다. 화제 중에서 테마와 관련된 일반적 상황이나 예화, 인용구 어떤 것이라도 가능하다. 그러나 가급적이면 테마에 대한 일반적 상황을 서술해주는 것이 편하다.

> 테마에 대한 일반적 상황을 서술하는 것이 서두를 쓰는 가장 쉬운 방법이다.

① 20세기 들어 인간의 과학은 급격히 발전했다. 과학의 발달로 사회는 예전의 모습과 다른 모습으로 변화했는데, 정보사회는 바로 이러한 변화된 사회의 한 특질이라 할 수 있다. 각종 통신 기기나 컴퓨터와 같은 과학적 이기의 발전과 함께 집단의 생존 경쟁에 있어서의 정보의 중요성이 대단히 증대되었다. / ② 그러나 미시적인 관점에서 보면 개인의 생활은 정보의 틈바구니 속에서 헤어나지 못하는 것이 현실이다. / ③ 따라서 문제는 우리가 이런 문명의 이기를 누리면서도 그것의 장단점을 파악하고 있느냐 없느냐 하는 것이다. 정보사회가 진정한 유토피아가 되기 위해서라도 이런 점에 대한 문제 진단은 반드시 필요하다.

_학생의 글, 「정보화 사회의 장단점」

위의 예문을 내용별로 분류해보면 다음과 같다. 첫째, ①에서 정보화 사회의 일반적 상황을 제시했다. 둘째, ②에서 이런 상황에 대한 문제점을 분석했다. 정보화의 혜택을 누리지만 개인적 삶이 지나치게 정보화의 흐름 속에 종속된다는 것이다. 셋째, ③에서는 현시점에서 정보화 사회의 장단점을 진단해보는 것이 필요하다는 내용으로 과제를 제시했다.

> 일반적 상황을 서술한 뒤에는 그 상황에 대한 문제점을 지적한다.

이런 형식은 서두를 쓰는 가장 일반적인 방식이다. 서두에서 앞부분은 독자의 이해를 돕고 관심을 끌기 위해 테마에 대한 일반적인 현상이나 상황 등을 서술한다. 그리고 이로부터 테마에 대한 문제점이나 중요성을 집어내는 것이다. 문제점이나 중요성은 당연히 주제와 부합된 것이어야 한다.

그런데 윗글에서 한 가지 우려할 점은 ③이 서술됨으로써 어딘지 모르게 논술 답안의 냄새가 난다는 것이다. 일반적인 글이라면 굳이 이렇게 과제 제시를 할 필요는 없다. ①과 ②만을 제시해도 충분히 그럴듯한 서두가 된다.

### 서두를 쓰는 방식
① 테마와 관련된 일반적 상황 제시
② 관련 문제점이나 중요성 제시
③ 과제 제시(생략할 수 있음)

다른 예를 하나 더 들어보자. 앞의 예문은 좀 딱딱하여 세련된 맛이 떨어진다. 그래서 이번에는 예화나 인용구를 이용한 서문을 작성해보자.

> ① 현대 산업사회에 살고 있는 인간을 일컬어 '리스먼'이 말하기를 '고독한 군중'이라고 했다. / ② 이것은 사람들 사이에 정서적 유대 관계없이 낱낱이 고립되어 살아가는 현대인의 삶에 대하여 지적한 말이다. / ③ 우리 사회도 세분화, 전문화하게 됨에 따라 인간 중심적 관계가 희박해지고 개인주의와 이기주의적 행동양식이 지배하는 사회로 변모하고 있다. / ④ 지금은 바람직한 인간 사회와 개인적 삶의 향상을 이루기 위해서라도 이런 개인주의와 이기주의에 대한 근본적인 문제 진단이 필요한 시점이다.
>
> _학생의 글, 「이기주의와 개인주의」

①은 리스먼의 말(현대인은 고독한 군중이다)을 인용한 부분이다. ②는 인용구에 대한 해석이다(고립된 현대인의 삶). 앞서 말했지만 인용구나 예화, 예시 다음에는 이런 해석의 문장이 따라와야 한다. ③은 이런 인용구와 관련하여 현대 사회의 문제점(개인주의와 이기주의적 행동양식)을 지적한 내용이다. ④는 과제 제시에 가까운 문장이다. ④는 빼거나 붙여도 무방하다.

또 다른 예를 통해 실습을 해보자.

아래 글은 신문에 발표된 칼럼의 서두 부분이다. 아래 글 역시 서두가 〈일반적 상황 제시 + 문제점 제시〉의 형식으로 되어 있다. 이 글을 잘 읽어보면 어디까지가 대상에 대한 일반적 상황을 서술한 부분인지, 또 어디까지가 문제점이나 중요성을 지적한 부분인지 쉽게 찾을 수 있다. 과제는 제시되지 않았다.

> 원전수거물관리시설 유치에 여러 지방자치단체가 뛰어드는 등 예전과는 다른 양상을 보여주고 있다. 8월 31일자로 유치신청을 마감한 결과 경북 경주시와 포항시, 전북 군산시에 이어 경북 영덕군이 산업자원부에 유치 신청서를 제출함으로써 원전수거물관리시설 선정을 위한 경쟁구도는 4파전으로 압축되었다. 오랫동안 난항을 겪어오던 국책사업이 해결의 실마리를 보임에 따라 많은 원전 종사자와 국민이 안도하고 있다.
> 그러나 냉정히 보면 이제 겨우 첫 단추를 끼웠을 뿐이다. 원전수거물을 안전하게 처리할 수 있다는 전문가들의 견해와 그렇지 못하다는 반핵론자들의 주장이 여전히 대립하고 있으며,

유치를 위한 찬반투표 과정에서도 주민들 간 갈등과 반목이 예상된다. 유치를 희망하는 지자체 인근 지역 주민들의 반발이 심상치 않아 새로운 갈등을 야기할 우려마저 제기되고 있다.

_강동훈, 「방폐장 건설, 이제 시작이다」

✓ 점검1

다음 주제에 대한 서두의 글을 작성해보자.
1. 외국산 수입 식품류에 대한 안전 진단이 필요하다.
2. 무분별한 지역 축제를 지역별 특성화 방향으로 재조정해야 한다.
3. 예술과 과학은 서로 대립되는 것이 아니다.

✓ 점검2

다음 서두를 읽고 각각 어떤 방식으로 사용되었는지 설명해보자.

1) 노블레스 오블리제(noblesse oblige)는 그 지위에 맞는 '도덕적 의무감'이다. 높은 지위든 낮은 지위든 사람들은 모두 지위를 가지고 있다. 그러나 여기서는 '높은 지위'만을 말하고, 그것도 사회를 이끌어 가는 지도층에 속하는 사람들의 지위만을 말한다. 지도층은 엘리트층이라고도 하고 상층이라고도 한다. 좀 부정적인 의미로는 지배층이라고도 한다. 노블레스 오블리제는 이 사람들의 높은 지위에 부합하는 도덕적 양심과 거기에 합당한 도덕적 행동을 이른다.

_송복, 「왜 노블레스 오블리제인가」

2) 플라톤은 「국가」에서 동굴 우화의 형식을 빌어 진리가 얼마만큼 고통스러운가를 보여주었다. 동굴에 갇힌 죄수는 동굴 벽에 그려진 거짓 환영에 사로잡힌 나머지 스스로 동굴 밖으로 나올 생각을 하지 않았다. 한 죄수가 동굴 밖으로 나오자마자

태양 빛의 현란함에 넋을 잃고 눈이 멀게 된다. 그는 동굴 속으로 돌아가 동굴 바깥 세계의 일들을 동료 죄수들에게 들려주지만 곧 비웃음과 빈정거림의 대상이 되었다. 그들은 벽에 비친 환영이 거짓된 것임을 모르며, 또 이를 검토해 보아야 한다는 사실도 부정한 것이다.

진리를 받아들이는 것은 이처럼 쉬운 일이 아니다. 진리가 인간 사고의 최종 목적지라는 것이 분명함에도 불구하고 단지 그것이 때로 불편하고, 어렵다는 이유로 거부되고 회피된다. 진리는 인간의 편이성과 유용성에 의해 쉽게 재단되고 평가되는 것이다. 그렇지만 이런 이유로 진리가 무작정 거부될 수는 없다. 진리를 추구하는 것이 의무인 것은 진리만이 세상의 일을 올바르게 알려주고, 어떻게 하는 것이 능률적으로 행동하는 것인지를 말해주기 때문이다.

-「프랑스 바칼로레아 시험 답안」 중

■알고 보면 쉬운 우리글

## 띄어쓰기에서 나머지 두세 가지가 뭐죠?

### 관형절 뒤에 띄어쓰기

띄어쓰기에서 까다로운 게 하나 있어요. 의존명사와 그것을 꾸며주는 관형절을 띄어 쓰는 것이에요. '의존명사', '관형절' 같은 문법용어가 나오니까 머리가 아프려고 하지요? 그런 거 뭔지 몰라도 되니까 지레 겁먹지는 말아요.

먼저, 다음 예문을 보세요.

① 철수가 먹<u>은</u> 떡은 영희의 것이다.
② 철수가 먹<u>는</u> 떡은 영희의 것이다.
③ 철수가 먹<u>을</u> 떡은 영희의 것이다.
④ 철수가 먹<u>던</u> 떡은 영희의 것이다.

①~④의 밑줄 친 부분이 '떡'을 꾸며주고 있지요? 그리고 자세히 보세요. ①~④에서 밑줄 친 부분에 굵은 글씨 '-은, -는, -을, -던'이 있지요. 이렇게 동사가 뒷말을 꾸며줄 때는 띄어 써야 합니다. 그리고 이럴 때는 동사 뒤에 '-은, -는, -을, -던'이 붙습니다.

자, 이제 정리해볼까요? 동사 뒤에 '-은, -는, -을, -던'이 붙으면 반드시 띄어 쓴다, 됐지요? 그럼 다음 예문을 볼까요?

⑤ 나는 떡을 먹은 적이 없다.
⑥ 나는 비가 오는 줄을 몰랐다.
⑦ 나는 토끼를 잡을 수가 있다.
⑧ 나는 먹던 것을 버렸다.

⑤~⑧도 마찬가지이겠지요?
밑줄 친 부분을 보면, 동사 뒤에 '-은, -는, -을, -던'이 붙었지요?
그러니까 띄어 쓰면 돼요.

이제 연습해볼까요?

⑨ 먹을 만큼만 먹어라.
⑩ 너만큼 많이 먹는 사람은 처음 봤다.

⑨에서는 띄어 써야 해요. 왜죠? 맞아요. 밑줄 친 부문을 보면, 동사 '먹(다)' 뒤에 '-을'이 붙었어요. 그러면 ⑩은요? 그렇지 않죠? '-은, -는, -을, -던' 같은 게 없어요. 그러니까 띄어 쓰면 안 되겠죠?

여기서 한 가지 주의할 게 있어요. 'ㄴ지'와 'ㄹ지'인데요. 이것들은 다 붙여 써요. 아래 ⑪과 ⑫처럼요.

⑪ 철수가 **착한지** 모르겠다.
⑫ 철수가 **착할지** 모르겠다.

그런데 여기에 한 가지 예외가 있어요. 'ㄴ지'에서 '지'가 시간을 나타내면 ⑬처럼 'ㄴ 지'로 띄어 써야 해요.

⑬ 철수가 **밥을 먹은 지** 세 시간이 되었다.

복잡하지요? 그럼 그냥 이렇게 알아두세요.
'ㄴ지'와 'ㄹ지'는 다 붙여 쓴다. 단, 'ㄴ지'가 들어간 문장에 시간과 관련된 단어가 들어 있으면 'ㄴ 지'로 띄어 쓴다!!

# 9. |결말| 영화의 엔딩신처럼 연출하라

글을 잘 쓴다는 것은 고통스러운 노력이 필요하다.

_어네스트 헤밍웨이

## '고시 열풍'에 대한 처방

### 1

지금 우리 사회에선 이른바 '고시 열풍'에 관한 논의가 한창이다. 근년에 국가 고시들에 응시하는 젊은이들이 부쩍 늘어났다. 고시들과 관련이 없는 학문들을 전공한 젊은이들까지 고시 공부에 매달리는 형편이다. 따라서 생산성이 비교적 낮은 분야에 너무 많은 인적 자원이 투자되고 소중한 지식들이 사장된다는 걱정이 나오는 것은 자연스럽고 정당화된다.

자연스럽지만 정당화되기 어려운 것은 고시를 준비하는 젊은이들을 비웃거나 훈계하는 일이다. 그들이 법적으로나 도덕적으로 비난받을 까닭이 없다는 점만을 가리키는 것은 아니다. 그런 비난은 고시를 준비하는 개인들의 판단이 합리적이라는 사실을 놓친 것이다. 근년에, 특히 이번 경제 위기 속에, 새로 직업 시장에 참여한 젊은이들은 일자리를 얻기 어려웠다. 그런 상황에서 각종 고시들은 좋은 대우와 안정성과 장래성을 함께 지닌 일자리를 얻는 지름길이었다. 따라서 그런 비난은 문제를 잘못 짚었을 뿐 아니라 효과도 없다.

### 2

이 문제에 대한 합리적 처방은 고시 준비를 그렇게 합리적으로 만든 사회적 조건들을 바꾸는 것이다. 실은 바로 그것이 모든 정책들의 목적이다. 정책은 개인들의 판단이 바탕을 둔 사회적 조건들을 바꾸어 그런 개인들의 판단을 바꾸려는 시도에 다름 아니다.

가장 근본적인 대책은 정부의 몸집과 힘을 줄이는 것이다. 정부가 시장 위에 군림하는 한, 관리라는 직업의 매력은 여전히 클 것이고 뛰어난 재능을 가진 젊은이들이 고시를 준비하게 될 것이다. 물론 정부의 몸집과 힘을 줄이는 것은 시장 경제 체제인 우리 사회에서 무엇보다도 중요한 개혁이다.

보다 직접적이고 쉽게 실행할 수 있는 대책은 고등교육에 대한 규제를 완화하는 것이다. 학과들의 종류와 정원을 엄격하게 묶어놓은 탓에, 대학들은 그동안 사회 환경의 변화에 제대로 대응할 수 없었고 직업 시장에서 팔리지 않는 학위들을 많이 생산했다. 만일 대학들이 학과들의 종류와 정원을 자유롭게 바꿀 수 있다면, 직업 시장에서 바라지 않는 학위들을 가진 젊은이들은 많이 줄어들고, 자연히, 고시를 준비하는 이들도 줄어들 것이다.

가장 시급한 대책은 그러나 노동 시장의 자유화다. 지금 노동법은 너무 경직돼서, 기업들이 덜 필요한 종업원들을 내보내고 꼭 필요한 젊은이들을 받아들이는 것은 실질적으로 불가능하다. 이런 사정은 젊은이들에게 너무 불리하다.

게다가 그런 사정은 기업에게 해롭고 나아가서 우리 사회에 크게 해롭다. 오래 되고 생산성이 낮은 요소들이 새롭고 생산성이 높은 요소들로 바뀌어야, 기업들은 생산성을 높여 경쟁력을 유지할 수 있다. 그리고 지식의 노후화가 점점 빨라지는 터라, 젊은이들이 지닌 새로운 지식과 태도는 조직을 활기차게 만드는 데서 결정적 역할을 한다. 신진대사가 제대로 이루어지지 못하는 상태에선 우리 기업들은 필연적으로 활기와 경쟁력을 잃게 된다. 실은 근년에 우리 사회에서 인적 신진대사가 제대로 이루어진 분야는 정부 부문뿐이었다. 젊은이들이 정부 부문으로 몰리는 것은 당연하다.

3

위에서 살핀 것처럼, '고시 열풍'은 뿌리가 여럿이고 깊다. 자연히, 사회가 근본적으로 개혁돼야, 비로소 그것이 사그라질 것이다. 그것을 개인들의 단견이나 욕심에서 나온 현상으로 여기는 것은 문제의 핵심을 놓치는 일일 뿐 아니라 올바른 진단과 처방이 나오는 것을 막아서 문제의 해결을 어렵게 한다.

_복거일 · 소설가

### 요약과 전망으로 끝맺는다

앞의 예문은 단지 세 개의 문장으로 결말을 맺고 있다. 처음 두 문장으로 서두와 본문의 내용을 요약했고, 마지막 세 번째 문장으로 전망을 하며 글을 맺고 있다.

이 글의 서두에서는 '고시 열풍'에 문제가 있으며, 이를 고시 준비생의 탓으로 돌릴 수 없다는 점을 서술하고 있다. 본문에서는 그 해결책을 여러 가지로 제시하고 있는데, 주된 내용을 '고시 열풍은 뿌리가 여럿이고 깊기 때문에 근본적으로 사회가 개혁돼야 한다'로 요약할 수 있다.

이 요약 내용이 결말의 처음 두 문장이다. 그리고 이어서 자신의 주장을 잘못 이해할 경우 문제 해결을 그르칠 수 있다는 전망으로 글을 마무리하고 있다.

> 결말에서는 서두와 본문에서 이야기한 자신의 생각을 정리하고 마무리 짓는다.

결말은 서두와 본문에서 이야기한 자신의 생각을 정리하고 마무리 짓는 부분이다. 정리하고 마무리 짓는 가장 보편적인 방법은 '요약'과 '전망'으로 구성하는 것이다. '요약'과 '전망'을 하면서 자신의 주장을 보여주면 된다. 즉, 서두에서 제기한 문제와 그것에 대한 본문의 논의를 요약하면서 자신의 주장을 보여주거나 제기된 문제에 대해 자신의 주장을 바탕으로 전망하면서 끝을 맺는다.

여기서 주의할 것은 요약을 할 때 서두나 본문에서 썼던 말을 그대로 써서는 안 된다는 것이다. 요약이므로 본문에서 다룬 내용이어야 하지만 표현은 달라야 한다.

전망을 할 때에는 아직 해결하지 못한 문제를 다룰 수도 있다. 이를 밝히는 것은 필자의 정직성을 보여주고 독자의 반박을 피하기 위함이다. 이렇게 함으로써 자신의 주장은 더욱 설득력을 가지게 된다.

## 결말에 주장을 담는 네 가지 방식

'요약'과 '전망'이 결말을 구성하는 기본 요소이기는 하지만 반드시 둘 다 있을 필요는 없다. 경우에 따라서 어느 하나만 있어도 된다. 그러니까 결말은 〈요약 + 전망〉, 〈요약〉, 〈전망〉 중 하나로 구성된다.

> 결말은 〈요약 + 전망〉, 〈요약〉, 〈전망〉 중 하나로 구성된다.

결말에서 필자는 자신의 주장을 다시 한 번 강조한다. 이러한 주장은 요약이나 전망 속에 들어갈 수가 있다. 따라서 결말에 주장이 들어가는 방법은 〈요약(주장) + 전망〉, 〈요약 + 전망(주장)〉, 〈요약(주장)〉, 〈전망(주장)〉, 이렇게 네 가지인 셈이다.

자, 그럼 이제부터 이 책에 나온 예문을 중심으로 어떻게 결말을 쓰는지 알아보자.

### 1) 요약(주장) + 전망

**∴ 아날로그(analog)와 디지털(digital)**

나는 가끔 디지털보다 아날로그가 좋다는 생각을 한다. 때로 더디 가고, 때로 느리고, 때로 멈추는 것도 빨리 가는 것 못지

|결말| 영화의 엔딩신처럼 연출하라 221

않게 필요하다. 전자메일보다 때 묻은 편지가, 핸드폰보다 직접 골목길을 돌아 친구 집에 찾아가는 것이 훨씬 따뜻하고 정겹다는 것을 아무도 부정하지는 못할 것이다. 디지털도 인간다운 따뜻함을 지니기 위해 아날로그의 도움이 필요하다.(요약)// 디지털만 외치다가 우리 모두는 차가운 기계의 노예가 될지도 모른다.(전망)

이 글은 여러분이 3장에서 읽은 내용인데, 필자가 자신의 주장을 바탕으로 내용을 요약하고 있다. 필자는 디지털보다는 아날로그가 더 좋다고 결말을 시작하면서 디지털의 기계적 속성을 아날로그의 인간적 속성이 보완할 수 있다고 주장한다. 그런데 이러한 내용은 본문에서 이미 이야기해온 것들이다. 필자는 본문에서와 다르게 표현을 바꾸어 내용을 요약하면서 자신의 주장을 밝히고 있다.

> 결말은 본문과 다른 표현으로 내용을 요약해야 한다.

필자는 결말을 마무리하기 위해 마지막 문장에서 아날로그의 이점을 외면할 경우 비참한 미래가 올 것이라고 전망하면서 글을 맺는다.

2) 요약 + 전망(주장)

**콜럼버스여, 달걀 값 물어내라**

정작 오늘날 필요한 발상의 전환은, 달걀을 어떻게 하면 세울 수 있을 것인가라는 질문에 갇혀 그 답을 모색하는 일에서 가능한 것이 아니라, 달걀의 모양새가 왜 타원형인가를 진지하게 묻는 일에서 시작된다.(요약)// 원래의 타원형을 지키려는 새로운 노력이 '오늘의 상식'을 깨지 못할 때 생명의 신음 소리는 도처에서 계속 들리게 될 것이다. 그리고 그것은 다름 아닌 우리 자신의 죽음으로 다가오게 된다. 바로 이러한 문명사적 위기를 극복하려는 마음이야말로 진정한 발상 전환의 출발점이 아닌가.(전망)

이 글은 1장에서 읽은 글의 결말 부분이다. 이 글은 조금 긴 하나의 문장으로 본문을 요약하고 있다. 그 다음 두 개의 문장으로 원래의 타원형을 지키려는 새로운 노력이 '오늘의 상식'을 깨지 못하면 위기에 직면할 것이라고 전망하면서, 마지막 문장에서 자신의 주장을 피력하고 있다.

> 결말에서는 자신의 주장을 다시 한 번 강조한다.

### 3) 요약(주장)

"예술가가 취할 임무는 모방할 수 있는 모델을 우리들에게 주는 것이 아니라 우리에게 살 수 있는 자유의 예를 보여 줌으로써 우리의 창작성에 호소하는 데 있다." 예술가의 임무를 이와 같이 말한 뒤프레의 의견에 우리들이 따를 수 있다면, '보는 것'을 피하는 것이야말로 '사는 것'을 피하는 것이 될 것이다.

_김해성, 「열린 눈과 굳어버린 눈」

이 글에서는 '전망' 없이 요약만으로 결말을 구성했다. 요약은 두 문장으로 구성되어 있다. 첫 문장은 뒤프레의 말을 인용하여 본문의 내용을 압축적으로 보여주고 있고, 뒷문장은 '보는 것'과 '사는 것'을 대비시켜 요약하면서 필자의 주장을 드러

> 요약만으로도 훌륭한 결말을 쓸 수 있다.

내고 있다.

이처럼 전망없이 요약만으로도 훌륭한 결말을 쓸 수 있다.

### 4) 전망(주장)

**간디의 물레**

간디의 메시지는 경제성장의 논리에 대한 무비판적인 순종과 편의주의적 생활의 안이성에 깊숙이 젖어 있는 우리들에게 헛소리처럼 들릴지도 모른다. 그러나 온갖 생명에 위해를 가해온 산업문명이 인간 생존의 자연적·생물학적 기초 자체를 파괴하는 데까지 도달한 지금, 그것이 정말 헛소리로 남는다면 우리의 장래는 어떻게 될 것인가?

이 글에는 요약이 없다. 굳이 요약에 해당하는 부분을 찾는다면 '간디의 메시지'이다. 필자는 '간디의 메시지'가 헛소리로 남는다면 우리의 장래는 희망이 없다는 주장을 전망을 통해 이야기하고 있다. 전망만으로 결말을 구성하는 방식은 결말이 본문에서 전개한 이야기의 흐름을 타면서 연결되기 때문에 글의 연결이 훨씬 부드럽게 느껴진다.

이와 유사한 결말 구성 방식은 본문에서 문제를 나열하고 결말에서 해결책을 제시하는 유형의 글에서도 볼 수 있다.

### 결말을 쓰는 몇 가지 방법

하나의 글은 '서두-본문-결말'로 구성된다. 결말은 자신의 글을 끝맺는 부분으로 본문과는 구별되는 부분이다. 그러므로 본문에서 전개한 필자의 주장이 무엇이었는지 분명히 알 수 있어야 한다.

이제 우리는 결말이 '요약'과 '전망'이라는 요소로 구성되는 것은 알았다. 그러면 결말을 어떻게 쓰는지 알아보자.

> 결말에서는 필자의 주장이 무엇인지 분명히 알 수 있게 해야 한다.

1) 인용으로 결말 쓰기

"예술가가 취할 임무는 모방할 수 있는 모델을 우리들에게 주는 것이 아니라 우리에게 살 수 있는 자유의 예를 보여 줌으로써 우리의 창작성에 호소하는 데 있다." 예술가의 임무를 이와 같이 말한 뒤프레의 의견에 우리들이 따를 수 있다면, '보는 것'을 피하는 것이야말로 '사는 것'을 피하는 것이 될 것이다.

_김해성, 「열린 눈과 굳어버린 눈」 중에서

이 글은 뒤프레의 말로 결말을 시작하고 있다. 이처럼 유명한 사람의 명언을 인용하여 결말을 구성하는 방식은 독자에게 강한 인상을 주어 필자의 주장이 오랫동안 머릿속을 맴돌게 하는 여운을 준다. 또한 인용한 부분이 자연스럽게 결말과 본문을 구별해준다.

2) 예시로 결말 쓰기

**⋮ 동화를 위한 계산**

국민 연금과 같은 사회 안전망은 현대 사회가 생각해낸 가장 매력적인 동화들 가운데 하나다. 그러나 그것을 제대로 실현하는 일은 무척 어렵다. 관료주의적 발상에 바탕을 두고 기계적으로 일을 처리하게 되면, 이번 경우처럼 사회적 혼란과 불만을 불러온다. 냉혹한 이 세상에서 아름다운 동화를 실제로 이루려는 사람들은 현실적 감각과 정확한 계산능력을 갖추려고 애써야 한다.

**⋮ 연비**

지난주 한국은행 금융통화위원회는 콜금리 목표치를 연 3.5%에서 유지하기로 했다. 물가가 가파르게 오르고 있다는 게 동결 이유다. 이를 가리켜 이헌재 경제부총리는 '아쉬운 조치'라고 했다. 가속 페달을 더 밟아야 할 때인데도 너무 조심운전을 한다는 불만의 표시인 듯하다. 그렇다면 경제정책의 연비가 자꾸 떨어지고 있는 것일까. 아니면 안전운전을 하고 있는데도 공연히 조급해하는 것일까.

> 시사적인 이야기는 독자의 호응을 얻기가 쉽다.

위의 두 글은 이 글을 쓸 당시의 시사적인 문제를 예로 들어 결말을 시작하고 있다. 그때그때의 시사적인 문제는 사람들 대부분이 관심을 가지고 있기 때문에 독자의 호응을 쉽게 얻을 수 있고 독자가 쉽게 필자의 주장을 이해할 수 있다.

이처럼 결말 처음에 시사적인 문제를 도입하면 자연스럽게 결말과 본문을 구별해준다.

## 3) 신변의 일상사로 결말 쓰기

### 군화와 고무신의 차이

오로지 달성해야 될 목표와 그 목표를 달성하기 위한 첨단 장비들만이 우리의 관심이다. 그로 인해 파괴되는 자연과 주변의 인간관계는 다 부차적인 것이 되어버렸다. 목표를 달성해서 돈을 많이 벌면 그 돈을 가지고 파괴된 자연과 인간관계를 복구할 수 있다고 믿는 것일까. 우리가 살아가면서 진정 행복이라고 느끼는 것들의 대부분이 돈으로는 살 수 없거나 복구할 수 없는 것이다. 이제부터라도 시대에 뒤떨어졌다고 비웃지 말고 한가한 날 집 근처로 산보를 나가거나 근교의 시골집엘 방문하게 되면 고무신을 한번 신어보자. 확실히 다른 느낌을 가지게 될 것이다.

### 하필이면

'하필이면'의 이중적 의미를 생각하니 내가 지고 가는 인생의 짐이 남의 짐보다 무겁다고 아우성쳤던 좁은 소견이 새삼 부끄럽다. 창문을 여니, 우리 학생들이랑 일산 호수공원에 놀러 가기로 한 오늘, '하필이면' 날씨가 유난히 청명하고 따뜻하다.

위의 두 글은 신변의 일상사로 글을 맺고 있다. 신변의 일상사는 우리 모두의 일상사이기 때문에 독자에게 친밀감을 줄 수 있다. 또한 영화의 엔딩신(Ending scene)처럼 정경을 그려낼 수 있기 때문에 독자에게 깊은 여운을 준다.

결말에서 신변의 일상사를 이야기함으로써 본문의 내용에 빠져 있는 독자를 글 내용 밖으로 끌어낼 수 있다.

일상사로 결말을 맺으면 여운을 줄 수 있다.

## 4) 기대나 당부로 결말 쓰기

### ∴ 정녕 '문명충돌'인가

맨해튼과 그것으로 대표되는 미국 자체가 문명충돌의 현장이었던 동시에 문명융합의 장소였던 것이다. 미국의 패권이 다른 서유럽국가들의 패권처럼 쇠퇴하지 않았던 이유도 미국이 과거 패권국가들의 성취를 흡수해냈던 힘에서 찾아볼 수 있다. 분노와 슬픔에 포효하는 미국민들이 문명충돌론을 넘어 오늘의 미국을 있게 한 문명적 융합에 기초하여 판단해주기를, 그리하여 결코 이슬람문명권 전체를 적으로 만들지 않기를 기원한다. 그것이야말로 반인륜적 범죄를 인류사회에서 영원히 추방하는 궁극적 응징책이며, 미국이 전 인류와 함께 진정한 승리를 거둘 수 있는 길이다.

### ∴ 분열의 시대

지금 우리는 그런 분열의 시대에 살고 있다. 그러나 비관할 필요는 없다. 정열의 속성은 오래 지속되기 어렵다는 데에 있다. 분열의 정열은 곧 다른 것에 자리를 내줄 것이다. 인터넷은 무정부주의 그 자체이기 때문에 그 누구도 그 앞날을 예측할 수는 없다. 지금 필요한 건 분열에 대한 의연함이다.

처음 글은 미국민이 이슬람문명권 전체를 적으로 만들지 않기를 '기대'하며 자신의 주장을 끌어내어 결말을 짓고 있다. 두 번째 글에서는 분열에 대해 의연함을 가지라는 당부로 글을 맺었다. 기대나 당부로 결말을 쓰는 것은 사회를 비판하는 논설문에서 주로 쓰는 방식이다.

일상적인 언어생활에서도 기대나 당부는 대화의 마지막에

나온다. 결말에서 기대와 당부를 함으로써 글이 결말에 이르렀음을 알 수 있게 한다.

기대나 당부로 결말을 맺기도 한다.

### 5) 해결책 제시로 결말 쓰기

**⋮ 소득격차는 갈수록 벌어지는데**

과거의 실패를 거울삼아 저소득층 소득향상을 통한 근본적인 빈부격차 개선책을 제시하여 빈자에 희망을 불어넣어야 한다. 그렇다고 고소득자와 대기업을 욕하거나 경원해서는 안 된다. 무엇보다 기업투자와 내수경기를 일으키는 일이 긴요하다. 그래야 일자리가 생기고 서민소득도 늘어나게 된다. 세제를 통한 재분배정책을 추진할 필요가 있다. 세제만큼 유효한 재분배 정책수단도 없다. 동시에 장기적인 관점에서 각 부문의 양극화 개선을 위해 경제 체질과 구조 개선을 서두르지 않으면 안 된다.

이 글처럼 '현상→원인→해결책'으로 구성되는 글에서는 본문에서 해결책을 제시하며 결말을 쓸 수 있다. 해결책은 필자가 제기한 문제에 대한 답으로, 본문에서 원인 분석을 얼마나 치밀하게 했는가에 따라 독자에게 강한 인상을 준다.

본문에서 치밀하게 원인 분석을 하면 해결책인 결말도 강한 인상을 준다.

해결책을 제시하는 것은 본문의 원인 분서괴는 구분되는 것으로 본문과 결말을 확연히 구분해준다.

## 6) 마무리 어구를 사용하여 결말 쓰기

### 우리 안의 이기주의
이를 다시 정리하면 개인주의는 모든 개인을 위한 것이고, 이기주의는 각자 자기만을 위하는 것이다. 이제 결론은 분명하다. 개인주의가 발달하면 타인에 대한 배려와 '타자 수용성'이 향상되므로 공동체의 조화를 이룰 수 있는 여건이 형성되는 것이다.

### 건맨과 폰맨
결론적으로 건맨과 폰맨 사이의 가장 큰 유사점은 그들이 일상 속 문명과 야만의 두 얼굴을 가지고 있다는 사실이다. 그것은 또한 인간의 두 얼굴이기도 하다.

### '고시 열풍'에 대한 처방
위에서 살핀 것처럼, '고시 열풍'은 뿌리가 여럿이고 깊다. 자연히, 사회가 근본적으로 개혁돼야, 비로소 그것이 사그라질 것이다. 그것을 개인들의 단견이나 욕심에서 나온 현상으로 여기는 것은 문제의 핵심을 놓치는 일일 뿐 아니라 올바른 진단과 처방이 나오는 것을 막아서 문제의 해결을 어렵게 한다.

> 마무리 어구는 본문과 결말을 분명하게 구분해준다.

위의 세 가지 예문에서 보듯이, '이를 다시 정리하면', '결론적으로', '위에서 살핀 것처럼' 등의 마무리 어구를 사용하여 결말을 쓸 수 있다. 이들 어구의 표현에서도 알 수 있듯이 '요약'을 할 때 주로 쓰는 방식이다. 이들 마무리 어구는 본문과 결말을 분명하게 구분해준다.

✓ 점검1

 결말에 주장을 담는 네 가지 방식은 글에 따라 어느 한 가지로 정해져 있는 것이 아니다. 어느 글에서든지 이 네 가지 방식으로 결말을 구성할 수 있다. 필자의 스타일이나 글의 흐름에 따라 이 네 가지 방식 중에서 하나를 선택하는 것뿐이다.

 이 책의 예문 중에서 가장 마음에 드는 글을 골라보자. 결말이 어떤 방식으로 구성되어 있는지 필자의 주장이 '요약'과 '전망' 중 어디에 들어 있는지 살펴보자. 앞에서 살펴본 〈요약(주장) + 전망〉, 〈요약 + 전망(주장)〉, 〈요약(주장)〉, 〈전망(주장)〉 중에 하나일 것이다. 그러면 이제부터 그 결말을 다른 방식으로 고쳐 써보자.

■ 알고 보면 쉬운 우리글

## 깨끗히? 깨끗이!

'-이'와 '-히' 구별하기

'깨끗히'가 맞는지 '깨끗이'가 맞는지 헷갈릴 때가 많지요? '-이'와 '-히'의 소리가 비슷해서 그래요. 이것을 구분할 수 있는 방법을 알려줄게요.

먼저, '-하다'가 붙을 수 있는 말은 '-히'로 쓰면 돼요. '-하다'가 붙으니까 당연하겠죠?

솔직하다 → 솔직히          간편하다 → 간편히
나른하다 → 나른히          꼼꼼하다 → 꼼꼼히
분명하다 → 분명히          고요하다 → 고요히

간단하지요? 이것이 대전제입니다.

그러면 이제부터는 '-이'로 쓰는 걸 알아봅시다. '-이'로 쓰는 경우는 다음 다섯 가지 경우예요.

① 'ㅅ'받침으로 끝나는 말 다음에.
　깨끗-이, 뜨뜻-이, 번듯-이, ……

② 'ㅂ' 받침이 없어지는 말 다음에.
　가벼(ㅂ)-이, 너그러(ㅂ)-이, 새로(ㅂ)-이, ……

③ '하다'가 붙지 않는 말 다음에.
　같-이, 깊-이, 헛되-이, ……

④ 부사 뒤에.
　더욱-이, 일찍-이, 오뚝-이, ……

⑤ 같은 말이 반복되어 만들어진 말 다음에.
　알알-이, 다(달)달-이, 겹겹-이, ……

별로 어렵지는 않지만 외워야 하는 것이 다섯 가지나 돼서 힘들지요? 그런데 이중에서 '-이'인지 '-히'인지 혼동되는 것은 ①의 경우뿐이에요. 왜냐하면 여기에 해당하는 말들은 모두 '하다'가 붙을 수 있는네노 '-히'로 쓰지 않고 '-이'로 써야 하거든요. 그러니까 혼동될 수밖에 없지요. 그래서 ①번만 따로 기억해두는 것이 좋아요. 'ㅅ'으로 끝나는 말 다음에는 '-이'를 붙인다! 이렇게요.

## 10. 글 한 편을 멋지게 써보자

글을 쓰는 일은 재미있고 도전해보고 싶은 일이다.

_앤 라모트

*Reading*

## 사라진 꿈의 세계

　아주 오래 전에 아놀드 슈왈제너거가 주인공인 「런닝맨」(1987년 개봉)이란 영화를 본 적이 있다. 영화의 전체 줄거리는 잊어버렸지만 몇 가지 기억에 남는 장면은 있다. 그중 하나로 텔레비전 화면 속의 어떤 인물을 얼굴만 바꾸어 놓는 장면이 있었다. 기억을 더듬어 보면 대강 이러했던 것 같다. 주인공 아놀드 슈왈제너거는 어떤 이유 때문인지 원하지 않는 생존 게임에 참여하게 된다. 그는 그 게임에서 우승을 하면 큰 상을 받고 휴양지에서 호화스러운 생활을 누릴 수 있게 된다. 하지만 아놀드 슈왈제너거는 게임 도중 지난번 우승자의 시체를 발견하게 됨으로써 그 약속이 거짓임을 알게 된다. 텔레비전 회사는 생존 게임에서 승리했다고 선전한 죄수의 얼굴을 휴양지에 있는 어떤 부호의 얼굴과 살짝 바꾸어 놓은 것이다. 지금 생각하면 아주 초보적인 기계조작에 불과하지만 그 화면을 보던 당시에는 믿을 수 없는 신기한 일이었다. 다른 영상은 그대로 두고 사람의 얼굴만 어떻게 저렇게 바꾸어 놓을 수 있을까?
　레오나르도 다 빈치가 꿈꾼 하늘을 나는 날틀(비행기)은 400년이 지나고 나서야 라이트 형제에 의해 현실화되었다. 쥘 베른이 『달세계로의 여행』을 통해 그렸던 달에 대한 인간의 탐사는 그 소설이 나온 지 100년이 지나서야 가능할 수 있었다. 과학 기술이 발전함에 따라 최근 이런 꿈과 상상의 세계는 아주 빠르게 현실화되고 있다. 조만간 가상현실의 여행도 가능할 것이고, 복제인간, 터미네이터식의 사이보그도 우리 주위에서 쉽게 볼 날이 오게 될 것이다. 앞서 말했던 「런닝맨」에서 본 신기한 장면은 이제 디지털 세계에서는 정말 초보적 기술에 불과하다. 기술의 발달은 미지의 세계나 상상 속에서 본 것을 현실 속의 것으로 바꾸어 놓고 있다.
　기계문명이 발달하고 상상의 세계가 빠르게 현실화되면서 우리가 잊지 말아야 할 것은 아이들의 꿈과 상상의 세계가 점차 달라지고 있다는 점이다. 요즘 아이들은 이전처럼 피노키오나 피터팬을 꿈꾸지 않고, 대신에 영화와 컴퓨터 게임을 즐기면서 영화의 주인공이나 게임 속의 전사를 꿈꾸고 있다. 아이들은 「피터팬」에 나오는 상상의 세계나 요정 팅거벨, 후크 선장과 같은 상상의 인물을 더 이상 신기한 것으로, 새로운 것으로 생각하지 않는다. 그보다 훨씬 더 매력적인 인물들이 게임 속에서 숱하게 등장하고 있기 때문이다. 이제 아이들에겐 상상의 세계 속으로 들어가 마음껏 모험의 세계를 펼친 『피터팬』이나 『보물섬』의 세계는 서가에 꽂힌 구닥다리 동화의 세계에 불과하게 되었다.

최근 개봉한 「해리 포터와 비밀의 방」을 보면서 새삼 이런 동심의 변화를 느낄 수 있었다. 극장 안은 영화를 보는 내내 아이들의 웅성거림으로 가득 찼고, 이에 부응하듯 화면 전개는 너무 빠르고 현란해 내가 도리어 정신을 잃을 정도였다. 아이들은 무엇을 보고 저렇게 즐거워하는 것일까? 「해리 포터와 비밀의 방」에서 요정 도그와 그밖에 많은 영상들은 컴퓨터 그래픽으로 채워졌다. 요즘 영화에서 컴퓨터 그래픽 기술은 「런닝맨」에 나오는 초보적 기술과 비교할 수 없을 정도로 발전했다. 사실 요즘 영화를 보면 우리들은 무엇이 실사(實寫)인지 컴퓨터 그래픽인지 구별할 수도 없다. 아이들의 꿈을 이제 영화와 컴퓨터의 기술이 빼앗아 가고 있는 것이다.

1939년에 「오즈의 마법사」가 개봉될 때 아이들이 그 영화가 주는 상상과 꿈의 세계 때문에 많은 감동을 받았다고 한다. 예쁜 꽃과 무지개가 가득 찬 아름다운 오즈의 나라와 양철 나무꾼과 허수아비, 용기 없는 사자와 동행하는 에머랄드 성으로의 여행은 어른이 보더라도 따뜻한 꿈과 아름다운 상상의 세계를 품게 해주는 것이었다. 하지만 「해리 포터와 비밀의 방」에서 보여준 마법의 세계는 그것과는 많이 달랐다. 화면 속의 상상의 나라는 악한 범인을 찾아야 하는 추리의 세계로 변질되어 있었고, 그 범인을 찾아가는 과정 역시 「인디아나 존스」류의 폭력과 어드벤처로 가득 차 있었다. 물론 이런 어드벤처의 상당 부분은 컴퓨터 그래픽의 힘 덕분에 이루어졌다.

2002년 월드컵에서 단연 이슈기 되었던 것은 '꿈은 이루어진다'라는 표어였다. 이루어질 수 있는 꿈을 꾸든, 이루어질 수 없는 꿈을 꾸든 꿈을 꾸는 것은 아름답다. 꿈은 현실의 각박한 삶을 되돌아보고 원래 우리 삶이 그렇게 각박한 것이 아니었음을 동심과 동화의 세계를 통해 들려준다. 우리가 동화책을 읽으면서, 또 만화영화를 보면서 꿈꾸어 왔던 요정과 마술의 세계는 이제 과격하고 폭력적인 가상의 공간으로 변화했다. 이전에는 상상의 세계를 꿈꾸는 것만으로 행복했다면 이제는 그 세계 속에 짜릿하고 흥분된 모험을 수반하지 않으면 행복해지지 않게 되었다. 이제 아이들은 아름다운 상상의 세계보다 짜릿한 모험의 세계를 찾고 있다. 그리고 그 욕망을 영상매체와 컴퓨터가 적절히 충족시켜 주고 있다.

  아이들의 욕망이 변화한 것은 앞서 말한 대로 상상의 세계가 빠르게 현실화하면서 더 이상 상상의 세계를 꿈꾸어 볼 수 없게 된 현실과 밀접한 관련이 있다. 달세계가 지닌 신비로운 동화적 이미지는 인간의 발이 그곳을 딛는 순간 사라졌다. 바다 밑 세계를 탐험하고 싶은 아이들의 꿈은 원자력 잠수함이나 해저 탐사선이 빼앗아가 버렸다. 상상의 세계가 상상으로 남지 않을 때 아이들은 더 이상 그 세계를 꿈꾸지 않는다. 아이들의 호기심이 현란한 게임이나 영화의 어드벤처로 달려간 것도 다 이유가 있는 것이다.

_정희모 · 연세대 교수

## 아이디어는 무궁무진하다

앞장(1~9장)을 읽어본 사람이라면 글을 쓰는 과정이 어떻게 진행되는지 알 수 있을 것이다. 이 장에서는 앞에서 살펴본 과정을 하나의 연속된 과정으로 살펴본다. 그리고 여러분도 그 과정을 따라 글을 한 편 써보도록 하는 것이 이 장의 목표이다.

자! 이제부터 글을 시작할 시간이다. 여러분은 잡지사로부터 글을 청탁을 받았다. 며칠 안에 짧은 글 한 편을 써야 한다. 무엇을 테마로, 어떤 내용으로 글을 쓸까? 또 어떻게 준비를 해야 할까?

먼저 예문을 읽어보자. 이 글은 내가 어떤 기업의 사보에 실은 칼럼이다. 청탁자로부터 구체적으로 어떤 소재의 글을, 어떻게 써달라는 부탁은 없었다. 그러나 컴퓨터와 관련된 회사이기 때문에 아무래도 과학적 소재의 글을 써야 했다. 과학과 관련된 수많은 화제 중에서 어떤 것을 선택해야 할지 소재를 찾는 것은 쉽지가 않았다. 소재가 분명하지 않으면 글을 시작하는 데 많은 시간이 걸린다.

이 글은 언젠가 보았던 영화의 한 토막이 발상의 계기가 되었다. 아놀드 슈왈제네거가 주인공으로 나왔던 「런닝맨」이란 영화에서 스토리는 희미하지만 뚜렷이 기억나는 장면이 있다. 그것은 화면에서 배경은 그대로 두고 살짝 얼굴을 바꾸는 장면이었다. 그 당시 나에게는 그 장면이 무척 충격적으로 느껴졌다. 어떻게 사람의 얼굴만 저렇게 바꿀 수 있을까?

> 영화의 한 토막이 발상의 계기가 될 수 있다.

글 한 편을 멋지게 써보자 239

그런데 나는 왜 그 장면에서 그렇게 충격을 받았을까? 그 이유를 여러 가지로 생각해보았다. 그 이유 중 하나는 내가 사진에 대해 가지고 있는 고정된 이미지와 관련이 있다.

사진에 관해서 가장 기억에 남는 말은 롤랑 바르트가 말한 '죽음'이다. 롤랑 바르트는 사진을 보는 것이 과거의 죽은 나를 불러내는 것과 동일하다고 말했다. 사진은 과거 어느 순간의 나를 고정화하고 물질화해야만 얻을 수 있는 것이기 때문이다. 나는 결코 사진은 변형될 수 없다고 믿었다.

다음으로 생각난 것은 게임에 빠져 있는 우리 아이의 모습이다. 요즘 아이들은 동화책을 잘 보지 않는다. 동화책보다 재미있는 것이 훨씬 많아진 탓이다. 한글을 깨우칠 정도의 나이가 되면 아이들은 인터넷을 통해 게임에 관심을 가진다. 인터넷 속에는 여자 아이는 여자 아이대로, 남자 아이는 남자 아이대로 연령별로 즐길 수 있는 게임이 헤아릴 수 없을 정도로 많다. 아이들은 공부를 하다가도 쉬는 시간이 되면 게임기를 만지작거리거나 인터넷으로 달려간다. 기술의 발달이 동심을 사로잡고 있는 것이다.

> 서로 다른 소재의 연결고리를 찾아 결합시켜라!

나는 영화 「런닝맨」에서 느꼈던 충격과 게임으로 달려가는 동심을 연결시켜 한 편의 글을 만들고 싶었다. 이렇게 연결하기란 쉽지 않겠지만(비약으로 보일지도 모르겠다), 그 속에서 의미를 찾을 수만 있다면 그것도 가능하다고 생각했다. 「런닝맨」에서 느꼈던 충격의 의미는 과학기술의 발전에 대한 놀라움이다. 영상은 진실을 담는다는 신념(한때 사진이나 영상이 법원에서 증거 제출 자료로 충실한 기능을 수행했음을 상기해보라!) 이 디지털 기술 앞에서 여지없이 무너진 것이다. 아이들이 게임에 빠져들고 있는 것도 과학기술의 발전과 직접적인 관련이 있다. 게임 속에는 화려한 화면, 속도감 있는 스토리, 경쟁심리, 이국적 영상이 풍성하게 들어가 있어 아이들의 호기심을 자극한다.

이렇게 보면 「런닝맨」의 충격과 동심의 변화는 기술의 발전이란 테마 속에서 서로 결합된다. 기술의 발전이 과거와 다른 동심의 세계를 열고 있는 것이다.

이와 함께 동심의 변화와 그 원인은 다른 방향에서도 찾아볼 수 있다. 잘 알려진 동요 중에 「반달」이 있다. 「반달」에 나오는 '계수나무와 토끼'는 달을 거론할 때 흔히 인용하는 어구이다. 그러나 요즘 아이들은 이 말을 사용하지도 않고, 또 이 동요를 부르지도 않는다. 우주선이 달을 탐사하는 이 시대에 달을 노래하면서 '계수나무와 토끼'를 상상하기는 힘들 것이다. 아이들은 달을 더 이상 상상과 모험의 공간으로 생각하지 않는다. 「보물섬」의 이야기도 지구 곳곳의 오지 탐험 덕분인지 더 이상 아이들의 호기심을 끌지 못한다.

하늘 끝과 바다 밑의 기술적 탐색이 아이들의 상상의 공간을 허물고 있다. 아이들이 상상해야 할 곳은 이제 영화나 게임 속의 공간밖에 없게 되었다. 따라서 이 글에서는 동심의 변화가 현실 공간의 상상력이 좁아진 것과 관련이 있다고 보고, 이를 주제에 덧붙이기로 하였다. 이런 다양한 이야기들이 합해져 하나의 글이 완성되었다.

　이제 이 글의 구성에 관한 아이디어를 살펴보자. 어떤 방식으로 서술하는 것이 독자의 호기심을 끌어내고 글의 의미를 살릴 수 있을까? 나는 옛날의 동심과 오늘의 동심을 비교하는 방식을 택하기로 했다. 이런 방식은 주제를 선명히 부각시킬 수 있을 뿐만 아니라, 글의 재미를 살릴 수 있다. 과거와 현재를 비교해보는 일은 언제나 흥미롭다.

> 과거와 현재를 비교해보는 글은 언제나 독자에게 흥미를 준다.

　이처럼 구성 방식에 대한 아이디어를 생각해두면 글의 개요를 짤 때, 또 글의 내용을 만들 때 도움을 받을 수 있다. 여기까지가 발상 단계이다.

### 테마와 주제가 결합한다

　자, 이제 여러분은 미팅, 한류 현상, 아르바이트, 노령화 사회란 네 개의 테마 중 하나를 가지고 한 편의 글을 작성할 예정이다(혹시 이외에 다른 테마가 있다면 그것도 무방하다). 먼저 이 테마를 가지고 어떻게 글을 구상해야 할지 여러 가지로 생각해보자. 먼저 글의 주제를 설정하자. 이런 테마를 이런 내용으로 쓰겠다는 것을 마음속으로 생각해볼 수 있다. 만약 마땅한 주제가 생각나지 않는다면 인접한 다른 현상을 결부시켜 주제를 만들어보자. 또 이것을 어떤 방식으로 쓰겠다는 구성적 아이디어를 생각해보자.

　글의 테마를 정할 때 고려해야 할 점이 하나 있다. 그것은 테마를 정할 때 그것만을 독립적으로 찾으려고 해서는 안 된다는 점이다. 테마를 찾을 때는 그 테마가 어떤 의미를 만들어 낼 수 있는가에 초점을 맞춰야 한다. 테마는 의미를 만들어내는 공간이기 때문에 테마만을 분리해서 볼 수가 없다.

 학생들에게 글의 테마를 찾으라면 흥미있는 것, 재미있는 것 위주로 찾을 때가 많다. 미팅, 휴강, 아르바이트가 그런 것인데, 이런 것들이 좋은 테마가 되기 위해서는 좋은 주제와 결합해야만 한다. 미팅을 테마로 삼으려면 미팅으로부터 적절한 의미를 끌어내야 한다.

 학생들에게 '미팅'에 대해 주제 문장을 작성해보라고 하면 대개 '미팅은 대학생의 만남에서 중요한 역할을 한다'나 '미팅은 대학 문화의 중심이며 꽃이다'와 같이 작성을 한다. 이것은 그럴듯한 주제이지만 좋은 주제는 아니다. '미팅은 대학생의 만남에서 중요한 역할을 한다'란 주제에서는 중요한 역할이 무엇인지, 왜 중요한지에 대한 언급이 없다. 이런 불충분한 주제로 글을 서술하면 작성하는 과정에 많은 시간을 소비하게 된다.

 '미팅은 대학생 문화의 중심이며 꽃이다'란 주제 역시 대동소이하다. 미팅이 왜 대학 문화의 중심이며 꽃인가? 대학 문화의 중심에는 도서관이 있어야 하는 것이 아닌가? 주제가 명확하지가 않다. 이 글을 쓴 학생은 공부보다도 딴 곳에 마음을 두고 있는 것이 틀림없다.

 주제 문장은 상세하고 세밀하게 작성해야 한다. 주제문장을 읽어보면 한눈에 이 글에서 무엇을 말하려고 하는가가 인식되어야 한다('미팅은 무엇이다'가 아니라 '미팅은 이래야 한다'가 의미를 부여하는 방식이다).

테마가 만들어내는 의미에 주목하라!

주제문장은 명확하고 세밀하게 쓴다.

만약 미팅이라는 테마를 가지고 논리적인 글을 쓴다면 단순히 미팅 사건이나 의미를 가지고 좋은 글을 만들기는 어렵다. 이때 가장 좋은 방법은 미팅을 미팅 밖의 사회적 현상과 결합시키는 일이다. 미팅 밖의 사회적 현상과 결합시킬 내용은 아주 많다. 예컨대 과거에는 미팅을 할 때 남학생이 경비를 부담하는 것이 일반적이었다. 그러나 현재는 남녀가 서로 반반씩 부담하는 경우가 많다. 이것을 계기로 미팅과 남녀 평등의 문제를 다루어볼 수도 있다.

미팅에 참석하면 많은 돈을 쓰게 되는데 '미팅과 소비 문화'도 좋은 테마가 된다. 요즘 학생들은 미팅을 하면 이성과 함께 게임방에 간다고들 한다. 또 식사를 하거나 술을 마신다. 마음에 드는 이성을 만났다면 지나치게 많은 돈을 쓰면서 과시욕을 드러낼 수도 있다. 미팅에 관한 소비 형태를 분석하면 흥미로운 테마를 찾을 수 있다. 이 밖에 인터넷 매체와 핸드폰의 등장이 미팅문화를 어떻게 바꾸어 놓았는지, 또 미팅과 현대 사회의 인간관계가 어떤 관련이 있는지 분석해보아도 좋은 테마를 얻을 수 있다.

## 구체적인 계획을 세우자

여러분이 쓰기로 계획한 테마는 무엇인가? 미팅? 한류? 아르바이트? 노령화 사회? 어느 것이든 발상의 과정을 거쳤을 것이다. 이제 구체적인 계획을 세워보자. 어떤 주장을 글 속에 담을지, 또 어떤 방식으로 그것을 표현할지 생각해보고 그것을 간단히 메모해본다. 다음으로 그것을 좀 더 자세한 개요로 확장시켜보자. 개요는 소주제를 정해 단락별로 나누어 작성한다. 단락 안에 들어갈 내용을 구상해보고 자료가 필요하면 찾아본다.

이제 구체적인 계획을 세우는 단계로 들어왔다. 구체적인 계획 짜기는 가벼운 구성 계획을 세워보고 난 후 이에 따라 상세한 개요를 작성하는 것으로 진행된다. 이것은 발상 단계에서 생각한 것을 글로 메모하면서 구체화하는 과정이다.

상세 개요는 메모하라.

다시 예문으로 돌아가자. 예문의 개요 작성 과정을 살펴보고 순서에 맞춰 그런 과정을 밟아보자.

먼저 예문의 주제 부분을 주제 문장으로 옮겨보면 다음과 같다.

> 아이들의 상상력이 폭력적인 게임이나 영화로 옮겨가고 있다. 이는 기술의 발달로 인해 현실 공간의 상상력이 점차 사라지고 있기 때문이다.

예문은 이런 주제를 가지고 이전의 동심과 현재의 동심을 비교하면서, 동심의 변화가 '싱싱'의 세계가 좁아신 것과 관련이 있음을 보여주었다. 발상의 과정을 통해 얻은 것은 여기까지이다.

그러나 이런 상태에서 바로 글을 작성할 수는 없다. 세부적인 내용이 없이 이 상태로 글을 작성하려면 많은 시간을 소비해야 한다. 그래서 대략적인 구성을 세우는 과정이 필요하며, 또 상세한 글감을 찾는 과정도 필요하다.

발상 단계가 끝난 다음에는 대략적인 구성을 세우고 상세한 글감을 수집해야 한다.

예문의 쓰기 위해 세운 간략한 글의 구성은 다음과 같다.

**서두** : 「런닝맨」에 나온 이야기를 화제로 제시
↓
**본문1** : 빠른 기술의 발달 : 미지의 세계나 상상 속에 본 것이 현실화됨
↓
**본문2** : 아이들의 꿈과 상상의 세계가 달라짐
↓
**본문3** : 아이들의 상상의 세계가 과격하고 폭력적인 가상의 공간으로 바뀜
↓
**결말** : 동심의 변화는 기술 발달로 인해 상상의 세계가 축소된 것과 관련이 있음

위의 구성에서는 글의 진행 흐름에 따라 주제 문장을 나열하고 있다(제1 유형 : 소주제→소주제→소주제). 중요한 것은 여기에 맞는 상세한 글감을 찾는 것이다. 글감을 찾기 위해서는 모든 것을 동원해야 한다. 이전에 읽은 책, 이전에 보았던 영화, 백과사전, 인터넷 검색, 신문과 잡지 등을 뒤져 이와 관련된 것을 모은다. 이 글에서는 레오나르도 다 빈치의 '날틀', 쥘 베른의 『달세계로의 여행』, 『피터팬』 등등 여러 가지를 찾아 각 항목에 맞게 배치했다.

자료를 찾을 때 시간을 절약하는 방법은 자신이 본 영화나 책, 잡지 등의 내용을 떠올려보는 것이다. 무작정 자료를 찾기

보다 자신의 구상과 관련된 자료가 있는지를 찾아보는 것이 더 빠르다. 어떤 자료를 찾아야 할지 전혀 모르는 상태에서 자료를 찾다가는 많은 시간을 소비하기 때문이다. 각 단락에 맞게 다양한 생각들을 떠올려보면 의외로 찾을 수 있는 자료가 많다는 사실을 알게 된다.

여러분의 머릿속 저장고에는 많은 자료들이 숨겨져 있다는 사실을 명심하라. 이런 자료를 떠올려 글감으로 삼는 것이 시간을 아끼면서 풍성한 글감을 찾을 수 있는 방법이다. 앞의 자료들도 대체로 독서나 영상을 통해 이미 알고 있던 것을 바탕으로 찾아낸 것들이다.

자료를 찾는 과정은 개요 작성과 동시에 진행된다. 각 단락별로 무엇을 쓸 것인가를 구상하는 가운데 주제문장과 뒷받침 문장을 하나씩 기록해갈 수 있다. 그러면 단락별로 상당히 많은 정보를 축적하게 된다.

> 자료를 찾는 과정은 개요 작성과 동시에 진행된다.

간략하게 구성한 내용을 바탕으로 다음과 같이 상세한 개요를 작성했다.

- **서두** : 「런닝맨」에 나온 이야기를 화제로 제시
  「런닝맨」의 스토리, 죄수의 얼굴을 어떤 부호의 얼굴과 바꾸어 놓은 것 – 충격적
  ↓
- **본문1** : 빠른 기술의 발달–미지의 세계나 상상 속에 본 것이 현실화됨
  레오나르도 다 빈치의 날틀, 쥘베른의 『달세계로의 여행』– 과학기술 발달로 꿈과 상상의 세계가 빠르게 현

실화되고 있음.
「런닝맨」에서 본 신기한 장면은 이제 초보적 디지털 기술에 불과함. 기술의 발달이 상상의 것을 현실 속의 것으로 바꾸어 놓음.

↓

**본문2 : 아이들의 꿈과 상상의 세계가 달라짐**
기계문명의 발달로 인해 아이들의 상상의 세계가 달라짐.
아이들은 영화와 컴퓨터 게임을 즐기면서 영화나 게임의 주인공을 꿈꾸고 있음.
『피터팬』, 『보물섬』의 상상의 세계는 구닥다리 동화의 세계에 불과하게 됨.

↓

**본문3 : 1. 아이들의 상상의 세계가 과격하고 폭력적인 가상의 공간으로 바뀜**
영화「해리 포터와 비밀의 방」

**2. 아이들의 꿈을 영화와 컴퓨터의 기술이 빼앗아 가고 있음**
영화「오즈의 마법사」의 따뜻한 꿈과 아름다운 상상의 세계와「인디아나 존스」류의 어드벤처와 대비

**3. 짜릿한 모험의 세계를 찾고자 하는 욕망을 영상매체와 인터넷 공간이 메워줌**
'꿈은 이루어진다' – 꿈의 긍정적 기능
동화 속 상상 속의 세계는 과격하고 폭력적인 가상공간으로 바뀜.

↓

**결말 :** 동심의 변화는 기술 발달로 인해 상상의 세계가 축소된 것과 관련이 있음

동심의 변화 – 상상의 세계가 현실화되면서 그 세계를
꿈꿀 수 없게 된 현실과 밀접한 관련이 있음.
달 세계, 해저 세계 – 인간 정복
상상의 세계가 상상으로 남아 있지 않을 때 아이들은
그 세계를 꿈꾸지 않는다.

앞에서 세운 간략한 구성에다 내용을 보태 상세한 개요를 작성했다. 처음 구성에서는 간략하게 글의 흐름만 적었다면 개요는 단락별로 상세하게 적는다. 그런데 개요를 세밀하게 작성하다 보면 여러 변화가 일어난다. 개요 항목이 세분화되면서 단락이 늘어났다. 여러분도 자신이 정한 테마에 따라 위와 같은 방법으로 상세한 개요를 작성해보자.

> 처음 구성에서는 간략하게 글의 흐름만 적었다면 개요는 단락별로 상세하게 적는다.

## 글쓰기의 몇 가지 기본 전략

이제 여러분은 책상 앞에 앉아 글을 작성해야 한다. 개요 작성은 끝났을 것이다. 아직 개요 작성을 하지 않았다고? 그렇다면 시간을 내어 개요부터 찬찬히 작성해 보기를 권한다. 너무 복잡하지 않게 간략하게만 짜도 충분하다. 개요를 작성했다면 서두의 첫 문장을 써보자. 그리고 이를 이어갈, 다음 문장을 생각해보자. 책상 옆에는 작성 한 개요를 두고 쓰면서 이를 계속 참고한다. 개요를 참고하지 않으면 전체적인 글의 맥락과 통일성을 잊어버리기 쉽다. 글을 작성하면서 주의해야 할 점은 계속 앞의 글을 읽어 가면서 써야 한다는 점이다. 그렇지 않으면 글이 엉뚱한 곳으로 빠진다. 마지막으로 잊지 말아야 할 것은 A4 용지 한 장을 가득 채우는 것이다.

글을 쓰는 데도 요령이 있다. 아무런 준비 없이 무작정 쓴다고 좋은 글이 나오는 것이 아니다. 글쓰기도 전략이 필요하다. 글을 여러 번 쓰다 보면 자기 나름의 방법을 터득하게 된다. 이런 방법이 자기 나름의 글쓰기 전략이 된다.

<small>글쓰기도 전략을 세워야 한다.</small>

다음은 글쓰기 전략을 세우기 위한 몇 가지 요령이다. 초보자라면 아래의 요령을 숙지하자.

**전략 1** : 초고는 좋은 글이 아니어도 상관없다는 기분으로 가볍게 작성한다.

초고를 얼마나 완벽하게 작성해야 하는가는 정확한 기준이 없다. 또 초고 작성에 얼마만큼 시간이 걸려야 하는가에 대해서도 명확한 기준이 없다. 어떤 사람은 초고에 오랜 시간 공을 들여 완성품에 가까운 글을 작성하기도 한다.

<small>초고는 당연히 수정해야 한다.</small>

그러나 초보자의 경우 이런 방식은 바람직하지 않다. 아무리 공을 들여도 초고 상태는 불완전하기 마련이다. 따라서 초고는 수정을 한다는 것을 전제로 가볍게 쓰자. 초고가 좋지 않다고 실망할 필요는 없다. 그것을 여러 번 고치면 된다. 아무리 나쁜 초고라도 고치면 좋은 글이 된다는 사실을 명심하자.

**전략 2** : 상세한 개요를 만들어두자.

개요 작성이 상세히 되어 있으면 글을 작성하기가 비교적 쉽다. 그래서 초보자일수록 개요를 자세히 작성할 것을 권한다.

개요가 상세하면 글의 연결을 부드럽게 할 수 있고, 전체적인 통일성을 유지할 수가 있다. 개요를 상세하게 작성해서 손해를 볼 일은 없다. 그러나 글을 쓰다 보면 개요 작성하기가 귀찮을 때가 많다. 또 마음이 급해 글부터 시작하기도 한다. 이런 경우 완성하기까지 더 오래 시간이 걸린다는 점을 기억하라.

개요에 관해서 한 가지 명심할 일이 있다. 글을 작성하다 보면 개요를 수정해야 할 경우가 생기는데, 이럴 경우 처음 작성한 개요를 굳이 고집할 필요는 없다. 개요는 좋은 글을 쓰기 위한 나침반이며 설계도이다. 개요를 수정할 필요가 있을 때는 과감하게 수정하도록 하자.

> 개요도 수정할 수 있다.

**전략 3** : 서두의 첫 문장을 준비해두자.

첫 문장을 쓰기가 어렵다고 말하는 사람들이 많다. 첫 문장을 쉽게 쓸 수 있는 방법은 개요를 작성할 때 미리 첫 문장을 만들어 두는 것이다. 첫 문장을 쓰고 나면 다음 문장을 쓰기가 훨씬 수월해진다.

**전략 4** : 앞 문장을 읽어 가면서 글을 쓴다.

작성 도중에 한 문장을 쓰고 다음 문장을 쓸 때 반드시 앞의 문장을 잘 살펴 문장 연결에 이상이 없도록 해야 한다. 글을 쓸 때는 반드시 위에서부터 문장을 읽어 내려오면서 써야 한다. 이렇게 해야 글이 엉뚱한 방향으로 흐르는 것을 막을 수 있다. 글은 읽어가면서 써야 한다는 사실을 명심하자. 최소한 두 세 단락 위에서부터 읽어 내려가면서 문장을 작성하는 습관을 키우자.

**전략 5** : 발상과 개요 작성 때 가졌던 감각을 끝까지 유지하라.

초고 작성은 개요를 작성할 때 가졌던 감각이나 기분을 유지하면서 작성한다. 그렇기 때문에 글을 작성할 때는 쉬는 시간을 너무 오래 갖지 않는 것이 좋다. 때에 따라서는 며칠 동안 글을 쓰지 않다가 글을 작성하는 경우도 있다. 이런 때는 개요를 다시 읽고, 개요 작성 때 가졌던 감각이 되살아나도록 분위기를 조성하는 것이 필요하다.

**전략 6** : 좋은 글을 옆에 두고 참고하라.

초보자의 경우 모범이 되는 글을 옆에 두고 참고하면서 쓰는 것이 좋다. 자신이 쓰고자 하는 주제와 관련된 모범 글이 있다면 그 글을 옆에 두고 모방하면서 쓰는 것이 좋은 글을 쓸 수 있는 비결이다. 글의 문투는 사람마다 특색이 있다. 좋은 문장, 문투를 모방하여 쓰다 보면 문장 실력이 향상되는 것을 스스로 느낄 수 있다.

# 문장과 내용을 고쳐 멋진 글을 만든다

여러분이 정한 소재에 따라 글을 작성했다면 이제 수정하는 과정을 거쳐야 한다. 지금까지 작성한 글의 분량은 얼마나 되는가? 많지 않다고? 많지 않아도 무방하다. 일단 작성하는 것을 중단하자. 그리고 지금까지 쓴 글을 한번 읽어보기 바란다. 글이 만족스럽지 못하더라도 실망할 필요는 없다. 글은 몇 번의 수정 과정을 통해 더 좋은 글이 되기 때문이다. 수정을 하면서 처음 발상 과정에서 생각한 것이 그런대로 표현되어 있는지 검토하자. 주제를 드러내는 데 어색한 부분이 없는지 검토해보고, 마지막으로 글을 소리 내어 읽으면서 문장에 이상이 없는지 확인하자.

글을 작성했으면 수정을 해야 한다. 어떤 학생은 초고가 끝나면 글이 완성된 것으로 안다. 그것은 뜸을 들이지 않은 밥과 같다. 설익은 밥을 먹고 싶은 사람은 없을 것이다. 퇴고는 뜸을 들여 밥을 완성하는 과정이다.

수정은 작성된 글의 문장과 구성, 주제에 문제점이 없는가를 점검하는 과정이다. 글은 이런 수정 과정을 통해 완성된다. 수정 과정을 거치지 않으면 글은 미완성이다. 학생들 중 일부는 수정을 거치지 않고 보고서를 제출하는 만용을 부리기도 한다. 그런 글은 내용뿐 아니라 맞춤법, 띄어쓰기에 오류가 많다. 이런 글이 좋은 점수를 받을 수 없는 것은 당연하다.

수정 과정을 통해 어떤 것을 고칠까? 많은 사람들은 퇴고 과정을 그저 맞춤법을 검토하고 비문을 수정하는 정도로 생각한다. 그런데 글을 수정해보면 이것만 고치는 것이 아님을 알 수

수정 작업은 초고의 내용과 흐름을 점검하는 게 우선이다.

있다. 초고 상태를 보면 주제, 내용, 구성 면에서 허술한 점이 한두 군데가 아니다. 그래서 초고를 수정할 때는 맞춤법이나 문장을 고치기보다 글의 내용과 흐름을 고치는 데 더 집중해야 한다. 첫 번째 수정과 두 번째 수정을 거치면서 글의 내용이나 구성은 점점 좋아진다. 서너 번 이상의 수정 과정을 거친 뒤 마지막으로 맞춤법과 문장을 확인한다.

수정을 어느 시점에 하는가도 문제가 된다. 유명한 작가는 때로 초고와 수정에 시간적 거리를 두기도 한다. 스티븐 킹은 약 6주 동안 시간적 거리를 두고 수정을 한다고 했다. 이렇게 시간적 거리를 두면 좀 더 객관적인 입장에서 글의 문제점을 파악할 수 있는 이점이 있다. 그러나 글을 제출할 시간이 촉박한 경우에는 이렇게 많은 시간을 확보하기가 힘들다. 그래서 일반적으로 적어도 하루나 이틀 정도의 시간을 두고 퇴고를 하라고 권한다.

그 밖에 수정 과정에서 알아두면 좋을 사항은 다음과 같다. 우선 소리를 내어 읽어보는 것도 좋은 방법이다. 우리 문장에는 일정한 리듬이 있다. 읽는 데 불편한 글은 문장이 좋지 않다는 징표이다. 만약 컴퓨터를 사용한다면 반드시 원고를 인쇄해서 수정한다. 모니터를 통해 보는 것과 인쇄된 글을 보는 것은 차이가 있다. 끝으로 자신의 글을 다른 사람에게 보여주는 것도 좋은 방법이다. 객관적인 눈으로 자신이 보지 못하는 단점을 지적해줄 수 있기 때문이다.

소리 내어 읽어보면 문장의 오류는 쉽게 찾을 수 있다.

## ✓ 점검1

글의 작성 순서에 따라 글을 완성했다면 다음 과정을 점검해보자. 아래 질문 항목을 보고 해당 항목에 ○표를 하라(글을 작성하지 못한 사람은 평소 글을 쓰는 습관에 비추어 해당하는 항목에 ○표를 할 것).

1) 글을 쓰기 위해 여유 시간을 따로 준비했다. (   )
2) 테마와 주제를 잡기 위해 여러 생각을 해보았다. (   )
3) 어떤 방식(구성적 아이디어)으로 구성할지를 고민했다. (   )
4) 간략한 글의 흐름을 메모해보았다. (   )
5) 적절하게 개요를 작성했다. (   )
6) 개요표를 보고 작성을 했다. (   )
7) 서두에 쓸 첫 문장을 준비했다. (   )
8) 앞글을 읽어가면서 글을 작성했다. (   )
9) 좋은 글을 옆에 두고 참고했다. (   )
10) 글을 쓰면서 국어사전을 이용했다. (   )
11) 초고에 대한 수정 과정을 거쳤다. (   )
12) 수정은 소리 내어 읽으면서 했다. (   )
13) 수정 과정에서 자신의 글을 다른 사람에게 보여주었다. (   )
14) 자신이 쓴 글이 만족스럽다. (   )
15) 앞으로 자주 글을 쓰고 싶다. (   )

| 평가 |
- ○표가 1~5개인 경우 이 책을 꼼꼼히 읽고 다시 글을 작성해본다.
- ○표가 6~10개인 경우 작성한 글을 선생님이나 주위 사람들에게 보이고 점검을 받는다.
- ○표가 11~15개인 경우 혼자서도 좋은 글을 쓸 수가 있다.

■알고 보면 쉬운 우리글

## 띄어쓰기에서 주의해야 할 사소한 것

### 조사 붙여 쓰기

조사나 어미는 전부 붙여 써야 한다는 건 알지요? 그런데도 자주 틀리는 게 있어요. 다음 세 가지예요.

① 서울에서 **부터** 부산까지 → 서울에서부터 부산까지
② 학생 **이었을지도** 모른다. → 학생이었을지도 모른다.
③ 이제 공부해야 **겠다**. → 이제 공부해야겠다.

① 에서 '에서'와 '부터'는 모두 조사지요? 그러니까 모두 붙여 써야 해요. 조사는 수십 개가 나와도 모두 붙여 써야 합니다. 알았죠?
② 에서 '이다'도 조사예요. 그러니까 당연히 붙여 써야겠지요?
③ 에서 '겠다'는 '하겠다'가 줄어든 거예요. 그런데 주인 격인 '하'가 생략되어 버렸으니 '겠다'는 어떻게 해야 할까요? '겠다' 혼자서는 아무 의미도 나타낼 수가 없거든요. 그래서 앞 단어에 붙여 씁니다.

### '안'과 '못' 띄어쓰기

'안'과 '못'을 띄어 쓰는 것도 별것 아닌 것 같은데 혼동돼요. 그렇죠?
'안'과 '못'은 긍정문을 부정문으로 만들어줘요.

① 철수가 밥을 먹는다. (긍정문) ⇒ ② 철수가 밥을 안 먹는다. (부정문)
　　　　　　　　　　　　　　　③ 철수가 밥을 못 먹는다. (부정문)

긍정문에 '안'과 '못'을 붙이면 부정문이 되고, '안'과 '못'이 붙은 부정문에서 '안'과 '못'을 떼면 긍정문이 되고……. 뗐다 붙였다 할 수 있어요. 뗐다 붙였다 할 수 있으려면 당연히 띄어 써야 하겠죠?
그러면 뗐다 붙였다 할 수 없는 경우에는 어떻게 해야 하죠?
그때는 붙여 써야 합니다. 다음 문장을 보세요.

④ 철수, 그 아이 참 안됐다. 넘어져서 다쳤다며?
⑤ 너는 어떻게 동생만도 못하니?

어때요? ④와 ⑤에서 '안'과 '못'을 떼면 말이 될까요? 어디 한번 떼어볼까요?

④´ 철수, 그 아이 참 됐다.
⑤´ 너는 어떻게 동생만도 하니?

당연히 말이 안 되지요? 그러니까 이런 경우에는 '안'과 '못'을 뗐다 붙였다 할 수 없어요. 그래서 이때는 '안'과 '못'을 꼭 붙여 써야 합니다.

## 11. |단락| 내 마음대로 만들 수 있다

결정본은 존재하지 않는다.

_보르헤스

## Reading

## 군화와 고무신의 차이

흔히들 병영 안에서의 폭력을 비유하는 말로 "워커발로 쪼인트 깐다"라는 표현이 있다. 두툼한 신발 밑창이 밖으로 툭 튀어나온 군홧발로 날이 선 촛대뼈를 사정없이 후려친다는 것인데 생각만 해도 오금이 저린다. 군화란 원래 전투를 목적으로 만들어진 신발이다. 거친 전쟁터에서 발을 보호하기 위해 만든 것이지만 워낙에 튼튼하고 견고하다 보니 함부로 휘두르는 발이 때로는 무기로 둔갑하기도 한다. 이 군화를 신고 산 속 농장에 오를 일이 생겼다.

사실 산에 오르는 데 견고성으로 말하자면 군화나 일반 등산화나 별 차이가 없다. 다만 군화 쪽이 좀더 중무장한 느낌이 들 뿐이다. 잘 닦여진 일반 등산로를 벗어나 키 작은 수목과 돌들이 가득한 계곡으로 들어섰다. 군화의 견고함을 믿고 거침없이 휘젓고 나아간다. 발밑에서 어린 나무줄기와 풀들이 비명을 질러댄다. 키가 큰 갈대숲도 울퉁불퉁 돌밭도 문제가 아니다. 우지끈 뚝딱 마구 밟고 지나간다. 요란하게 들리는 파쇄음(破碎音)에 자못 우쭐한 기분이 들기도 한다. "천하무적!", "내 앞을 가로막는 자는 모두 이렇게 밟아 주리라!", "고지가 바로 저긴데!" 입에서 이런 말들이 저절로 주억거려졌다.

며칠 뒤 이번에는 고무신을 신고 같은 곳을 찾아가게 되었다. 일부러 그리 한 것이 아니라 고무신을 신고 근처로 나들이를 나왔다가 내처 그곳까지 가게 된 것이다. 얇은 고무 밑창을 통해 전해지는 땅의 굴곡과 작은 돌들의 속삭임이 정겹게 느껴졌다. 무심코 제법 큰 돌의 모서리를 밟은 모양이다. 아팠다. 어쩔 수 없이 딛고 다니기 쉬운 길을 골라 갈 수밖에 없었다. 그러다 보니 군화를 신고 갈 때보다 더 세심히 주위를 살피게 되었고 발놀림도 조심스러웠다. 장시간 산행이 곤란하니 개울을 만나면 물가에 발을 담그고 앉아 쉬고, 너럭바위를 만나면 바위에 걸터앉아 쉬게 되므로 자연히 동행한 사람과 많은 이야기를 하게 된다. 고무신을 신고 확실히 알게 된 것은 자연 앞에서 겸손하지 않으면 다친다는 것, 그리고 겸손한 만큼 자연을 더 잘 알게 된다는 것이었다.

산 밑으로 내려와 무서운 속도로 달리는 자동차들과 도로를 낸다고 산을 마구 허물고 있는 중장비들을 본다. 지금 우리는 자연의 숨결을 느낄 수 없을 정도로 지나치게 중무장을 하고 살고 있다는 생각에 가슴이 답답해진다. 마치 군홧발은 거침없이 잘 가고 있지만 그 속에 있는 발은 땀에 전 채 무감각하게 뒤따라가는 꼴이다. 결국 햇빛 한번 보지 못한 창백한 발은 무좀을 비롯한 각종 질병에 시달리게 되고 언젠가는 목발 신세까지 지게 될지도 모를 일이다.

   반면에 고무신은 비록 빨리 가지는 못하지만 주위의 모든 기운을 몸으로 느낄 수 있으니 걷는 것 자체를 즐길 수 있다. 군화가 폭력을 정당화하고 오로지 목표를 향해 돌진하는 특성을 가졌다면 고무신은 조화를 추구하고 과정을 중시하는 특성을 가졌다. 이런 관점에서 볼 때 우리 사회는 지난 50년 동안 군화를 신고 정신없이 달려왔다고 할 수 있다. 실제로도 군화를 신은 사람들이 그 기간의 대부분을 지배했었고, 안타깝게도 민간인 정부가 들어선 지 십여 년이 지났건만 우리 사회는 아직도 군화를 벗어버릴 분위기가 아니다.

   오로지 달성해야 될 목표와 그 목표를 달성하기 위한 첨단 장비들만이 우리의 관심이다. 그로 인해 파괴되는 자연과 주변의 인간관계는 다 부차적인 것이 되어버렸다. 목표를 달성해서 돈을 많이 벌면 그 돈을 가지고 파괴된 자연과 인간관계를 복구할 수 있다고 믿는 것일까. 우리가 살아가면서 진정 행복이라고 느끼는 것들의 대부분이 돈으로는 살 수 없거나 복구할 수 없는 것이다. 이제부터라도 시대에 뒤떨어졌다고 비웃지 말고 한가한 날 집 근처로 산보를 나가거나 근교의 시골집엘 방문하게 되면 고무신을 한번 신어보자. 확실히 다른 느낌을 가지게 될 것이다.

_황대권 · 생태공동체운동센터 대표

## 중심 문장을 찾아라

먼저 단락에서 필자가 말하려고 하는 내용을 찾아보자.

앞의 예문에는 여섯 개의 단락이 있다. 첫 단락을 읽고 잠시 글에서 눈을 뗀 다음 그 단락에서 말하려는 것이 무엇이었는지 생각해보자. 생각이 끝났으면 다시 그 첫 단락을 읽으면서 자신이 생각한 것과 비슷한 문장을 찾아 밑줄을 그어보자. 나머지 다섯 개의 단락도 같은 방법으로 읽어보자.

이런 식으로 여러분이 찾은 여섯 개의 문장을 연결해서 읽어보면 전체적인 글의 내용을 알 수 있다.

아래에 여러분들이 찾은 문장을 굵은 글씨로 표시했다.

여섯 개의 단락을 보면서 굵은 글씨로 된 문장의 위치를 살펴보자.

---

### 군화와 고무신의 차이

흔히들 병영 안에서의 폭력을 비유하는 말로 "워커발로 쪼인트 깐다"라는 표현이 있다. 두툼한 신발 밑창이 밖으로 툭 튀어나온 군홧발로 날이 선 촛대뼈를 사정없이 후려친다는 것인데 생각만 해도 오금이 저린다. 군화란 원래 전투를 목적으로 만들어진 신발이다. <u>거친 전쟁터에서 발을 보호하기 위해 만든 것이지만 워낙에 튼튼하고 견고하다 보니 함부로 휘두르는 발이 때로는 무기로 둔갑하기도 한다.</u> 이 군화를 신고 산 속 농장에 오를 일이 생겼다.

사실 산에 오르는 데 견고성으로 말하자면 군화나 일반 등산화나 별 차이가 없다. <u>다만 군화 쪽이 좀더 중무장한 느낌이 들 뿐이다.</u> 잘 닦여진 일반 등산로를 벗어나 키 작은 수목과 돌들이 가득한 계곡으로 들어섰다. 군화의 견고함을 믿고 거침없이 휘젓고 나아간다. 발밑에서 어린 나무줄기와 풀들이 비명을 질러댄다. 키가 큰 갈대숲도 울퉁불퉁 돌밭도 문제가 아니다. 우지끈 뚝딱 마구 밟고 지나간다. 요란하게 들리는 파쇄음(破碎音)에 자못 우쭐한 기분이 들기도 한다. "천하무적!", "내 앞을 가로막는 자는 모두 이렇게 밟아 주리라!", "고지가 바로 저긴데!" 입에서 이런 말들이 저절로 주억거려졌다.

며칠 뒤 이번에는 고무신을 신고 같은 곳을 찾아가게 되었다. 일부러 그리 한 것이 아니라 고무신을 신고 근처로 나들이를 나왔다가 내처 그곳까지 가게 된 것이다. 얇은 고무 밑창을 통해 전해지는 땅의 굴곡과 작은 돌들의 속삭임이 정겹게 느껴졌다. 무심코 제법 큰 돌의 모서리를 밟은 모양이다. 아팠다. 어쩔 수 없이 딛고 다니기 쉬운 길을 골라 갈 수밖에 없었다. 그러다 보니 군화를 신고 갈 때보다 더 세심히 주위를 살피게 되었고 발놀림도 조심스러웠다. 장시간 산행이 곤란하니 개울을 만나면 물가에 발을 담그고 앉아 쉬고, 너럭바위를 만나면 바위에 걸터앉아 쉬게 되므로 자연히 동행한 사람과 많은 이야기를 하게 된다. <u>고무신을 신고 확실히 알게 된 것은 자연 앞에서 겸손하지 않으면 다친다는 것, 그리고 겸손한 만큼 자연을 더 잘 알게 된다는 것이었다.</u>

산 밑으로 내려와 무서운 속도로 달리는 자동차들과 도로를 낸다고 산을 마구 허물고 있는 중장비들을 본다. <u>지금 우리는</u>

자연의 숨결을 느낄 수 없을 정도로 지나치게 중무장을 하고 살고 있다는 생각에 가슴이 답답해진다. 마치 군홧발은 거침없이 잘 가고 있지만 그 속에 있는 발은 땀에 전 채 무감각하게 뒤따라가는 꼴이다. 결국 햇빛 한번 보지 못한 창백한 발은 무좀을 비롯한 각종 질병에 시달리게 되고 언젠가는 목발 신세까지 지게 될지도 모를 일이다.

반면에 고무신은 비록 빨리 가지는 못하지만 주위의 모든 기운을 몸으로 느낄 수 있으니 걷는 것 자체를 즐길 수 있다. 군화가 폭력을 정당화하고 오로지 목표를 향해 돌진하는 특성을 가졌다면 고무신은 조화를 추구하고 과정을 중시하는 특성을 가졌다. 이런 관점에서 볼 때 우리 사회는 지난 50년 동안 군화를 신고 정신없이 달려왔다고 할 수 있다. 실제로도 군화를 신은 사람들이 그 기간의 대부분을 지배했었고, 안타깝게도 민간인 정부가 들어선 지 십여 년이 지났건만 <u>우리 사회는 아직도 군화를 벗어버릴 분위기가 아니다.</u>

오로지 달성해야 될 목표와 그 목표를 달성하기 위한 첨단 장비들만이 우리의 관심이다. 그로 인해 파괴되는 자연과 주변의 인간관계는 다 부차적인 것이 되어버렸다. 목표를 달성해서 돈을 많이 벌면 그 돈을 가지고 파괴된 자연과 인간관계를 복구할 수 있다고 믿는 것일까. 우리가 살아가면서 진정 행복이라고 느끼는 것들의 대부분이 돈으로는 살 수 없거나 복구할 수 없는 것이다. <u>이제부터라도 시대에 뒤떨어졌다고 비웃지 말고 한가한 날 집 근처로 산보를 나가거나 근교의 시골집엘 방문하게 되면 고무신을 한번 신어보자. 확실히 다른 느낌을 가지게 될 것이다.</u>

단락에서 말하려는 문장의 위치가 여섯 개의 단락이 모두 똑같지는 않다. 어떤 것은 단락 앞쪽에, 어떤 것은 뒤쪽에, 어떤 것은 가운데에 있다.

　이제, 단락에는 중심 생각이 들어 있는 하나의 문장이 있는데 그 문장은 단락 어디에나 올 수 있다는 것을 알았다. 그런데 주된 생각을 나타내는 문장을 앞에 놓는 것과 뒤에 놓는 것이 어떻게 다른가 하는 것과 그 문장을 놓을 수 있는 곳은 단락의 어디어디일까. 그리고 나머지 문장들의 역할은 과연 무엇일까 하는 궁금증이 생긴다. 또 글은 흐르는 물처럼 단절되지 않고 서로 연결되어 있는데 어디서 끊어 단락을 구분해야 하는지도 궁금해졌을 것이다.

> 중심 생각이 들어 있는 문장이 주제문장이다.

## 주제문장과 뒷받침문장

　글에는 일정한 표식이 있다. 글의 종류와 분량에 따라 다르기는 하지만 모든 글에는 반드시 다음과 같은 세 가지 표식이 있다.

　아무 책이나 펼쳐보자. 제일 먼저 눈에 띄는 것이 '띄어쓰기'이다. 공간의 미를 살리려는 듯, 글 사이사이에 빈 공간이 있다. 그 다음에는 글자가 아닌 부호들이 눈에 띈다. 특히 우리가 하나의 문장이라고 일컫는 것 뒤에는 반드시 '문장부호'가 있다. 이번에는 펼쳐놓은 책 전체를 보자. 문장이 모여 있는 글 무더기가 보일 것이다. 그 글 무더기가 시작하는 곳은 한 칸 들여쓰고 끝나는 곳 뒤에는 그냥 비워두었다. 이러한 글 무더기

> 문장들이 모여 있는 글 무더기가 단락이다.

가 단락이다. 세 번째 표식은 바로 이러한 '들여쓰기'이다.

그러면 글에 '띄어쓰기', '문장부호', '들여쓰기'와 같은 표식을 두는 이유는 무엇일까? 이것은 이쪽과 저쪽을 구별하는 기능을 한다. '띄어쓰기'는 어절과 어절을 구별하고, 문장부호는 문장과 문장을 구별한다. 그리고 들여쓰기는 단락과 단락을 구별한다.

이들이 구별하는 공통된 기준은 '하나'라는 개념이다. 즉 '띄어쓰기', '문장부호', '들여쓰기'는 구별 대상이 서로 다르기는 하지만 이들은 모두 하나의 역할과 역할 사이에 표시한다.

어절은 문장을 구성하는 실질적인 단위로 문장에서 하나의 역할을 담당한다. 예를 들어 '철수가 밥을 먹는다'라는 문장에서 '철수가'는 문장에서 주체의 역할을 담당하고, '밥을'은 목적의 역할을 담당한다. 또한 '먹는다'는 서술의 역할을 담당한다.

문장은 완성된 생각을 나타내는 최소 단위로, 완성된 하나의 생각을 나타내는 역할을 한다.

단락은 하나의 생각을 나타내는 문장이 여럿이 모인 것으로 이들 문장이 나타내는 생각은 모두 주제문장이 나타내는 하나의 생각으로 귀결된다.

단락은 글 전체에서 생각의 덩어리 역할을 한다. 단락에서 하나의 문장은 중심 생각을 나타내고, 나머지 문장들은 이 문장을 부연해주어야 한다. 즉 이들 나머지 문장은 중심 생각을 뒷받침하는 사실, 예시, 이유, 증거 등을 제시한다.

하나의 단락에서 중심 생각을 나타내는 문장을 '주제문장'이

> 한 문장은 하나의 생각을 나타낸다.

라고 하고, 중심 개념을 뒷받침하는 문장을 '뒷받침문장'이라고 한다. 결국 하나의 생각을 나타내는 하나의 단락은 하나의 주제문장과 이를 뒷받침하는 서너 개의 뒷받침문장으로 이루어진다. 이때 뒷받침문장은 다른 뒷받침문장을 부연 설명해 주기도 한다.

> 하나의 단락에는 주제문장을 뒷받침하는 여러 문장들이 있다.

## 단락의 기본 유형

단락에서 주제문장이 놓이는 위치에 따라 단락을 유형별로 나누어보면 다섯 가지 유형으로 구분할 수 있다.

**유형 1:** 주제문장 + 뒷받침문장들
**유형 2:** 뒷받침문장들 + 주제문장
**유형 3:** 뒷받침문장들 + 주제문장 + 뒷받침문장들
**유형 4:** 주제문장 + 뒷받침문장들 + 주제문장
**유형 5:** (주제문장 + ) 뒷받침문장들

위의 다섯 가지 유형 중에서 유형 1과 유형 2는 기본 유형이다. 여러 글을 살펴보면, 주제문장을 단락 처음이나 끝에 놓는 글들이 대부분임을 알 수 있다. 유형 3과 유형 5는 유형 1의 응용 유형이다. 유형 3은 글을 전개할 때 앞 문장이나 앞 단락과 자연스럽게 연결하기 위해 주제문장 앞에 연결문장을 넣은 것이다. 유형 4는 유형 1처럼 주제문장을 단락 앞부분에서 밝힌 뒤에 다시 한 번 중심 생각을 단락 뒷부분에서 밝혀주는 것이고, 유형 5는 중심 생각을 주제문장으로 드러내지 않고 뒷받침

> 뒷받침문장만으로도 중심 생각을 함축해서 드러낼 수 있다.

문장만으로 함축적으로 나타낸다.

　글을 쓸 때, 유형 1처럼 쓸 것인지 유형 2처럼 쓸 것인지는 글쓰는 사람의 스타일에 따라 결정된다. 글을 잘 쓰는 것으로 이름이 알려진 사람들을 보면 유형 1처럼 쓰는 것을 즐기는 사람도 있고 유형 2처럼 쓰는 것을 즐기는 사람도 있다. 또한 글의 내용에 따라 그때그때 결정되기도 한다.

**유형 1** : 주제문장 + 뒷받침문장들

　단락 유형 1은 자신의 생각을 먼저 밝히고 글을 전개해 나가기 때문에 필자가 무엇을 말하려는지 분명하게 알 수 있으며 명쾌하고 빠른 템포를 느끼게 한다. 이러한 유형에서는 주제문장이 단문인 경우가 많다. 유형 1을 선택하여 단락을 쓸 경우는 독자가 쉽게 공감할 수 있는 내용을 다룰 때이다. 단락 앞에 나오는 주제문장이 독자의 생각과 같거나 쉽게 받아들일 수 있는 내용이면 독자는 거부감 없이 필자의 생각에 동의하며 글을 읽어 나가기 때문이다.

> 누구나 공감할 수 있는 내용을 쓸 때에는 주제문장을 단락 앞에 놓는다.

　사실 산에 오르는 데 견고성으로 말하자면 군화나 일반 등산화나 별 차이가 없다. 다만 군화 쪽이 좀더 중무장한 느낌이 들 뿐이다. 잘 닦여진 일반 등산로를 벗어나 키 작은 수목과 돌들이 가득한 계곡으로 들어섰다. 군화의 견고함을 믿고 거침없이 휘젓고 나아간다. 발밑에서 어린 나무줄기와 풀들이 비명을 질러댄다. 키가 큰 갈대숲도 울퉁불퉁 돌밭도 문제가 아니다. 우

> 지끈 뚝딱 마구 밟고 지나간다. 요란하게 들리는 파쇄음(破碎
> 音)에 자못 우쭐한 기분이 들기도 한다. "천하무적!", "내 앞을
> 가로막는 자는 모두 이렇게 밟아 주리라!", "고지가 바로 저긴
> 데!" 입에서 이런 말들이 저절로 주억거려졌다.

이 글에서 군화가 중무장한 느낌이 든다는 것은 군화를 신어 보지 않은 독자라 할지라도 누구나 쉽게 공감할 수 있는 내용이다. 독자가 주제문장을 쉽게 받아들였으니 단락을 구성하고 있는 나머지 문장들도 쉽게 이해할 수 있다.

### 유형 2 : 뒷받침문장들 + 주제문장

단락 유형 2는 글을 전개해 나가면서 글의 내용을 자신의 생각으로 귀결시켜 나가는 방식이기 때문에 글이 논리적이라는 느낌을 준다. 그래서 논리관계를 나타내는 연결어미가 쓰이는 복문이 많다. 유형 2는 자신의 주된 생각을 독자들이 쉽게 받아들이기 어려운 경우에 쓰인다. 쉽게 받아들이기 어려운 경우란 글을 읽으면서 필자의 주장을 바로 받아들이지 못하거나 주장에 대한 판단을 보류하는 경우이다. 이럴 경우 일반적이고 보편적인 내용의 글로 단락을 시작하면서 독자의 공감을 얻고, 공감을 얻은 내용을 바탕으로 자신의 생각을 이해시켜야 한다. 다시 말해 필자는 주제문장에 대해 독자가 바로 동의하지 않고 판단을 보류할 것이라고 예측하고, 독자가 해야 할 논리적 사고를 대신해준다고 생각하면 된다.

> 며칠 뒤 이번에는 고무신을 신고 같은 곳을 찾아가게 되었다. 일부러 그리 한 것이 아니라 고무신을 신고 근처로 나들이를 나왔다가 내처 그곳까지 가게 된 것이다. 얇은 고무 밑창을 통해 전해지는 땅의 굴곡과 작은 돌들의 속삭임이 정겹게 느껴졌다. 무심코 제법 큰 돌의 모서리를 밟은 모양이다. 아팠다. 어쩔 수 없이 딛고 다니기 쉬운 길을 골라 갈 수밖에 없었다. <u>그러다 보니</u> 군화를 신고 갈 때보다 더 세심히 주위를 살피게 되었고 발놀림도 조심스러웠다. 장시간 산행이 <u>곤란하니</u> 개울을 만나면 물가에 발을 담그고 앉아 쉬고, 너럭바위를 만나면 바위에 걸터앉아 <u>쉬게 되므로</u> 자연히 동행한 사람과 많은 이야기를 하게 된다. 고무신을 신고 확실히 알게 된 것은 자연 앞에서 겸손하지 않으면 다친다는 것, 그리고 겸손한 만큼 자연을 더 잘 알게 된다는 것이었다.

이 글에서 필자가 말하려는 생각인 '자연 앞에서 겸손하지 않으면 다치고, 겸손한 만큼 자연을 더 잘 알게 된다'는 주장은 피상적으로는 공감하지만 정말 그런지에 대해서는 금방 고개를 끄덕이기가 어렵다. 즉 독자가 판단을 보류할 내용이다. 그러므로 필자는 주제문장을 말하기 이전에 독자가 그렇게 생각할 수밖에 없도록 만들어야 한다.

필자는 구체적인 이야기로 단락을 시작해야 했다. 이 글의 필자는 자신이 겪은 실례를 들어가며 이야기를 시작했다.

그 다음 자신의 주된 생각으로 이 실례를 유도해야 했다. 필자는 그 다음 문장부터 논리적인 설명을 시작한다. '그러다 보

> 독자가 판단을 보류할 내용을 주제문장으로 할 경우는 일반적이고 보편적인 이야기로 단락을 시작해야 한다.

니', '곤란하니', '쉽게 되므로'처럼 인과관계를 나타내는 표현을 사용하여 주제문장으로 연결시키고 있다. 독자의 논리적 판단을 대신 해주고 있는 셈이다.

> **비교하기: 유형 1**〈주제문장 + 뒷받침문장들〉과 **유형 2**〈뒷받침문장들 + 주제문장〉

글은 필자가 쓰는 것이지만 주된 목적은 독자가 읽게 하는 데 있다. 독자에게 공감을 얻어 필자가 독자에게 원하는 영향을 줄 수 있어야 한다. 필자는 그러한 목적을 달성하기에 가장 적합한 단락 유형을 선택해야 한다.

독자에게 공감을 쉽게 얻을 수 있는 단락 구성이 따로 정해져 있는 것은 아니다. 그렇기 때문에 위에서 제시한 두 개의 단락은 각각 다른 유형으로 바꾸어 쓸 수도 있다.

단락 앞부분에 주제문장이 있는 두 번째 단락에서, 주제문장이 단락 뒷부분으로 가게 옮겨보자. 필자가 독자들이 군화의 이미지를 잘 모른다고 생각했을 경우이다.

> 글은 필자가 쓰는 것이지만 그 글을 읽고 공감하는 것은 독자이다. 이 사실을 잊지 마라!

잘 다져진 일반 등산로를 벗어나 키 작은 수목과 놀늘이 가득한 계곡으로 들어섰다. 군화의 견고함을 믿고 거침없이 휘젓고 나아간다. 발밑에서 어린 나무줄기와 풀들이 비명을 질러댄다. 키가 큰 갈대숲도 울퉁불퉁 돌밭도 문제가 아니다. 우지끈 뚝딱 마구 밟고 지나간다. 요란하게 들리는 파쇄음(破碎音)에 자못 우쭐한 기분이 들기도 한다. "천하무적!", '내 앞을 가로막는 자는

> 모두 이렇게 밟아 주리라!", "고지가 바로 저긴데!" 입에서 이런 말들이 저절로 주억거려졌다. <u>이러한 우쭐한 기분과 주억거림은 내가 군화를 신었으므로 나 자신이 튼튼하고 견고한 무엇인가로 보호받고 있다는 생각을 갖게 하기 때문이다.</u> 사실 산에 오르는 데 견고성으로 말하자면 군화나 일반 등산화나 별 차이가 없지만, 군화 쪽이 좀더 중무장한 느낌이 든다.

주제문장이 뒤로 오면서, 주제문장과 단순한 사실 묘사를 주로 했던 뒷받침문장을 연결하기 위해 이들의 인과관계를 설명하는 새로운 문장(밑줄친 부분)이 첨가된 것을 알 수 있다.

이번에는 주제문장이 단락 뒷부분에 있는 세 번째 단락에서 주제문장을 앞으로 끌어내어 보자. 이 경우에는 독자들이 '자연 앞에서 겸손하지 않으면 다치고, 겸손한 만큼 자연을 더 잘 알게 된다'는 내용에 대해 이미 설명을 들었거나 경험이 있어서 공감하고 있다고 생각하는 경우이다.

> 며칠 뒤 이번에는 고무신을 신고 같은 곳을 찾아가게 되었다. 일부러 그리 한 것이 아니라 고무신을 신고 근처로 나들이를 나왔다가 내처 그곳까지 가게 된 것이다. 고무신을 신고 확실히 알게 된 것은 자연 앞에서 겸손하지 않으면 다친다는 것, 그리고 겸손한 만큼 자연을 더 잘 알게 된다는 것이었다. 얇은 고무 밑창을 통해 전해지는 땅의 굴곡과 작은 돌들의 속삭임이 정겹게 느껴졌다. 무심코 제법 큰 돌의 모서리를 밟은 모양이

> 다. 아팠다. 어쩔 수 없이 딛고 다니기 쉬운 길을 골라 갈 수밖에 없었다. <u>세심히 주위를 살피게 되었고 발놀림도 조심스러웠다. 장시간 걷다가 개울을 만나면 물가에 발을 담그고 앉아 쉬고, 너럭바위를 만나면 바위에 걸터앉아 쉬면서 자연히 동행한 사람과 많은 이야기를 하게 된다.</u>

  앞 단락과 연결하기 위해 주제문장이 단락 맨 처음으로 나오지는 않았지만, 주제문장을 이렇게 단락 앞부분에 놓을 수도 있다. 주제 문장을 단락 앞부분에 놓으면서 인과관계를 보이던 문장이 밑줄친 문장처럼 장면을 묘사하는 설명으로 바뀌었다.
  단락을 유형 1처럼 쓸 것인지 단락 유형 2처럼 쓸 것인지는 필자가 글을 장악할 수 있는 능력에 따라 달라진다. 글쓰기가 쉽지 않은 사람은 유형 1처럼 쓰기를 권한다. 유형 1은 먼저 자신의 생각을 밝히고 그 다음은 그러한 자신의 생각을 부연설명하는 글을 쓰면 되기 때문에 글의 논지가 흐트러질 염려가 없다.
  그러나 글을 써본 경험이 있거나 단락에 대한 개념을 확고히 가지고 있다면 유형 2처럼 써보기를 권한다. 유형 2는 최소한 단락의 내용을 필자가 장악하고 유도해 가야 하기 때문에 논리적으로 글을 구성하는 안목이 생긴다.

주제문장을 단락 앞에 쓰면 글의 논지가 흐트러지지 않는다.

## 단락의 응용 유형

**유형 3** : 뒷받침문장들 + 주제문장 + 뒷받침문장들

대부분의 단락은 유형 1과 유형 2처럼 구성되지만 필요에 따라 약간씩 변형되기도 한다. 글 중간에 나오는 단락에서 많이 볼 수 있는 것이 유형 3이다. 유형 3은 유형 1의 응용이다. 앞단락과 자연스럽게 연결하기 위해 단락 앞부분에 연결 문장을 넣는다. 주제문장을 무조건 단락의 앞이나 뒤에 놓을 수만은 없다. 특히 글 중간에 위치하는 단락에서는 더욱 그러하다. 단락들이 자연스럽게 연결되어 글이 자연스럽게 흐를 수 있도록 해주어야 한다.

> 단락의 주제문장은 정해진 자리가 있는 게 아니다. 단락의 자연스러운 흐름에 따라 위치가 바뀐다.

앞의 예문에서 일부분을 가져와 보자.

사실 산에 오르는 데 견고성으로 말하자면 군화나 일반 등산화나 별 차이가 없다. 다만 군화 쪽이 좀더 중무장한 느낌이 들 뿐이다. 잘 닦여진 일반 등산로를 벗어나 키 작은 수목과 돌들이 가득한 계곡으로 들어섰다. 군화의 견고함을 믿고 거침없이 휘젓고 나아간다. 발밑에서 어린 나무줄기와 풀들이 비명을 질러댄다. 키가 큰 갈대숲도 울퉁불퉁 돌밭도 문제가 아니다. 우지끈 뚝딱 마구 밟고 지나간다. 요란하게 들리는 파쇄음(破碎 音)에 자못 우쭐한 기분이 들기도 한다. "천하무적!", '내 앞을 가로막는 자는 모두 이렇게 밟아 주리라!", "고지가 바로 저긴데!" 입에서 이런 말들이 저절로 주억거려졌다. (1)

며칠 뒤 이번에는 고무신을 신고 같은 곳을 찾아가게 되었다. 일부러 그리 한 것이 아니라 고무신을 신고 근처로 나들이를 나왔다가 내처 그곳까지 가게 된 것이다. 얇은 고무 밑창을 통해 전해지는 땅의 굴곡과 작은 돌들의 속삭임이 정겹게 느껴졌다. 무심코 제법 큰 돌의 모서리를 밟은 모양이다. 아팠다. 어쩔 수 없이 딛고 다니기 쉬운 길을 골라 갈 수밖에 없었다. 그러다 보니 군화를 신고 갈 때보다 더 세심히 주위를 살피게 되었고 발놀림도 조심스러웠다. 장시간 산행이 곤란하니 개울을 만나면 물가에 발을 담그고 앉아 쉬고, 너럭바위를 만나면 바위에 걸터앉아 쉬게 되므로 자연히 동행한 사람과 많은 이야기를 하게 된다. 고무신을 신고 확실히 알게 된 것은 자연 앞에서 겸손하지 않으면 다친다는 것, 그리고 겸손한 만큼 자연을 더 잘 알게 된다는 것이었다. (2)

　산 밑으로 내려와 무서운 속도로 달리는 자동차들과 도로를 낸다고 산을 마구 허물고 있는 중장비들을 본다. 지금 우리는 자연의 숨결을 느낄 수 없을 정도로 지나치게 중무장을 하고 살고 있다는 생각에 가슴이 답답해진다. 마치 군홧발은 거침없이 잘 가고 있지만 그 속에 있는 발은 땀에 전 채 무감각하게 뒤따라가는 꼴이다. 결국 햇빛 한번 보지 못한 창백한 발은 무좀을 비롯한 각종 질병에 시달리게 되고 언젠가는 목발 신세까지 지게 될지도 모를 일이다. (3)

　반면에 고무신은 비록 빨리 가지는 못하지만 주위의 모든 기운을 몸으로 느낄 수 있으니 걷는 것 자체를 즐길 수 있다. 군화가 폭력을 정당화하고 오로지 목표를 향해 돌진하는 특성을 가졌다면 고무신은 조화를 추구하고 과정을 중시하는 특성을

> 가졌다. 이런 관점에서 볼 때 우리 사회는 지난 50년 동안 군화를 신고 정신없이 달려왔다고 할 수 있다. 실제로도 군화를 신은 사람들이 그 기간의 대부분을 지배했었고, 안타깝게도 민간인 정부가 들어선 지 십여 년이 지났건만 우리 사회는 아직도 군화를 벗어버릴 분위기가 아니다. (4)

윗글에서 단락 (3)은 단락 유형 3으로 구성되어 있다. 단락 (3)을 그렇게 구성할 수밖에 없는 이유는 무엇일까? 먼저 단락 (2)에서 주제문장을 단락 끝에 놓았기 때문에 단락 (3)에서 주제문장을 단락 앞에 놓을 수가 없다. 주제문장이 바로 연결되면 글의 완급이 깨져서 글의 흐름이 자연스럽지 못하게 되기 때문이다.

그렇다고 단락 (3)에서 주제문장을 단락 뒤에 놓을 수도 없다. 단락 (4)의 처음 내용인 '고무신'에 대한 것과 단락 (3)의 끝에 놓인 '군화'에 대한 것을 서로 비교·대조하고 있기 때문이다. 만약 단락 (3)에서 주제문장을 단락 뒤에 놓는다면, '고무신'과 '군화'를 비교·대조하면서 설명하는 것을 방해하게 된다.

그렇기 때문에 단락 (3)에서는 주제문장을 단락 앞부분에 놓을 수밖에 없고, 단락 (2)의 주제문장과 바로 연결되는 것을 피하기 위해 장면 전환을 위한 문장('산 밑으로 내려와 무서운 속도로 달리는 자동차들과 도로를 낸다고 산을 마구 허물고 있는 중장비들을 본다')을 넣은 것이다.

앞에서 우리는 단락 (2)의 주제문장을 단락 앞으로 옮겨봤

> 단락의 연결 부분 사이에서 주제문장과 주제문장이 바로 연결되는 것은 피한다.

다. 이때 단락 구성이 유형 3으로 바뀐 것을 알 수 있다.

> 며칠 뒤 이번에는 고무신을 신고 같은 곳을 찾아가게 되었다. 일부러 그리 한 것이 아니라 고무신을 신고 근처로 나들이를 나왔다가 내처 그곳까지 가게 된 것이다. 고무신을 신고 확실히 알게 된 것은 자연 앞에서 겸손하지 않으면 다친다는 것, 그리고 겸손한 만큼 자연을 더 잘 알게 된다는 것이었다. 얇은 고무 밑창을 통해 전해지는 땅의 굴곡과 작은 돌들의 속삭임이 정겹게 느껴졌다. 무심코 제법 큰 돌의 모서리를 밟은 모양이다. 아팠다. 어쩔 수 없이 딛고 다니기 쉬운 길을 골라 갈 수밖에 없었다. 세심히 주위를 살피게 되었고 발놀림도 조심스러웠다. 장시간 걷다가 개울을 만나면 물가에 발을 담그고 앉아 쉬고, 너럭바위를 만나면 바위에 걸터앉아 쉬면서 자연히 동행한 사람과 많은 이야기를 하게 된다.

단락 (3)의 주제문장을 단락 맨 앞으로 옮길 수 없었던 것은 단락 (2)와 자연스럽게 연결되지 않았기 때문이다. 그렇게 하면 두 단락이 서로 따로 노는 듯한 느낌을 받는다. 그러나 단락 (3)의 주제문장을 단락 (2)와 자연스럽게 연결되는 문장 다음에 놓으면 두 단락을 자연스럽게 연결할 수 있다.

이처럼 유형 3(뒷받침문장들 + 주제문장 + 뒷받침문장들)은 단락 사이의 장면 전환이나 주제문장 사이의 완충 작용이 필요한 경우, 그리고 단락을 자연스럽게 연결해야 하는 경우에 쓰인다.

∵ **유형 4** : 주제문장 + 뒷받침문장들 + 주제문장 ∴

하나의 단락에서 주제문장이 단락 앞부분에도 있고 뒷부분에도 있는 경우가 있다. 물론 두 문장의 내용은 같지만 표현은 다르다. 주로 글의 결말을 짓는 단락에서 많이 사용된다. 결말은 서두와 본문에서 이루어진 논의를 정리하여 요약하고 논점을 더 넓은 안목에서 조망하면서 자신의 주장을 밝혀야 한다. 경우에 따라 서두와 본문을 정리하여 요약한 것과 자신의 주장이 동일할 수가 있다. 이러한 경우에는 결말을 이루는 단락이 유형 4와 같은 '주제문장 + 뒷받침문장들 + 주제문장'으로 구성된다.

> 모든 존재자가 선물이 되는 세계, 그게 어디 인디언들만 꿈꾸던 세계였을까? 나의 삶이 나를 둘러싼 타자들의 선물 속에서 이루어지고 나의 삶이 타자들에 대한 선물이 되는 세계. 그러나 우린 이미 그걸 꿈꾸는 것조차 포기한 지 오래다. 그런데 정말 그건 이질적인 사람들이 모여 사는 도시의 두터운 벽 속에선 불가능한 세계인 것일까? 자동차를 타고 달리는 도시의 도로 위에선 정말 불가능한 세계인 것일까? 정작 문제는 불가능한 생각이란 생각, 꿈을 잃어버린 꿈, 그리고 스스로 감아버린 눈은 아닐까? '삶'을 뜻하는 제목의 영화 「이키루」에서 구로사와는 그 불가능해 보이는 세계가 실은 얼마나 우리 가까이 있는 것인지 보여주려는 것 같다.
>
> _이진경, 「선물에 관한 명상」 중에서

이 예문에서 중심 개념은 '우리 모두가 꿈꾸는 세계를 가지고 있다'이다. 윗글에서 이러한 중심 개념은 단락의 첫 문장과 끝 문장에 모두 나타나 있다.

첫 문장은 설의적인 표현을 써서 '모든 존재자가 선물이 되는 세계'가 우리 모두가 꿈꾸던 세계임을 나타낸다. 끝 문장에서는 영화 「이키루」의 예를 들어 불가능해 보이는 세계가 우리들 가까이에 있음을 말하고 있다.

이처럼 주제문장이 단락의 앞부분과 뒷부분에 나타나는 경우에는 하나의 주제문장을 없앨 수도 있다. 먼저 단락 뒷부분에 있는 주제문장을 없애보자.

> 주제문장은 단락의 앞과 뒤에 나타날 수도 있다.

모든 존재자가 선물이 되는 세계, 그게 어디 인디언들만 꿈꾸던 세계였을까? 나의 삶이 나를 둘러싼 타자들의 선물 속에서 이루어지고 나의 삶이 타자들에 대한 선물이 되는 세계. 그러나 우린 이미 그걸 꿈꾸는 것조차 포기한 지 오래다. 그런데 정말 그건 이질적인 사람들이 모여 사는 도시의 두터운 벽 속에선 불가능한 세계인 것일까? 자동차를 타고 달리는 도시의 도로 위에선 정말 불가능한 세계인 것일까? 정작 문제는 불가능한 생각이란 생각, 꿈을 잃어버린 꿈, 그리고 스스로 감아버린 눈은 아닐까?

뒤에 있던 주제문장이 없어져도 주제문장이 드러나는 완성된 단락이 되는 것을 한눈에 알 수 있다.

다음에는 단락 앞부분에 있는 주제문장을 없애보자.

|단락| 내 마음대로 만들 수 있다

> 나의 삶이 나를 둘러싼 타자들의 선물 속에서 이루어지고 나의 삶이 타자들에 대한 선물이 되는 세계. 그러나 우린 이미 그걸 꿈꾸는 것조차 포기한 지 오래다. 그런데 정말 그건 이질적인 사람들이 모여 사는 도시의 두터운 벽 속에선 불가능한 세계인 것일까? 자동차를 타고 달리는 도시의 도로 위에선 정말 불가능한 세계인 것일까? 정작 문제는 불가능한 생각이란 생각, 꿈을 잃어버린 꿈, 그리고 스스로 감아버린 눈은 아닐까? '삶'을 뜻하는 제목의 영화 「이키루」에서 구로사와는 그 불가능해 보이는 세계가 실은 얼마나 우리 가까이 있는 것인지 보여주려는 것 같다.

마찬가지로, 앞에 있던 주제문장이 없어져도 주제문장이 드러나는 완성된 단락이 되는 것을 알 수 있다.

이번에는 뒤에 있는 주제문장을 없애고 앞에 있던 주제문장을 뒤로 옮겨보자.

> 나의 삶이 나를 둘러싼 타자들의 선물 속에서 이루어지고 나의 삶이 타자들에 대한 선물이 되는 세계. 그러나 우린 이미 그걸 꿈꾸는 것조차 포기한 지 오래다. 그런데 정말 그건 이질적인 사람들이 모여 사는 도시의 두터운 벽 속에선 불가능한 세계인 것일까? 자동차를 타고 달리는 도시의 도로 위에선 정말 불가능한 세계인 것일까? 정작 문제는 불가능한 생각이란 생각, 꿈을 잃어버린 꿈, 그리고 스스로 감아버린 눈은 아닐까? 모든 존재자가 선물이 되는 세계, 그것은 인디언들만 꿈꾸던 세계는 아니다.

주제문장이 뒤로 가면서 표현 방식이 바뀌었음을 알 수 있다. 그리고 역시 주제문장이 뒤로 가도 주제문장이 드러나는 완성된 단락이 됨을 알 수 있다.

**유형 5** : (주제문장 +) 뒷받침문장들

단락 중에는 주제문장이 겉으로 드러나지 않는 단락이 있다. 주로 예시 단락이 그러하다. 예시만으로도 누구나 쉽게 중심 내용을 파악할 수 있거나 앞 단락을 부연 설명해줄 수 있기 때문에 굳이 주제문장을 보여줄 필요가 없을 때 쓰이는 단락 구성이다.

> 예시 단락에서는 주제문장이 겉으로 드러나지 않아도 된다.

> 첫 파견지는 아프가니스탄이었다. 20여 년 간의 전쟁과 4년째 가뭄이 계속되는 곳. 재난의 가장 큰 피해자는 역시 어린이다. 현장근무 첫날. 월드비전 치료급식소에 실신상태의 네 살짜리 남자아이가 들어왔다. 극심한 영양실조. 의사는 생사를 장담할 수 없다고 했다. 입소 2주일이 되는 날, 이 아이가 나와 눈이 마주치자 방긋 웃는 게 아닌가. 순간, 가슴이 너무 벅차서 터지는 줄 알았다. 아이는 웃고 있는데 나는 어찌나 눈물이 나던지. 이 아이를 살리는 데 우리가 한 일은 시간 맞추어 영양죽을 먹인 것뿐이다. 이렇게 구해낸 어린 생명 수천 명. 한 아이의 한 달간 영양죽 값은 우리 돈 만원이다.
> 
> _한비야, 「'사랑의 총알'이 필요합니다」 중에서

이 글의 중심 내용은 '적은 돈으로도 아프가니스탄의 어린

> 중심 생각을 주제 문장으로 나타낼 수 없는 경우도 있다.

이를 살릴 수 있다'이다. 그러나 이 글에는 이러한 내용이 명시적으로 나타나 있지는 않다. 왜냐하면 이 글의 내용만으로도 이 글을 읽는 독자라면 누구나 그러한 중심 내용을 인식할 수 있기 때문이다. 굳이 중심 내용을 주제문장으로 나타내어 글이 중언부언한다는 느낌을 줄 필요는 없다.

또한 중심 생각을 주제문장으로 나타낼 수 없는 경우에도 주제문장이 없는 단락이 쓰인다.

다음 글을 보자.

> "빨리, 빨리. 3분 안으로 빠져나가야 돼." 안전담당이 사무실에 있는 우리에게 소리친다. 황급히 여권과 방탄조끼만 챙겨 나오는 순간, 우리 건물을 향해 시커먼 폭탄이 날아들었다.
> "슈우욱. 꽝!"
> "엎드려!"
> "아아악!"
> 어젯밤에도 전쟁터에서 도망 다니는 꿈을 꿨다. 티셔츠가 흥건히 젖을 정도로 식은땀까지 흘렸다. 3주일 전 이라크 파견근무를 끝내고 한국에 돌아온 다음부터 생긴 현상이다.
>
> _ 한비야, 「이라크는 지금 전쟁중」 중에서

엄밀한 의미에서 사람의 느낌은 언어로 나타내기 어렵다. 단지 그러한 느낌의 공통된 부분을 찾아 추상적으로 표현할 수 있을 뿐이다. 예를 들어, '나는 외롭다'라는 표현은 추상적이고 피상적이어서 마음에 와닿지 않는다. 외로운 느낌은 수없이 많고, 사람마다 다르다.

  이 글의 중심 생각은 필자가 느끼는 강박관념에 대한 것이다. 그러한 강박관념이 어떤 것인지는 알겠지만 무엇이라고 문장으로 표현하기는 어렵다. 이처럼 사람의 느낌을 나타낼 때에는 주제문장 없이 단락을 구성할 수도 있다.

> 필자의 느낌이 중심 생각일 때에는 주제문장 없이도 단락을 구성할 수 있다.

### 뒷받침문장을 뒷받침하는 문장들

  주제문장을 제외한 나머지 문장들은 모두 뒷받침문장이다. 뒷받침문장은 주제문장과 긴밀하게 관련된 사실, 근거, 예시, 혹은 그와 관련된 이야기들이다. 뒷받침문장의 이러한 일반적인 쓰임은 앞에서 이미 알아보았다.

  그런데 뒷받침문장 중에는 뒷받침문장을 뒷받침하는 뒷받침문장들도 있다.

> 뒷받침문장 중에는 뒷받침문장을 뒷받침하는 문장들도 잇다.

> 불교의 교리와 문화는 무역통로를 통해서 전파되었다. 동남아시아에서는 왕립적인 거점이 인노 영향권의 중심지였고, 불교 공동체가 그들 사이에서 생겨났다. 불교문화의 영향은 인도의 서북부로부터 파미르 고원과 중앙아시아에 걸쳐 있던 실크로드를 따라 북쪽과 동쪽으로 침투해 갔다. 이 실크로드 연변의 오아시스들은 상업과 행정의 중심지이며 군사적인 요새였고 종교적인 중심지였다. _디트리히 젝켈, 『불교 미술』 중에서

앞글에서 주제문장은 첫 문장이다. 두 번째 문장부터 이 주제문장을 뒷받침하며 부연 설명을 하고 있다. 그런데 마지막 문장은 주제문장을 부연 설명하는 것이 아니라 바로 앞 문장을 부연 설명하고 있다. 즉, 마지막 문장은 실크로드 연변의 오아시스에 대한 이야기로, 바로 앞 문장의 실크로드가 어떠한 의미를 지니는지를 보여주고 있다.

이처럼 뒷받침문장은 그것이 주제문장이든 뒷받침문장이든 독자가 글을 쉽게 읽고 이해할 수 있도록 구체적으로 쉽게 풀어주는 기능을 한다.

> 뒷받침문장은 쉽게 읽고 이해할 수 있도록 구체적으로 써야 한다.

✓ 점검1

    단락은 주제문장과 그것을 뒷받침하는 문장으로 구성된다. 주제문장은 필자가 그 단락에서 전하고자 하는 하나의 생각이다. 그것이 정해졌다면, 그것을 쉽게 이해시킬 수 있는 이야기로 뒷받침문장을 만든다.

    뒷받침문장은 정해져 있는 것이 아니다. 주제문장과 관련된 많은 이야기 가운데 어느 하나를 선택하여 쓰는 것이다. 사람마다 알고 있는 것이 다르고, 중요하게 생각하는 것이 다르기 때문이다. 모든 글이 그러하듯이 뒷받침문장에 쓸 내용도 자신이 가장 잘 아는 것으로 선택하면 된다.

    다음 단락을 읽어보자.

>     단언하건대 남녀평등 문제는 앞으로 별 의미를 갖지 못할 것이다. 현재의 출산율은 1.17명이다. 한 부부가 아들과 딸 중 하나를 낳아 기른다는 걸 의미한다. 아들 선호사상이야 사라지지 않겠지만 평등 문제는 크게 개선될 것이다. 높아진 평등의식도 긍정적 요인이다. 최근 각계에 여성 진출이 두드러지고 있는 것은 이런 앞날을 예고하는 것이다. 내 딸만큼은 나처럼 키우지 않겠다는 한국 어머니들의 한(恨)이 높은 여성교육 열기로 이어지고 쌓인 결과이기도 하다.
>
>     _홍찬식, 「여성이 경쟁력이다」

    이 글에서 주제문장은 "남녀평등 문제는 앞으로 별 의미를 갖지 못할 것이다"라는 첫 문장이다. 이 내용을 뒷받침할 내용은 무엇이 있을까? '출산율이 낮아지고 있다', '평등의식이 높아졌다', '각계에 여성 진출이 두드러진다', '여성의 교육 열기가 높다', '가사노동에 대한 남자들의 생각이 바뀌었다', '맞벌이 부부가 늘고 있다', '부부중심의 가족제도가 보편적이 되었다', '결혼에 대한 가치관이 변하고 있다', '성별에 따른 직업 구분이 사라져 간다', 등등이 있을 것이다. 이 밖에 또 어떤 내용이 있을지 생각해보자.

이 글에서는 '출산율이 낮아지고 있다'와 '평등의식이 높아졌다'를 뒷받침문장으로 삼았다. 그리고 '각계에 여성 진출이 두드러진다'를 '평등의식이 높아졌다'의 뒷받침문장으로 쓰고, '여성의 교육 열기가 높다'를 '각계에 여성 진출이 두드러진다'의 뒷받침문장으로 썼다.

'남녀평등 문제는 앞으로 별 의미를 갖지 못할 것이다'라는 내용을 선택해서 이러한 구성으로 단락을 만든 것은 이 글의 필자가 선택한 것이다. 이 글의 필자가 선택한 내용을 제외하고 그 밖의 다른 내용에서 뒷받침할 내용을 선택하여 '남녀평등 문제는 앞으로 별 의미를 갖지 못할 것이다'라는 주제문장이 들어간 단락을 써보자.

■ 알고 보면 쉬운 우리글

## 말에서처럼 줄여 쓰면 안 되나요?

　말하는 것을 그대로 쓰면 얼마나 편할까요? 글 쓰는 것보다는 말 하는 게 더 쉬운데 말이죠. 우리말은 대부분은 말하는 대로 쓰면 되지만 그렇지 않은 것이 있어요. 바로 줄여 쓰기예요.
　다음 예문을 볼까요?

　　　전엔 기껏해야 얼굴만 들이미는 게 전부였다.

　윗글에서 '게'는 '것이'를 줄여 쓴 말이고, '엔'은 '에는'을 줄여 쓴 말이에요. 우리가 말을 할 때에 모두 줄여서 말하지만, 글을 쓸 때에는 그렇지 않아요. 글에서는 '게'만 가능하고 '엔'은 불가능해요.
　왜냐하면 '것이'를 줄여 쓴 '게'에는 뜻이 있는 명사('것')가 들어 있지만, '에는'을 줄여 쓴 '엔'에는 뜻이 없는 조사만 있기 때문이죠. 다시 말해, 뜻이 있는 말이 들어 있을 때만 말하는 것처럼 줄여 쓸 수 있답니다. 그러니까 '전엔 기껏해야~'는 '전에는 기껏해야~'로 써야 합니다.

## 12. |문장1| 일곱 가지만 알면 된다

글쓰기야말로 위대한 기술이다.

_자크 바르

*Reading*

## 젓가락의 미학

해외에 거주하는 한국인들이 경험하는 것 중 하나가 외국인에게 젓가락 사용법을 가르치는 일이다. 그럴 때면 꽤나 우쭐해지기도 한다. 더구나 서양인들이 젓가락을 제대로 사용할 경지에 이르려면 엄청난 인내심과 각고의 노력이 필요하다. 내가 가르쳐본 경험으로는 대부분 중도에 포기하거나 아니면 변형되고 모자란 기술을 습득하는 데 그친다.

인류학자들은 손이 인류 진화에 필수불가결한 조건이었다고 말한다. 물론 침팬지 같은 영장류도 손이 있지만, 앞발의 기능을 겸하거나 인간의 손처럼 정교하게 움직이지 못하기 때문에 하는 말이다. 그런데 흔히 간과하는 것이 있다. 바로 손가락에 대한 관찰과 인식이다.

손의 기능은 사실상 손가락의 기능이다. 여기에 손목의 기능이 합세하는 것이다. 그것을 무엇보다 잘 보여주는 것이 젓가락 사용이다. 젓가락 두 개를 단단히 붙잡고도 유연하게 작동하기 위해서는 다섯 손가락을 모두 동원해야 한다. 그때 손가락들 사이의 치밀한 연계 속에 부드럽기 짝이 없는 동작이란 나 자신 내 젓가락질을 보면서도 경탄할 정도다. 어릴 적부터 이런 엄청난 문명적 관습을 체화했기 때문에 일상에서 지나치기 쉬울 뿐이다.

그리고 동양 사람들이 젓가락을 사용한다고 해서 모두 같은 것은 아니다. 유럽에 있을 때 중국인, 일본인들과도 기숙사 생활을 해보았는데 그들의 젓가락 문화는 우리와 매우 다르다. 우선 식탁에서의 동선 구조가 정반대라고 할 수 있다. 우리 경우는 식탁과 밥그릇과 사람의 입 사이에서 젓가락만 이동한다. 젓가락의 이동으로 식탁에 있는 여러 가지 반찬과 밥그릇 그리고 입 사이를 '네트워크'하는 것이다.

반면 중국인과 일본인은 반찬을 집어먹을 때, 우리처럼 젓가락으로 집어와서 입으로 직접 가져가지 않는다. 밥그릇을 반찬이 있는 곳으로 가져간 다음 그곳에서 반찬을 그릇에 담는다. 그러고는 다시 밥그릇을 입 가까이 가져가 먹는다. 밥그릇이 움직이는 것이다. 이것은 바로 젓가락 사용의 섬세함과 다양함의 수준 차이 때문이다. 이는 또한 도구로서 젓가락 자체의 정교

함과도 연관이 있다. 우리가 젓가락으로 집지 못하는 것은 거의 없다. 국물만 빼고 말이다. 우리의 젓가락 문명과 문화는 타의 추종을 불허한다.

무엇보다 우리 젓가락 문화에서 특별히 마음에 두고 널리 알리고 싶은 것은 바로 '젓가락의 미학'이다. 우리의 식탁을 한번 보자. 모든 것들이 동글동글하다. 밥그릇에서부터 국그릇, 각종 반찬그릇 그리고 장을 담은 종지에 이르기까지 동그랗지 않은 것이 없다(반면 중국과 특히 일본에서는 각진 식기를 사용하기도 한다). 수저도 자루가 있는 부분만 빼고는 동그랗다. 그런 식탁의 세계에서 유일하게 일직선인 것이 젓가락이다. 동그라미들의 세상에 직선으로 개입하는 젓가락, 그것은 단순한 파격의 미(美) 그 이상이다.

이런 상상을 해본다. 어떤 사람이 우리 전통 상차림으로 식사를 하는 동안 모든 동작을 위에서 조감도로 촬영한 다음, 사람의 모습을 지우고 마치 투명인간이 젓가락을 움직이는 것처럼 보여준다면, 동그라미의 세계와 직선의 파격이 어떻게 어우러져 나타날 것인가 하는 상상 말이다. 언젠가는 이런 영상미 구현을 시험해보려고 하는데, 그것은 그야말로 환상적일 것이다.

요즘 어린이와 10대, 20대의 식생활 습관이 많이 바뀌고 있다. 음식 문화도 국제화하고, 이른바 '퓨전'의 조류에 영향을 받는 것도 사실이다. 하지만 투박한 나무젓가락이 아니라(더구나 양쪽으로 쪼개서 사용하고 나서는 무참히 부러뜨리는 일회용 젓가락의 추악함에 익숙할 것이 아니라), 우리 전통 상차림에서 섬세한 쇠젓가락으로 식사하는 기회를 적당히 갖는 것은 우리 삶을 풍요롭고 우아하며 아름답게 할 것이다. 그것은 우리의 젓가락 사용법이 뛰어나서 손재주를 키워준다는 기능적인 의미를 넘어서, 일상 속에서 뛰어난 미적 경험을 할 수 있기 때문이다.

우리는 필요에 따라 일회용 식기 및 숟가락과 젓가락을 사용한다. 그리고 아무 생각 없이 그것들을 구기고 부러뜨려 파기한다. 이것이 지나치면 자칫 '파괴의 야만성'을 습관화하게 될 수도 있다. 반면 식사 도구의 미적 조화를 식탁에서 경험하는 기회가 적당히 있다면 그것은 긍정적인 의미의 문명화를 일상적으로 경험하는 것이 된다. 야만과 문명은 일상적 습관의 문제이기도 한 것이다.

지금까지 말한 것들은 흔히 우리 것 찾기나 우리 전통 문화 보전을 주장할 때 내세우는 민족주의적 자세나 문명적 우월감을 고취하기 위한 것이 아니다. 무엇보다도 넓은 의미에서 문화적 다양성을 확보하기 위해서다. 삶에 활력을 주는 것은 획일성이나 총체적 동일성이 아니고, 바로 다양성 그 자체이기 때문이다. 또한 우리가 삶의 다양성을 보존하면, 인류의 삶도 다양해지고 풍요로워지기 때문이다. 그리고 젓가락의 미학은 접하는 사람 누구에게나 감동을 줄 수 있는 미적 요소이기 때문이다.

_김용석 · 영산대 교수

## 우리말 문장은 일곱 가지

앞의 예문에는 문장이 몇 개나 있을까?

길고 짧은 문장이 53개가 있다. 이보다 더 긴 글이라면 53개보다 더 많은 문장이 있을 것이다. 그런데 이 많은 문장 중에 같은 문장은 거의 없다. 대체 이렇게 많은 문장은 어떻게 만들어지는 것일까? 우리말에는 문장이 몇 개나 있을까?

문장의 개수는 무한하다. 마치 숫자의 개수가 무한한 것처럼 헤아릴 수가 없다. 그러나 이러한 문장을 비슷한 것끼리 묶는다면 겨우 일곱 가지밖에 되지 않는다. 우리가 무한한 하나하나의 문장을 일일이 다 알 수는 없지만 문장을 특징별로 묶어서 구분하면 문장이 무엇인지 알 수가 있다.

적을 알고 나를 알면 백전백승이라고 했다. 우리를 괴롭히던 문장들도 알고 보면 겨우 일곱 가지밖에 안 된다. 이러한 사실을 알았으니까 이제 우리 마음대로 문장을 주무를 수 있다는 생각이 든다. 그렇다고 방심은 하지 마라. 아직 우리는 적의 규모만 파악했지 어떤 특성들을 가지고 있는지는 모른다.

> 문장은 무한하지만 우리말에서 문장의 종류는 일곱 가지이다.

## 일곱 가지 문장의 특성

우리말 문장은 겨우 일곱 가지밖에 안 된다. 문장에 '주어-서술어'가 한 개만 들어 있는 단문 한 가지 종류와 '주어-서술어'가 두 개 이상 들어 있는 복문 여섯 가지 종류, 이렇게 일곱 가지이다.

①철수는 영희를 기다린다.
②영희는 영수를 기다리고 철수는 영희를 기다린다.
③철수는 영희가 편지를 보내오기를 기다린다.
④철수는 영국에 간 영희를 기다린다.
⑤가을이 되면 철수는 영희를 기다린다.
⑥철수는 머리가 크다.
⑦철수가 "나는 영희를 좋아한다"고 말했다.

①〔철수는 영희를 기다린다.〕는 '주어-서술어'가 한 개인 단문으로, 모든 문장의 기본 바탕이 된다.
②〔영희는 영수를 기다리고 철수는 영희를 기다린다.〕는 두 개의 '주어 - 서술어'가 서로 자리를 바꿀 수 있다. 즉, '철수는 영희를 기다리고 영희는 영수를 기다린다'라고 해도 문장이 나타내는 의미는 크게 바뀌지 않는다.
③〔철수는 영희가 편지를 보내오기를 기다린다.〕는 명사 자리에 '주어 - 서술어'가 들어간다는 특징이 있다. 즉, '영희가 편지를 보내오다'라는 '주어-서술어'가 '철수가 ☐를 기다린다'라는 문장의 ☐에 들어가 있다.
④〔철수는 영국에 간 영희를 기다린다.〕는 '주어-서술어'가 명사 앞에 들어가 명사를 꾸며주는 특징이 있다. 즉, '영희가 영국에 갔다'라는 '주어-서술어'가 '철수가 영희를 기다린다'

라는 문장 안으로 들어가 뒤에 오는 '영희'를 꾸며준다.

⑤[가을이 되면 철수는 영희를 기다린다.]는 앞에 있는 '주어-서술어'가 문장 안에서 이리저리 움직일 수 있다는 특징이 있다. 즉, '가을이 되다'라는 '주어-서술어'가 뒤에 오는 '철수가 영희를 기다린다'의 사이사이로 옮겨 다닐 수 있다. 그래서 '철수는 가을이 되면 영희를 기다린다'도 가능하고, '철수는 영희를 가을이 되면 기다린다'도 가능하다.

⑥[철수는 머리가 크다.]는 주어가 두 개가 있다는 특징이 있다. 두 주어의 관계는 대부분 주종의 관계이다. 즉 '철수는 머리가 크다'는 '철수의 머리가 크다'와 의미가 같다.

주어가 두 개인 문장도 있다.

⑦[철수가 "나는 영희를 좋아한다"고 말했다.]는 문장 안에 다른 말을 인용할 수 있다는 특징이 있다. 이때 큰 따옴표를 사용하는 직접 인용이나 따옴표를 사용하지 않는 간접 인용 모두가 가능하다.

우리말에서 쓰이는 모든 문장은 지금까지 살펴본 이 일곱 가지 유형 중 하나에 속한다. 이들 일곱 가지 유형에 속하는 문장들이 서로 결합하여 무한한 문장을 만들어낸다.

그럼 앞의 예문 중 한 단락에 들어 있는 문장들을 꼼꼼히 살펴보면서 대체 그 문장들이 어떻게 만들어졌는지 알아보자.

일곱 가지 문장 유형이 서로 결합하여 무한한 문장을 만들어낸다.

> 해외에 거주하는 한국인들이 경험하는 것 중 하나가 외국인에게 젓가락 사용법을 가르치는 일이다. 그럴 때면 괜히 우쭐

|문장1| 일곱 가지만 알면 된다　295

> 해지기도 한다. 더구나 서양인들이 젓가락을 제대로 사용할 경지에 이르려면 엄청난 인내심과 각고의 노력이 필요하다. 내가 가르쳐본 경험으로는 대부분 중도에 포기하거나 아니면 변형되고 모자란 기술을 습득하는 데 그친다.

이 글은 네 개의 문장으로 구성되어 있다.

A. 해외에 거주하는 한국인들이 경험하는 것 중 하나가 외국인에게 젓가락 사용법을 가르치는 일이다.
B. 그럴 때면 괜히 우쭐해지기도 한다.
C. 더구나 서양인들이 젓가락을 제대로 사용할 경지에 이르려면 엄청난 인내심과 각고의 노력이 필요하다.
D. 내가 가르쳐본 경험으로는 대부분 중도에 포기하거나 아니면 변형되고 모자란 기술을 습득하는 데 그친다.

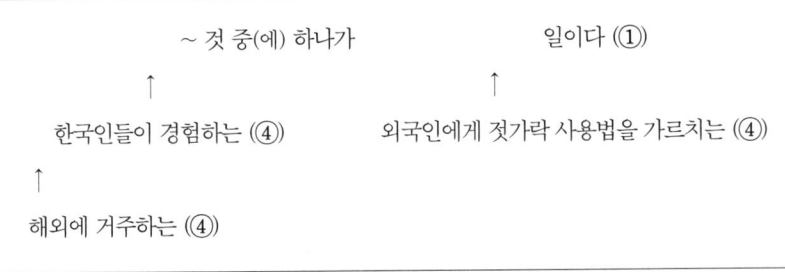

문장 A부터 살펴보자.

문장 A는 문장의 기본 바탕인 단문 ①에다가, ④번 유형의 문장 두 개를 합하고 나서, 처음 ④번에 다시 ④번 유형의 문장을 합해서 만들었다.

문장 B를 보자.

```
        (우리는)         괜히         ~도 한다 ①
                          ↑             ↑
                    그럴 때면 ⑤    우쭐해지기 ③
```

문장 B는 문장의 기본 바탕인 단문 ①에다가, ⑤번과 ③번 유형의 문장을 합해서 만들었다.

문장 C를 보자.

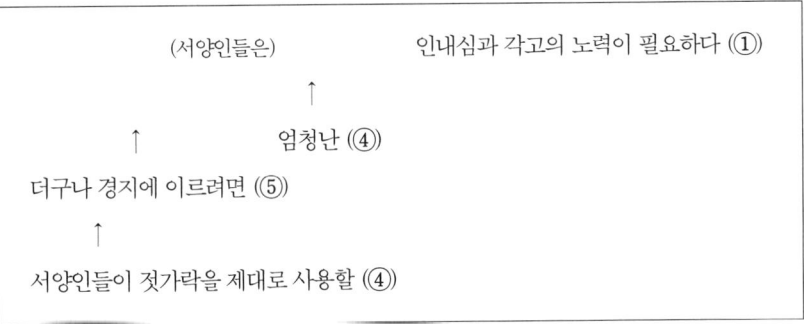

문장 C는 문장의 기본 바탕인 단문 ①에다가, ④번과 ⑤번 유형의 문장을 합하고, 다시 ⑤번에 ④번 유형의 문장을 합해서 만들었다.

문장 D를 보자.

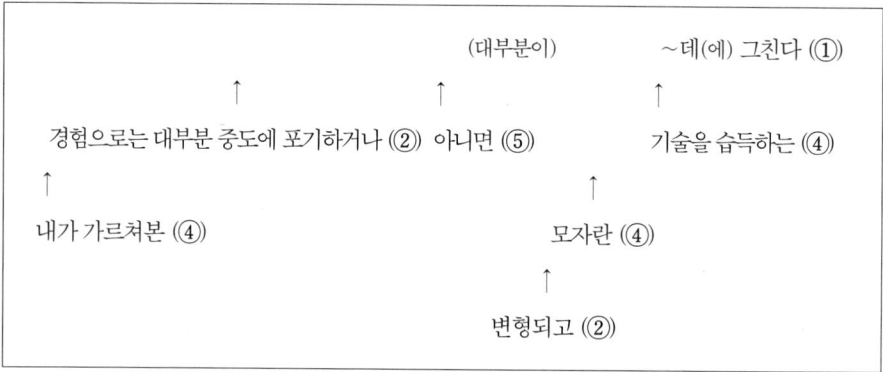

문장 D는 문장의 기본 바탕인 단문 ①에다가, ②, ⑤, ④번 유형의 문장을 합하고 나서, ②번과 ④번에 각각 ④번 유형의 문장(내가 가르쳐본, 모자란)을 더하고, ④번(모자란)에 다시 ②번 문장의 유형(변형되고)을 합해서 만들었다.

### 문장 만드는 과정

이제 우리는 우리말에는 일곱 가지 문장 유형이 있으며 이들을 서로 결합해서 여러 가지 문장을 만든다는 사실을 알았다. 그러면 자신의 생각을 어떻게 예문에서처럼 다양한 문장으로 표현할 수 있을까?

생각을 문장으로 표현하는 방법을 알아보자.

> 문장은 생각을 표현하는 최소 단위이다.

**1단계: 생각 구분하기**

먼저 자신의 머릿속에 떠오르는 생각을 하나하나 구분한다. 생각을 구분하는 방법은 동사나 형용사 같은 서술어를 하나씩 찾아내면 된다.

다음은 여러분 중 한 사람이 떠올린 교실 모습이다.

> 여기 수업을 하고 있는 교실이 있다. 교실에는 선생님과 학생이 있다. 여러분은 아마도 교실 분위기가 어떻다는 느낌을 받을 것이다. 선생님은 칠판에 판서를 하거나 교과서를 보고 있거나, 학생들에게 질문을 하거나 학생을 꾸짖거나 할 것이다. 학생들은 열심히 필기를 하거나 열심히 듣거나 옆 친구와 장난을 치거나 핸드폰으로 문자를 보내거나 아니면 졸거나 선생님 질문에 답할 것이다. 또 그들에 대한 여러분의 느낌도 있을 것이다.

떠올린 것은 하나의 장면인데 많은 동작과 느낌이 존재한다. 이 많은 동작과 느낌을 한꺼번에 표현하려고 하면 아무것도 표현할 수 없다. 하나의 문장은 반드시 하나의 생각만 나타내기 때문이다. 문장을 구성하는 '주어―서술어'는 하나의 동작이나 느낌만을 나타낸다. 그러므로 떠올린 장면을 구성하고 있는 것을 하나하나 구분해야 한다.

그 장면에서 여러분이 인식한 동작이나 느낌을 동사나 형용사와 같은 서술어로 적어보자.

> 떠올린 장면을 하나하나 구분하여 서술어만 적어보자.

• 받다  • 답하다  • 다가가다  • 그리다

### 2단계: 주어와 서술어 짝 맺어주기

그 다음에는 구분해놓은 서술어 하나하나와 호응하는 주어를 찾는다. 그렇게 해서 '주어-서술어' 관계를 만든다.

- 선생님께서 받는다.
- 선생님께서 답한다.
- 선생님께서 다가간다.
- 선생님께서 그린다.

### 3단계: 제 모습 갖춘 문장 만들기

'주어-서술어' 관계를 만들었으면 그 밖에 필요한 성분들을 넣어 제 모습을 갖춘 문장을 만든다.

- 선생님께서 학생의 질문을 받는다.
- 선생님께서 질문에 답하신다.
- 선생님께서 칠판으로 다가간다.
- 선생님께서 칠판에 그림을 그리신다.

### 4단계: 기본 문장 정하기

> 하나의 문장에서 중심 생각은 반드시 하나이다.

'주어-서술어' 관계를 가지는 이들 네 개의 문장 중에서 중심이 되는 생각을 찾아 이것을 기본 문장으로 삼는다. 중심이 되는 생각은 반드시 하나이어야 하기 때문이다.

위의 네 개 문장 중에서 '선생님께서 칠판에 분필로 그림을 그리신다'를 기본 문장으로 삼아보자.

### 5단계: 문장 완성하기

이제 끝으로 생각을 확장시켜 나가면서 '주어-서술어'를 기본 문장에 덧붙여 나가면서 문장을 완성한다.

〔기본 문장〕 선생님께서 칠판에 분필로 그림을 그리신다.
    (어떻게 해서?) 선생님께서 칠판으로 다가간다.
    (무얼 하면서?) 선생님께서 질문에 답하신다.
    (무슨 일로?) 선생님께서 학생의 질문을 받는다.

기본 문장을 바탕으로 하여 나머지 '주어-서술어'를 필요로 하는 정보가 들어갈 자리에 넣어보자.

```
              선생님께서        칠판에 분필로 그림을 그리신다. (①기본 문장)
                 ↑                ↑
(선생님께서) 학생의 질문을 받은(④)   (선생님께서) 칠판으로 다가가(⑤)
                                  ↑
                      (선생님께서) 질문에 답하시면서(⑤)
```

그렇게 하면 기본 문장 ①번에 ④번 문장 유형 한 개, ⑤번 문장 유형 두 개가 합해져 다음과 같은 문장이 만들어진다.

  학생의 질문을 받은 선생님께서는 질문에 답하시면서 칠판으로 다가가 칠판에 그림을 그리신다.

> 모든 문장은 기본 문장을 바탕으로 확장되어 만들어진다.

이제는 반대로, 앞에서 한 번 살펴보았던 문장(문장 D)을 보고 필자가 기본 문장을 바탕으로 어떻게 생각을 확장시켜 나가는지 추적해보자.

문장 D.
　　내가 가르쳐본 경험으로는 대부분 중도에 포기하거나 아니면 변형되고 모자란 기술을 습득하는 데 그친다.

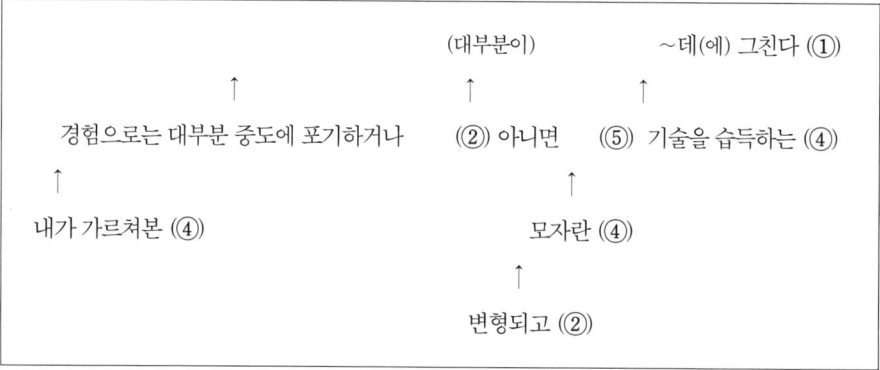

필자는 먼저 '외국인 대부분이 젓가락질을 배우는데 실패한다'라는 기본 생각을 가지고 있었다. 이제 이것을 문장으로 표현하기 위해 기본 문장의 '주어―서술어'를 '(외국인 대부분이) ~데(에) 그친다'로 설정했다.

그러면 생각이 확장되어 가는 것을 추적해보자.

외국인 대부분이 젓가락질을 배우는 데 실패한다. [기본 생각]
　　　(어떻게 표현할까?) (대부분이) ~데(에) 그친다. [기본 문장]
　　　　　(그치는 모습은?) 중도에 포기한다.
　　　　　(그리고 또?) 기술을 습득한다.
　　　　　　(어떤 기술?) 모자란
　　　　　(그리고 또?) 변형되고
　　　　　(이런 말의 근거는?) 경험
　　　　　(어떤 경험?) 내가 가르쳐본

　결국 앞에서 제시한 예문의 53개 문장도 이와 마찬가지로 일곱 가지의 기본 문장을 바탕으로 생각을 확장시킨 것뿐이다. 53개 문장이 모두 다 달라 보이지만 결국 일곱 가지 문장을 결합하여 만들었을 뿐이다.

✓ 점검1

문장은 하나의 중심 생각을 나타내는 '주어-서술어'를 바탕으로 여러 개의 '주어-서술어'가 결합하여 만들어진다. 문장이 만들어지는 방식은 '주어-서술어'가 하나뿐인 단문을 제외하고 여섯 가지 방식이 있다.

다음 문장의 '주어-서술어'를 중심 생각으로 삼아 여러 개의 '주어-서술어'를 결합해보자.

- 한 나라의 언어는 문화의 저장고이다.

먼저 위 문장과 관련되는 '주어-서술어'를 생각해보자. 예를 들면, '언어에는 그 민족의 영혼이 담겨 있다', '언어는 그 민족과 불가분의 관계에 있다', '언어는 단순한 도구가 아니다', '문화는 오랜 시간 누적되어 이루어진다' 등등 여러 가지가 있을 것이다. 이들을 위 문장에 결합시켜 여러 종류의 문장을 만들어보자.

■ 알고 보면 쉬운 우리글

## 웬? 왠!

'왠' 하고 '웬' 하고 구분하는 것이 생각만큼 그렇게 어렵지는 않습니다. '왠' 은 '왠지' 라고 쓸 때만 쓰는 말이에요. '왠지' 는 '왜인지' 의 준말이거든요.

'웬' 은 명사를 꾸며주는 관형사예요. '새, 헌, 이, 그, 저, ……' 같은 단어들과 같습니다. 그러니까 '웬' 은 명사 앞에만 쓰이고 '웬' 앞뒤로는 모두 띄어 씁니다.

예를 들어볼까요?

- 여기 **웬** 사람들이 이렇게 많아?
- **웬** 일이니?
- **왠지** 그 사람이 올 것 같아.

알고 보니 별로 헷갈리지 않지요?

## 13. |문장2| 바른 문장 쓰는 법

> 분명하게 글을 쓰는 사람에게는 독자가 모이지만,
> 모호하게 글을 쓰는 사람에게는 비평가만 몰려들 뿐이다.
>
> _알베르 카뮈

## 문법에 맞아야 좋은 문장이다

모호한 개념은 글을 통해 구체화된다.

글쓰기에서 가장 쉬운 듯하면서 가장 어려운 것이 문장 쓰기이다. 아무리 좋은 생각을 가지고 있고 아무리 독창적인 구성을 알고 있다고 하더라도 문장으로 나타낼 수 없다면 아무 쓸모가 없다. 좋은 생각이라는 것도 머릿속에 맴돌고 있을 때는 모호한 개념에 불과하다. 이 모호한 개념은 글을 통해 구체화되고 완성된다.

어떻게 하면 좋은 문장을 쓸 수 있을까? 좋은 문장은 자신의 생각을 그대로 표현할 수 있어야 한다. 그리고 문법에 맞고 쉽게 표현되어야 한다. 그래야 필자는 자신의 생각을 논리적으로 체계화시킬 수 있고, 독자는 쉽게 읽고 이해할 수 있다.

## 문장은 생각의 틀이다

주위의 언어 환경은 문장 표현 방식에 영향을 미친다.

단어와는 달리 문장의 개수는 무한하다. 사람들의 생각이 무한한데다가, 설사 같은 생각일지라도 사람에 따라 표현 방식이 각양각색이기 때문이다. 이 각양각색의 표현 방식은 저마다 얼굴이 다르고 성격이 다르듯이 서로 다른 언어 환경에서 자랐기 때문에 만들어진다.

문장은 생각을 담아내는 틀이다. 틀의 모양에 따라 생각의 모양이 정해진다. 여러분도 여러 번 자기가 의도했던 것과 다르게 글을 썼던 경험이 있을 것이다. 이는 자신이 가지고 있는 문장의 틀이 잘못되었거나 자신의 생각을 담아낼 수 있는 모양이 아니기 때문이다. 사람마다 가지고 있는 문장의 틀은 개수도 다르고 모양도 다르다. 또 어떤 사람은 주어진 틀만 사용하고 어떤 사람은 새로운 틀을 만들어 쓰기도 한다.

사람마다 자신이 가지고 있는 문장의 틀이 있다.

### 좋은 문장의 비결

어떻게 하면 내 생각을 그대로 표현할 수 있을까?

그것은 문법적으로 옳은 문장이어야 가능하다. 문법은 보통 사람들이 말을 하고 글을 쓰는 방식을 관찰하여 정리한 것이다. 그러니까 거꾸로, 문법을 알면 어떻게 제대로 말을 하고 쓸 수 있는지 알 수 있다.

그 다음에는 내 생각을 담아낼 수 있는 틀을 가져야 한다. 우리는 이 틀을 문장 형식이라고 부른다. 문장 형식(문형)이란 문장을 만들 때 낱말을 어떻게 배열하는지를 보여주는 틀이다. 우리는 수없이 많은 말을 하지만 이 말들은 몇 가지 문장 형식으로 구분된다. 지난 30년 동안 신문, 소설, 칼럼 등에서 사용된 문형은 2백 개 남짓이다. 여러 사람들의 글을 조사 대상으로 한 점을 생각한다면 개개인이 사용하는 문형 수는 몇 개 되지 않는다.

개개인이 가지고 있는 문형의 개수와 종류는 서로 다르다. 이 글을 읽는 여러분도 아마 10~20개 정도의 문형을 사용하고 있을 것이다.

일반적으로 사람은 10~20개 정도의 문형을 사용한다.

좋은 문장을 쓰려면 문법을 정확히 알아야 하며, 좋은 문형을 가지고 있어야 한다. 그러면 어떻게 이 두 마리 토끼를 잡을 수 있을까?

우선 자기가 닮고 싶은 글을 쓰는 작가 있다면 그 사람의 글을 구해 읽는다. 같은 글을 여러 번 읽어도 좋고, 그가 쓴 다른 글을 섭렵해도 좋다. 따로 무엇을 분석하고 외울 것 없이 그냥 죽 읽어나가 보자.

특별히 닮고 싶은 사람이 없다면 서점에 가서 여러 사람의 단편소설이나 수필을 사서 죽 읽어본다. 그중에서 막히지 않고 술술 잘 읽히는 작가의 글을 선택하자. 잘 읽히는 작가의 글을 선택하는 이유는 잘 읽히는 글은 자신의 문장 호흡과 일치하는 글이기 때문이다.

> 잘 읽히는 글은 나의 문장 호흡과 일치하는 글이다.

예전에 이런 경험이 있다. 대학원 다닐 때였는데, 한 후배는 늘 보고서만 쓰면 가장 높은 점수를 받았다. 그 후배는 먼저 자기 나름대로 보고서를 쓴 다음에, 그 보고서를 읽어보게 될 교수의 최근 논문을 찾아 읽으면서 자기 보고서의 말투를 그 논문에 나오는 말투로 바꿔 썼다. 그러니까 자기가 쓰는 문형을 교수가 쓰는 문형으로 번역(?)한 것이다. 교수의 입장에서는 이 학생의 글이 마치 자신이 쓴 글처럼 친근감 있게 읽혔을 것이고, 당연히 좋은 점수를 주었을 것이다.

> 좋은 글을 읽는 것은 좋은 문형을 내 것으로 만드는 일이다.

좋은 책을 많이 읽으면 좋은 문형을 자기 것으로 만들 수 있다. 그리고 좋은 문형을 많이 익히면 굳이 문법을 따로 공부할 필요조차 없다. 왜냐하면 문형은 언어를 사용하는 틀이고, 문법은 이것을 정리한 것이기 때문이다.

## 하나의 문장은 하나의 생각을 담는다

국어에서 하나의 문장은 '주어─서술어'가 한 개일 수도 있고, 두 개 이상일 수도 있다. 그런데 하나의 '주어─서술어'는 항상 하나의 생각만을 나타낸다. 서술어는 주어가 '어찌한다', '어떠하다', '무엇이다'라고 풀어주는 말이다. 그러니까 우리말에서 '주어─서술어'가 나타내는 정보 유형은 다음의 세 가지밖에 없다.

> 무엇이 어찌한다. (철수가 잔다)
> 무엇이 어떠하다. (철수가 착하다)
> 무엇이 무엇이다. (철수가 학생이다)

주어와 서술어가 나타내는 정보 유형은 단 세 가지밖에 없다.

'주어─서술어'가 하나밖에 없는 문장(이런 문장을 '단문'이라고 한다)에서는 바로 그 '주어─서술어'가 필자가 말하려는 하나의 생각이다. '주어─서술어'가 두 개 이상 들어 있는 문장(이런 문장을 '복문'이라고 한다)에서는 여러 개의 '주어─서술어' 가운데 맨 뒤에 오는 '주어─서술어'가 필자가 말하려는 중심 생각이나.

① 호주제 폐지는 몇 해 전만 해도 실현 불가능한 일로 여겨졌다. ② 한국 사회의 오랜 전통이 철옹성처럼 호주제 폐지만은 허용하지 않을 듯했다. ③ 폐지론이 힘을 얻기 시작한 것은 재혼 가정의 문제가 결정적 계기가 됐다. ④ 이혼이 늘면서 학교에서

> 아버지와 성이 다른 아이들이 놀림과 눈총을 받는 일이 많아진 것이다. ⑤ 아이의 눈물을 이대로 방치할 수 없지 않느냐는 호소가 여론을 서서히 움직였다.
>
> _홍찬식, 「여성이 경쟁력이다」

윗글에서 ②는 '주어-서술어'가 하나이지만, 나머지 문장은 '주어-서술어'가 두 개 이상이다. 다섯 개의 문장에서 필자가 나타내려는 중심 생각이 무엇인지 찾아보자.

①에서는 '호주제 폐지는 (그렇게) 여겨졌다', ②에서는 '(그것을) 허용하지 않을 듯하다', ③에서는 '(그러한 것이) 결정적 계기가 됐다', ④에서는 '(그런) 일이 많아진 것이다', ⑤에서는 '(이러한) 호소가 여론을 움직였다'이다. 이처럼 하나의 문장 안에 몇 개의 '주어-서술어'가 들어 있다고 해도, 필자가 나타내려는 하나의 중심 생각을 표현하는 '주어-서술어'는 하나이고, 그 '주어-서술어'는 문장 뒷부분에 위치한다.

여기까지 이해했으면 문장을 쓰는 큰 틀은 알게 된 셈이다.

이제 몇몇 문장을 살펴보면서 문장을 쓸 때 주의해야 할 점들을 살펴보자.

### 주어와 서술어는 반드시 일치해야

먼저 주어와 서술어가 일치하는지 살펴야 한다. 문장에서 기본 뼈대는 '주어-서술어' 관계이다. 이 둘이 서로 일치해야 의미가 제대로 전달될 수 있다. '주어-서술어'가 두 개인 문장은 주어와 서술어가 일치하는 것에 크게 신경 쓰지 않아도 된다. 자연스레 일치하기 때문이다. 그러나 '주어-서술어'가 문장 안에 서너 개 이상 들어 있는 긴 문장은 '주어-서술어' 관계가 어긋나기 쉽다.

그 이유는 우리의 인식 능력에 한계가 있기 때문이다. 말을 하거나 글을 쓸 때 사람들은 한 문장 안에 두세 개의 '주어-서술어'만 그 상호 관련성이나 논리성을 인식할 수 있다. 다시 말해서 사람들은 한 문장 안에서 두세 개의 '주어-서술어'만 통제할 수 있다. 그 이상이 되면 '주어-서술어'가 하나가 늘어날 때마다 처음의 '주어-서술어'부터 하나씩 잊어버리기 시작한다. 그러므로 '주어-서술어'가 두 개를 넘지 않도록 한 문장을 구성하는 것이 글을 쓰는 사람은 물론, 글을 읽는 사람을 위해서도 바람직하다. 만일 어쩔 수 없이 문장을 길게 써야 한다면, 문장 안에서 주어와 서술어가 일치하는지 하나하나 살펴보아야 한다. 살펴보는 방법은 먼저 서술어를 찾고 그 서술어와 짝이 되는 주어를 찾아 서로 일치하는지를 살펴보면 된다.

> 한 문장 안에 여러 개의 주어-서술어가 들어가 있으면 잘못된 문장이 되기 쉽다.

> 한 문장에 '주어-서술어'가 두 개 이상 들어가지 않도록 유의하자.

중국이 확실히 자본주의 노선으로 돌아선 90년대 이후 한국의 공세적 민족주의는 조선족이 밀집해 있는 중국 동북지역을 전략적으로 파고들었고 그렇지 않아도 북한과의 혈맹관계로

> 인해 어정쩡한 태도를 유지하고 있었던 중국은 더는 방관할 수 없는 위기감을 느끼게 되었다.
>
> 황대권, 「중국의 고구려사 찬탈에 대하여」 중에서

이 문장은 무척 긴 문장이다. '주어-서술어' 관계를 찾아보면 무려 일곱 개나 된다.

① 중국이 확실히 자본주의 노선으로 돌아섰다.
② 1990년대 이후 한국의 공세적 민족주의는 중국 동북지역을 전략적으로 파고들었다.
③ 조선족이 중국 동북지역에 밀집해 있다.
④ 중국이 북한과 혈맹관계에 있다.
⑤ 중국이 어정쩡한 태도를 유지하고 있다.
⑥ 중국이 더는 위기감을 방관할 수 없다.
⑦ 중국이 위기감을 느끼게 되었다.

매우 긴 문장인데도 불구하고 다행히 주어와 서술어가 어긋나지는 않았다. 그런데 무슨 말인지 쉽게 이해하기가 어렵다. 한 문장을 쓰면서 일곱 개나 되는 '주어-서술어'를 통제하기란 쉬운 일이 아니다.

이 글의 내용은 한국이 조선족이 밀집해 있는 중국 동북부 지역을 파고들자 중국은 위기감을 느끼게 되었다는 것이다. 이것이 필자가 말하려고 하는 사실이다. 그런데 이 글에는 또 다른 사실이 하나 더 있다. 중국이 북한과 맺은 혈맹관계로 인해 어정쩡한 태도를 취하고 있다는 것이다. 이 말은 아마도 중국이 한국과 관계를 개선하고 싶은데 북한 때문에 어쩌지 못한다는 의미일 것이다. 다시 말해 이 말은 중국이 한국에 호감을 가지고 있을 때 쓸 수 있는 말이다. 그런데 이 문장 뒷부분에 있는 중국이 위기감을 느끼게 된다는 말은 한국을 경계한다는 의미를 가진다. 그러므로 '중국이 북한과 맺은 혈맹관계로 인해 어정쩡한 태도를 취하고 있다'는 말은 '중국이 위기감을 느끼게 되었다'는 말과 어울리지 않는다.

이 글을 다시 한 번 읽어보자. 여러분이 이 문장의 뒷부분(⑦번 주어—서술어)을 읽고 있을 때 기억나는 부분은 아마도 '중국이 어정쩡한 태도를 유지하고 있다'(⑤번 주어—서술어)일 것이다. 그것은 당연한 현상이다. 한 문장에서 두세 개의 '주어—서술어'만 통제할 수 있기 때문이다.

이 글의 필자도 마찬가지였던 것 같다. '그렇지 않아도 북한과의 혈맹관계로 인해'를 쓰면서 처음 두 개의 '주어—서술어'(①번·②번 주어—서술어)를 잊었던 듯하다. 즉, 처음 두 개의 '주어—서술어'에서 한국이 중국에 위협적이라는 내용을 잊고, '그렇지 않아도 북한과의 혈맹관계로 인해'를 쓴 것이다. 그리고 '중국은 더는 방관할 수 없는 위기감을 느끼게 되었다'를 쓰면서 '그렇지 않아도 북한과의 혈맹관계로 인해'를 잊어버린 것이다.

이처럼 문장이 길어지면 '주어—서술어' 관계가 어긋날 뿐만 아니라 문장의 논리성도 잃고 만다. 이런 실수를 범하지 않으

문장을 너무 길게 쓰면 논리적 모순이 생길 수 있다.

려면 되도록 문장을 짧게 써야 한다.

글쓰기가 부담스럽다고 생각한다면 문장을 단문으로 쓰되, 필요한 경우 '주어─서술어'가 두 개 이상 들어가지 않도록 하는 것이 요령이다.

'주어─서술어'가 일치하지 않는 경우를 살펴보자.

> 특이한 것은 이 물질을 계속 가열하면 붉은 색이 없어지고 본래의 회색 수은으로 되돌아간다.

먼저 '주어─서술어' 관계를 찾아보자. 아마 쉽게 찾았을 것이다. 눈치 빠른 사람은 알아챘겠지만, '주어─서술어' 관계는 주로 문장 제일 처음의 주어나 문장 마지막의 서술어에서 어긋난다. 우리말은 주어가 같을 경우 처음에 나오는 주어만 놔두고 뒤에 나오는 주어를 생략한다. 그러니까 문장 처음에 있는 주어와 문장 마지막에 있는 서술어는 그 거리가 너무 멀어서 어긋나기가 쉽다.

이 문장을 고쳐보자.

> → 특이한 것은 이 물질을 계속 가열하면 붉은 색이 없어지고 본래의 회색 수은으로 되돌아간다는 것이다.

아마도 위와 같이 고쳤을 것이다. 이렇게 고쳤으면 문법적으로 아무런 문제가 없는 문장이다. 그러나 문법적으로 아무 문제가 없다고 해서 항상 옳은 문장은 아니다. 위 문장은 크게 두 가지 사실을 이야기하고 있다. 하나는 '이런 사실이 특이하다'

*한 문장 안에 주어 ─ 서술어가 너무 많으면 주어와 서술어가 어긋나기 쉽다.*

이고, 다른 하나는 '이 물질이 본래 모습으로 되돌아간다'이다. 여러분은 위 두 사실 중에서 필자가 이야기하고자 하는 것이 어느 것이라고 생각하는가? 아마 '이 물질이 본래 모습으로 되돌아간다'라고 생각할 것이다.

그럼 다음 문장을 살펴보자.

→ 이 물질을 계속 가열하면 붉은 색이 없어지고 본래의 회색 수은으로 되돌아간다는 사실은 특이하다.

이 문장도 앞의 문장과 같이 두 가지 사실을 말하고 있다. 어느 것이 필자가 이야기하려는 것인가? 이상하게도 이 문장에서는 '이런 사실이 특이하다'가 필자가 이야기하고자 하는 사실로 보인다. 똑같은 사실인데도 말의 배열이 달라지니까 전달하는 정보도 달라진다.

그렇다면 말의 배열과 상관없이 이 두 사실 중에서 어느 것이 필자가 이야기하고자 하는 사실일까? '이 물질이 본래 모습으로 되돌아간다'는 이미 알려진 사실이지만, '이런 사실이 특이하다'는 필자의 새로운 생각이다. 그러므로 앞의 문장에서 '이런 사실이 특이하다'가 필자가 이야기하고자 하는 중심 생각이다.

처음 문장은 문법적으로는 맞지만 한국인이 이해하는 방식으로 쓰인 문장이 아니다. 영어에서는 중요한 정보가 문장 앞부분에 오지만 국어에서는 영어와 달리 중요한 정보가 문장의 뒷부분에 오기 때문이다. 이는 '주어-목적어-서술어'의 문장

한국어에서는 영어와 달리 중요한 정보가 문장 뒷부분에 나온다.

구조를 가지는 한국어의 특징이다. 중요한 정보가 문장 앞부분에 나오는 처음 문장은 영어식 번역 문장이다. 이런 문장은 영어권 사람이라면 오히려 쉽게 이해할 수 있겠지만, 한국어를 사용하는 사람들은 이해하기가 어렵다.

다음 문장을 살펴보자.

영어식 번역문장은 이해하기가 어렵다.

　　작가가 이 글에서 주장하는 것은 상대적 약자인 여성을 무조건 우대하자는 것이 아니라, 역차별을 뛰어넘어서 여성의 태도가 변하기를 촉구하고 있다.

이 문장에서 '주어-서술어' 관계를 찾아보았다.

① 작가가 이글에서 주장한다.
② (작가가 이 글에서 주장한) 것은 ?
③ 여성은 상대적 약자이다.
④ (그런) 여성을 무조건 우대하자.
⑤ (그런) 것이 아니다.
⑥ 역차별을 뛰어넘는다.
⑦ 여성의 태도가 변한다.
⑧ 그것을 촉구하고 있다.

이 문장은 여덟 개의 '주어-서술어'를 가지고 있다. 다른 것들은 주어와 서술어가 일치하는데 두 번째 ② '주어-서술어' 관계에서는 서술어를 찾을 수가 없다. 서술어를 빠뜨렸나 싶어서 문맥을 살펴가며 서술어를 찾아 넣으려고 해도 도무지 찾을 수가 없다.

일반적으로 우리가 글을 쓸 때, 머릿속에 떠오르는 생각을 글이나 말로 표현하려고 하면 그 생각을 나타내는 단어가 여러 개 떠오르기 마련이다. 우리는 순간적으로 그중에서 가장 적합한 단어 하나를 선택한다.

이 문장에서 문장 앞부분의 '주장하다'와 문장 뒷부분의 '촉구하다'가 크게 다르지 않은 의미로 쓰이고 있다. 우리는 필자가 이 문장을 쓸 때 어떻게 썼는지 추리할 수 있다.

필자는 자신의 판단을 나타내는 단어가 필요했고, 이때 '주장하다'와 '촉구하다'라는 두 단어가 떠올랐다. 필자는 이 두 단어 중에서 가장 적합한 단어 하나를 선택하고 하나는 버려야 했다. 그런데 필자는 이 두 단어를 모두 문장에 집어넣었다.

여기서 의문점이 생긴다. 필자의 판단은 하나이고 이 판단을 나타내는 서술어가 들어갈 자리는 하나밖에 없는데 어떻게 두 개의 단어가 한 문장 안에 들어갈 수 있었을까 하는 점이다.

이처럼 하나의 판단을 나타내는 두 단어가 한 문장에 함께 나타날 수 있었던 이유는 필자가 문장을 시작할 때는 영어식 번역문으로, 그리고 문장을 끝맺을 때는 한국식 문장으로 글을 썼기 때문이다. 필자의 판단을 나타내는 표현 중 하나인 '주장하다'는 영어 번역식 문장처럼 문장 앞부분에, 또 다른 표현인 '촉구하다'는 한국식 문장처럼 문장 뒷부분에 넣었다.

> 한국어 문장과 영어 문장은 생각을 배열하는 방식이 다르다.

그러므로 이 문장은 다음 두 개의 문장 중에서 어느 하나로 표현해야 우리말에 맞는 문장이 된다.

→ 작가는 이 글에서 상대적 약자인 여성을 무조건 우대하자는 것이 아니라, 역차별을 뛰어넘어서 여성의 태도가 변하기를 주장하였다.

→ 작가는 이 글에서 상대적 약자인 여성을 무조건 우대하자는 것이 아니라, 역차별을 뛰어넘어서 여성의 태도가 변하기를 촉구하고 있다.

### 피동문을 조심하라

글을 쓸 때 조심해야 할 또 다른 한 가지는 피동 표현이다. 우리말에서는 피동 표현을 쓸 때와 능동 표현을 쓸 때가 구분되어 있다. 그런데 우리는 능동 표현으로 써야 할 것을 피동 표현으로 쓰는 때가 많다. 이것은 우리가 초등학교부터 대학에 이르기까지 늘 영어 공부를 해왔기 때문에 생긴 잘못된 언어 습관이다. 영어에서는 국어와 달리 능동 표현을 써야 할 곳에 수동 표현(피동 표현)을 쓸 수가 있다. 영어에서는 능동 표현과 수동 표현이 뉘앙스의 차이일 뿐 우리말처럼 의미 차이가 크지 않다.

국어는 피동 표현과 능동 표현을 구분해서 써야 한다.

호랑이가 토끼를 잡아먹었다.
토끼가 호랑이에게 잡아먹혔다.

이 두 문장을 보면 앞의 능동 표현이나 뒤의 피동 표현이나 차이가 없는 것같이 보인다. 그런데 여기에 주어의 적극성을 나타내는 '열심히'라는 표현을 더해보자.

호랑이가 토끼를 열심히 잡아먹었다.
토끼가 호랑이에게 열심히 잡아먹혔다.

능동 표현은 문제가 없는데, 피동 표현은 이상하다. 마치 토끼가 자살하려고 호랑이 입으로 들어가는 것처럼 느껴진다. 우리말에서 주어가 주체로 이해되기 때문에 생기는 현상이다. 영어에서는 전혀 그렇지 않다.

> 토끼가 호랑이에게 열심히 잡아먹혔다?

자동차가 나무를 들이받았다.
The car hits a tree.

우리말에서 자동차는 주체로 이해되지만, 영어에서는 대상(목적물)으로 이해된다. 영어 문장에서 주체는 문장에 나타나지 않은 운전자이다.

이처럼 우리말과 영어는 문장을 이해하는 방식이 다르다. 그러므로 우리말 문장에서는 능동 표현과 피동 표현을 구분해서 써야 한다. 능동 표현과 피동 표현이 모두 가능하다고 생각될 때는 언제나 능동 표현을 써주면 된다.

> 능동 표현과 피동 표현이 모두 가능할 때는 언제나 능동 표현을 쓴다.

뉴올리언스 한인 회장은 허리케인 카트리나로 인한 한인들의 재산 피해액이 현재까지 1억 달러 정도로 집계되고 있으나 앞으로 더욱 늘어날 것이라고 말했다.

이 문장의 '주어-서술어'를 찾아보자.

① 뉴올리언스 한인 회장은 말했다.
② 재산 피해액이 현재까지 1억 달러 정도로 집계되었다.
③ (재산 피해액이) 앞으로 더욱 늘어날 것이다.

이 문장은 '주어—서술어' 관계가 어긋나지도 않고, 세 개의 '주어—서술어'가 있는 평범한 문장처럼 보인다. 그러나 두 번째 '주어—서술어'에서 '집계'하는 주체가 없다. 누가 재산 피해액이 1억 달러 정도라고 집계했는가에 대한 정보를 찾을 수 없다. 문맥으로 살펴볼 때 집계하는 주체는 한인회장으로 보인다. 그러므로 두 번째 '주어—서술어'는 '뉴올리언스 한인 회장이 재산 피해액을 현재까지 1억 달러 정도로 집계하였다'가 되어야 한다.

이러한 사실을 바탕으로 문장을 바꾸어보자.

→ 뉴올리언스 한인 회장은 허리케인 카트리나로 인한 한인들의 재산 피해액을 현재까지 1억 달러 정도로 집계하고 있으나 앞으로 더욱 늘어날 것이라고 말했다.

옳게 고친다고 고쳤는데도 문장이 조금 이상하다. 무언가가 빠진 듯하다. 다시 '주어—서술어' 관계를 살펴보자.

→ ① 뉴올리언스 한인 회장은 말했다.
② 뉴올리언스 한인 회장이 재산 피해액을 현재까지 1억 달러 정도로 집계하였다.
③ (재산 피해액이) 앞으로 더욱 늘어날 것이다.

②번과 ③번 '주어-서술어'에서 주어가 서로 다르다. 처음에는 '주어-서술어'가 같아서 뒤에 오는 주어를 생략할 수 있었지만, 피동 표현을 능동 표현으로 바꾼 뒤에는 주어가 달라졌으므로 주어를 생략할 수 없다. 그러므로 ③번 '주어-서술어'에서 주어인 '재산 피해액이'를 넣어주어야 한다.

문장을 다시 고쳐보자.

→ 뉴올리언스 한인 회장은 허리케인 카트리나로 인한 한인들의 재산 피해액을 현재까지 1억 달러 정도로 집계하고 있으나 앞으로 <u>재산 피해액이</u> 더욱 늘어날 것이라고 말했다.

쉽게 읽히고 쉽게 이해되는 것을 알 수 있다.

그러나 늘 능동 표현만 옳은 것은 아니다. 피동 표현을 써야 할 때 능동 표현을 써서는 안 된다.

작은 차이가 승패를 결정한다.

이 문장은 능동 표현으로 되어 있다. 이 문장을 그대로 풀어 보면, '작은 차이'가 능동적으로 움직여서 주체적으로 이기고 지는 것을 결정한다는 의미가 된다. '작은 차이'는 능동성이 없다. 그러므로 이 문장은 다음과 같이 피동으로 표현해야 한다.

→ 작은 차이로 승패가 결정된다.

다시 한 번 이야기하지만 우리말에서 능동문과 피동문은 전혀 다른 의미를 나타낸다. 문장을 쓸 때 주의해야 한다.

### '-의'의 용법

'-의'를 쓰면 안 되는 곳에
'-의'를 쓰면 문장의 내용이 모호해진다.

우리말 문장에서 흔히 눈에 띄는 것이 '-의'이다. 특히 관공서의 계도용 플래카드에서 자주 볼 수 있다. '-의'를 쓰면 문장이 짧아지고 간명한 느낌을 주기 때문인 듯하다. 그러나 '-의'를 써서는 안 되는 곳에 쓰게 되면 사람들은 문장의 의미를 쉽게 파악할 수 없다.

다음 예문을 보자.

> (1) 수입 <u>원자재 가격의 하락</u>과 근로 인원이 감축되면서 제조업이 되살아나고 있다.
> (2) 이들은 가난했기 때문에 <u>인간성의 상실</u>로 방황하고 있는 현대 사회에서 오히려 인간을 인간으로 귀하게 대할 수 있었다.
> (3) 더 나은 <u>미래의 도약</u>을 위해 앞으로도 꾸준히 연구·개발하여 좋은 기업이 되도록 <u>최선의 노력을 다할</u> 것입니다.
> (4) 최근 조사 통계에 따르면 <u>유치원에서 대학에 이르기까지</u>의 평균 교육비는 2천1백24만 2천5백 원이라고 한다.

(1)의 '원자재 가격의 하락', (2)의 '인간성의 상실', (3)의 '미래의 도약'은 모두 형식상으로 명사 꼴을 하고 있다. 그러나 의미상으로는 각각 (1) '원자재 가격이 하락하다', (2) '인간성

을 상실하다', (3) '미래로 도약하다'라는 문장의 의미를 가지고 있다.

우리말에서 조사는 문장에서 역할을 결정하는 중요한 요소이다. '-이/가'가 쓰이느냐, '-을/를'이 쓰이느냐에 따라 문장의 의미가 달라진다.

> 우리말에서 조사는 문장에서 역할을 결정하는 중요한 요소이다.

철수-가 영희-를 때렸다.
철수-를 영희-가 때렸다.

단지 '-가'와 '-를'이 바뀌었을 뿐인데 의미는 반대가 된다. 이처럼 우리말에서 조사의 역할은 매우 중요하다.

그런데 앞의 문장 (1)~(3)에서는 '-이', '-을', '-로'가 모두 '-의'로 쓰였다. 당연히 문장의 정확한 의미를 파악하기 어렵다.

또한, '-의'가 서술어를 대신하여 쓰이기도 한다. (4)에서 '유치원에서 대학에 이르기까지의'는 '유치원에서 대학에 이르기까지 드는'이라는 의미로 '-의'가 '들다'를 대신하고 있다. 그 밖에 '-의'는 (3)에서 '최선의 노력을 다하다'처럼 형식적인 문구를 만들기도 한다. 우리말에서 서술어는 문장을 통제하면서 문장을 서술해주는 중요한 역할을 한다. 그런데 '-의'를 사용함으로써 '다하다'와 같이 잘 쓰이지 않는 서술어를 쓰게 된다. '최선의 노력을 다하다'에서 중요한 의미는 '노력'이므로 '최선을 다해 노력하다'로 써야 한다.

이러한 내용을 바탕으로 앞의 문장을 바꾸어보자.

→(1) 수입 <u>원자재 가격이 하락하고</u> 근로 인원이 감축되면서 제조업이 되살아나고 있다.

→(2) 이들은 가난했기 때문에 <u>인간성을 상실하여</u> 방황하고 있는 현대 사회에서 오히려 인간을 인간으로 귀하게 대할 수 있었다.

→(3) 더 나은 <u>미래로 도약</u>하기 위해 앞으로도 꾸준히 연구·개발하여 좋은 기업이 되도록 <u>최선을 다해 노력하겠습니다</u>.

→(4) 최근 조사 통계에 따르면 <u>유치원에서 대학에 이르기까지는</u> 평균 교육비는 2천1백24만 2천5백 원이라고 한다.

잘못 쓰인 '-의' 대신에 원래 의미를 나타내는 조사와 서술어를 사용하면 이처럼 훨씬 이해하기 쉬운 글이 된다.

우리말에서 '-의'를 어떤 경우에 쓸 수 있는지, 어떤 경우에 써서는 안 되는지를 명확히 제시하기는 어렵다. 그러나 대체로 우리말에서 '-의'는 대부분 '철수의 책'과 같은 소유나 '사랑의 의미'와 같은 종속의 의미로 쓰인다. 그러니까 '-의'를 '하락'과 같은 동작이나 '성실'과 같은 상태의 의미를 가지는 한자어와 쓸 때에는 이를 '주어-서술어'로 풀어 쓸 수 있는가를 늘 점검해보아야 한다. 또한 조사 뒤에 '-의'를 쓰지 않는다면, '-의'로 생기는 문장의 오류는 대부분 피할 수 있다.

'-의'는 주로 소유나 종속의 의미일 때 쓸 수 있다.

### '주어-서술어'의 연결

'주어-서술어'를 연결하여 문장을 만들 때 사용되는 조각이

'-고, -지만, -아서, -니까, -면' 등과 같은 연결어미들이다. 이들 조각들은 '주어—서술어' 사이의 논리적 관계를 맺어준다.

① 철수는 밥을 먹-고 영희는 떡을 먹는다.
② 철수는 밥을 먹-지만 영희는 떡을 먹는다.
③ 철수는 밥을 먹-어서 영희가 떡을 먹는다.
④ 철수는 밥을 먹-으니까 영희가 떡을 먹는다.
⑤ 철수는 밥을 먹-으면 영희가 떡을 먹는다.

이 문장들은 모두 '철수가 밥을 먹는다'와 '영희가 떡을 먹는다'라는 '주어—서술어'를 연결어미를 사용하여 연결해 놓았다. 어떤 연결어미가 쓰였느냐에 따라 문장의 의미가 많이 달라지는 것을 알 수 있다. 연결어미는 하나의 '주어—서술어'를 다른 '주어—서술어'와 연결시켜주면서 상호 간의 논리적 관계를 결정해준다.

> 연결어미에 따라 문장의 의미가 달라진다.

앞의 문장들만 보면 연결어미를 정확하게 쓰는 것이 그리 어려운 일처럼 보이지 않는다. 그러나 문장에서 연결어미를 잘못 사용하여 글 전체의 의미가 왜곡되는 경우는 흔히 볼 수 있다.

다음 문장을 보자.

① 철수는 우리 반 반장이지만 우리 학교 학생회장이다.
② 밤도 늦었고 이제 그만 일어나야겠다.
③ 영희는 철수가 오기를 기다려 기차를 타지 않고 있었다.
④ 오늘도 해가 떠서 내일도 해가 뜰 거야.
⑤ 영희는 멍하니 웃으면서 볼 위로는 눈물줄기가 흘러내렸다.

사실 '-고'나 '-지만' 정도의 연결어미만 있어도 두 개의 '주어—서술어'를 연결하여 말을 만들 수 있고, 또 의사소통도 가능하다. 아이들이 5~6세 때 하는 말을 들어보면 거의 대부분 '-고'나 '-지만'으로 말을 연결하여 이야기한다. 이때 '-고'나 '-지만'은 두 '주어—서술어' 사이의 관계가 같은 종류인지 다른 종류인지만 구별하여 연결하는 기능만 한다. 그러나 아이들이 점점 자라 말을 배우면서 다양한 연결어미를 사용할 줄 알게 되고 두 '주어—서술어' 사이의 미묘한 관계가 다양한 연결어미로 표현할 수 있게 된다.

앞의 문장들도 그냥 얼핏 보면 이상한 데가 없어 보인다. 그리고 무얼 말하려는지도 알 수 있을 것 같다. 그러나 부적절한 연결어미를 써서 두 '주어—서술어' 사이의 논리적 관계를 정확하게 표현하지 못하고 있다. 말하는 것이 무엇인지는 대충 알겠지만 정확하게 이해하기 어렵다.

①번에서 '철수가 우리 반 반장이다'와 '철수가 우리 학교 학생회장이다'는 반대되는 개념이 아니다. 그러므로 '-지만' 대신에 '-고'를 써야 한다.

②번에서는 '밤이 늦었다'와 '이제 그만 일어나야겠다'를 '-고'로 단순하게 연결해 놓기만 했다. 두 '주어—서술어' 사이에 논리적 관계는 전혀 드러나지 않는다. '밤이 늦었다'는 '이제 그만 일어나야겠다'의 이유를 나타내므로 '-고'를 '-니까'로 바꾸어 주어야 한다.

③번에서는 '영희가 철수가 오기를 기다린다'와 '영희가 기

연결어미를 잘못 쓰면 글을 정확하게 이해하기 어렵다.

차를 타지 않고 있다'가 동시에 일어나는 일이므로 '-면서'로 연결시켜야 한다.

④에서는 '오늘 해가 뜬다'가 '내일 해가 뜬다'의 필연적인 원인이 아니라 '내일 해가 뜬다'라고 판단한 근거가 되므로 '-어서' 대신 '-니까'를 써주어야 한다. '-어서'와 '-니까'는 둘 다 원인이나 이유를 나타낼 때 쓰이지만 ④번 문장처럼 차이가 있으므로 주의해야 한다.

⑤번에서는 '영희가 멍하니 웃는다'와 '볼 위로 눈물줄기가 흘러내렸다'가 동시에 일어나는 일이므로 '-면서'로 연결했다. 그러나 '-면서'는 일반적으로 연결되는 두 주어가 같아야 하는데 ⑤번 문장에서 두 주어가 각각 '영희가'와 '눈물줄기가'로 다르다. 그러므로 여기서는 '-면서'를 쓰면 안 되고, '-는'을 써주어야 한다.

> 연결어미는 '주어-서술어'들이 논리적으로 연결될 수 있게 하는 기능을 한다.

앞의 문장들을 다시 써보았다.

→ ① 철수는 우리 반 반장이고 우리 학교 학생회장이다.
→ ② 밤도 늦었으니까 이제 그만 일어나야겠다.
→ ③ 영희는 철수가 오기를 기다리면서 기차를 타지 않고 있었다.
→ ④ 오늘도 해가 떴으니까 내일노 해가 뜰 거야.
→ ⑤ 멍하니 웃는 영희의 볼 위로는 눈물 줄기가 흘러내렸다.

정확한 연결어미를 사용하여 고쳐놓으니 필자가 무엇을 말하는지를 한결 쉽게 이해할 수 있다. 연결어미를 정확하고 바르게 사용해야 세련되고 고급스러운 글을 쓸 수 있다.

## ✓점검1

사람들마다 문장을 쓰는 습관이 있다. 잘못된 문장도 마찬가지이다. 사람들마다 잘못된 문장을 쓰는 습관도 각기 다르다. 좋은 글을 쓰기 위해서는 먼저 자신이 쓰는 잘못된 문장이 무엇인지 알아야 한다.

잘못된 문장 습관을 고치기 위해 다음 단계를 따라 해보자.

1단계: 지금까지 자기가 쓴 글 중에서 몇 개를 골라 잘못된 문장을 찾아본다.
2단계: 앞에서 배운 내용을 바탕으로 바르게 고친다.
3단계: 잘못된 문장이 들어 있었던 단락의 내용이 무엇인지 읽어서 내용을 이해한다.
4단계: 잘못된 문장이 들어 있었던 단락을 다시 써본다.
5단계: 다시 쓴 글에서 잘못된 문장이 없는지 살펴본다.
6단계: 잘못된 문장이 있다면 앞의 2단계에서 5단계까지 과정을 반복한다.

■ 알고 보면 쉬운 우리글

# 외래어를 한글로 쓰기

　외래어를 우리글로 쓸 때에는 원래 발음을 살려서 적되, 우리 귀에 들리고 우리 입으로 말할 수 있는 대로 적어주면 됩니다. 예를 들어, 'vision'은 우리 귀에 〔비젼〕이라고 들리고 우리 입으로 〔비젼〕이라고 말하므로 '비전'이라고 적어주면 되는 거지요.
　"어~ 이상하다. 〔비젼〕이라고 들리고 〔비젼〕이라고 발음할 수 있는데 왜 〔비젼〕이라고 들리고 〔비젼〕이라고 말한다고 하는 거지?" 이런 생각이 들지는 않았나요?
　여기서 말하는 우리 귀, 우리 입이란 옛날부터 한국 사람의 머리에 저장되어 있는 소리에 대한 인식을 말합니다. 한국 사람은 〔젼〕이라는 소리와 〔전〕이라는 소리를 구분하지 않고 모두 〔전〕으로 인식해요. 마치 우리가 영어의 〔v〕나 〔b〕를 구분하지 않고 'ㅂ'으로 인식하는 것과 마찬가지지요.
　〔ㅈ〕과 〔ㅊ〕이 〔ㅑ〕,〔ㅕ〕,〔ㅛ〕,〔ㅠ〕와 함께 발음될 때 한국 사람들은 '자, 저, 조, 주; 차, 처, 초, 주'로 인식해요. 그래서 쓸 때도 이렇게 인식한 대로 써야 합니다. chocolate은 '초콜릿'으로, juice는 '주스'로 표기하는 것도 바로 이런 이유랍니다.

### 외래어 받침 표기

우리말을 쓸 때 받침에는 모든 글자를 다 쓸 수 있지요? 심지어 받침이 두 개인 경우도 있으니까요. 그런데 들리는 소리는 일곱 개밖에 안 돼요. 'ㄱ, ㄴ, ㄷ, ㄹ, ㅁ, ㅂ, ㅅ(×), ㅇ' 이렇게 일곱 개랍니다.

외래어는 우리 귀에 들리는 소리를 표기하는 것이니까 외래어를 쓸 때 받침은 우리 귀에 들리는 일곱 가지로 적어주어야 해요.

그런데 문제가 있습니다. 'ㄷ'이 문제인데, 귀로는 분명히 'ㄷ'으로 들리지만 이것을 'ㄷ'으로 표기하면 엉뚱한 소리가 나오게 된답니다. 'rocket'은 [로켇]으로 들리지요? 그러니까 '로켇'으로 적으면 되는데 문제는 '켇' 뒤에 조사 '이'나 '을'을 붙일 때 생겨요. '로켇이'는 [로케지]로, '로켇을'은 [로케들]로 소리가 납니다. 원래 소리는 각각 [로케시], [로케슬]인데 말이지요.

이런 문제를 해결하기 위해 외래어 받침을 표기할 때는 'ㄷ' 대신 'ㅅ'을 써요. 그러면 두 마리 토끼를 다 잡을 수 있거든요. 즉, '로켓'으로 표기하면 '로켓'은 [로켇]으로 소리나고, '로켓이'나 '로켓을'은 각각 [로케시], [로케슬]로 소리 나기 때문에 표기와 소리가 일치하게 되지요. 그래서 외래어 받침 표기는 "ㄱ, ㄴ, ㄷ(×), ㄹ, ㅁ, ㅂ, ㅅ, ㅇ" 이렇게 일곱 개를 쓴답니다.

### 외래어를 표기할 때에 ㄲ, ㄸ, ㅃ, ㅉ, ㅆ를 쓰지 않는다

우리는 '물'과 '불'과 '풀'의 소리를 구별할 수 있습니다. 그런데 외국 사람들은 이 세 단어의 소리를 구별하지 못하고 다 같은 소리로 인식한답니다. 그래서 외국인들이 '부산'을 발음하는 걸 보면, 어떤 사람은 [부산], 어떤 사람은 [뿌산], 어떤 사람은 [푸산]이라고 소리 내는 것도 그래서 그렇답니다.

한국전쟁 때 'tank'가 처음으로 우리나라에 나타났어요. 남한에서는 미군이 가져왔고, 북한에서는 소련군이 가져왔지요. 남한에서는 'tank'를 〔탱크〕라고 불렀고, 북한에서는 〔땅끄〕라고 불렀어요. 이유는 미국 사람들은 't'를 〔ㅌ〕에 가깝게 소리 내고, 소련 사람들은 〔ㄸ〕에 가깝게 발음했기 때문에 〔ㅌ〕 소리와 〔ㄸ〕 소리를 구별할 수 있었던 우리나라 사람들은 미군과 소련군이 소리 내는 것을 구분해서 말하고 썼기 때문이지요.
　우리 맞춤법에서는 된소리로 인식하는 것과 거센소리로 인식하는 이 두 가지 중에서 거센소리로 인식하는 것만 인정하기로 했습니다. 그래서 외래어를 표기할 때 된소리는 쓰지 않는답니다. service가 〔써비스〕로 들리는데도 '써비스'로 표기하지 않고 '서비스'로 표기하는 것이 그런 이유에서입니다.

### 전문이 인용된 예문의 출처

1장

김민웅,「콜럼버스여, 달걀 값 물어내라」,『콜럼버스의 달걀에 대한 문명사적 반론』, 당대, 1996.
이진경,「선물에 관한 명상」,〈씨네 21〉 434호, 2004. 1.

2장

김종철,「간디의 물레」,『간디의 물레』, 녹색평론사, 1999
장영희,「하필이면」,『내 생애 단 한 번』, 샘터사, 2000
남윤호,「연비」,〈중앙일보〉, 2004. 9. 13.

3장

정희모,「아날로그와 디지털」,〈Neo 소프트웨어 저작권〉, 2003. 11.

4장

김명섭,「정녕 문명충돌인가」,〈조선일보〉, 2004. 9. 14.

5장

김진동,「소득격차는 갈수록 벌어지는데」,〈내일신문〉, 2005. 8. 4.
서유경,「고령화 논의에서 빠진 해법」,〈국민일보〉, 2004. 9. 14.
진중권,「마이너스 1의 평화」,『폭력과 상스러움』, 푸른숲, 2002.
박동수,「인터넷 시대의 빛과 그늘」,〈국민일보〉 2004. 4. 30.

6장

한비야, 「오늘이 나의 마지막 날이라면」, 〈한겨레 신문〉, 2004. 4. 15.
복거일, 「동화를 위한 계산」, 『동화를 위한 계산』, 문학과 지성사, 1999
이세정, 「동물학교」, 〈중앙일보〉, 2005. 3. 11

7장

강창율, 「게놈지도의 득과 실」, 〈경향신문〉 2001. 2. 14.
김용석, 「건맨과 폰맨」, 『일상의 발견』, 푸른숲, 2002
안병영, 「교육기회의 불평등」, 〈동아일보〉, 2001. 5. 25
장하성, 「시장경제는 무엇인가」, 〈한겨레신문〉, 2004. 7. 28

8장

학생의 글, 「미래는 인식의 대상이 될 수 있는가」

9장

복거일, 「'고시 열풍'에 대한 처방」, 『동화를 위한 계산』, 문학과 지성사, 1999

10장

정희모, 「사라진 꿈의 세계」, 〈Neo 소프트웨어 저작권〉, 2003. 1.

11장

황대권, 「군화와 고무신의 차이」, 〈한겨레신문〉, 2004. 7. 19

12장

김용석, 「젓가락의 미학」, 『일상의 발견』, 푸른숲, 2002